中文社会科学引文索引（CSSCI）来源集刊

珞珈管理评论

LUOJIA MANAGEMENT REVIEW

2018年卷 第3辑（总第26辑）

武汉大学经济与管理学院主办

WUHAN UNIVERSITY PRESS

武汉大学出版社

图书在版编目(CIP)数据

珞珈管理评论.2018 年卷. 第 3 辑:总第 26 辑/武汉大学经济与管理学院主办 . —武汉:武汉大学出版社,2018. 8
ISBN 978-7-307-20340-2

Ⅰ. 珞…　Ⅱ. 武…　Ⅲ. 企业管理—文集　Ⅳ. F272-53

中国版本图书馆 CIP 数据核字(2018)第 145597 号

责任编辑:陈　红　　　责任校对:李孟潇　　　版式设计:汪冰滢

出版发行:**武汉大学出版社**　(430072　武昌　珞珈山)
(电子邮件:cbs22@ whu. edu. cn 网址:www. wdp. com. cn)
印刷:武汉中科兴业印务有限公司
开本:787×1092　1/16　印张:12. 5　字数:288 千字
版次:2018 年 8 月第 1 版　　2018 年 8 月第 1 次印刷
ISBN 978-7-307-20340-2　　定价:28. 00 元

目　　录

CONTENTS

企业社会责任主管的道德认同、 职业呼唤与工作沉迷*

● 陈宏辉[1]　张　麟[2]　王夏阳[3]　曾爽津[4]

(1, 3, 4 中山大学岭南学院　广州　510275；
2 华南理工大学工商管理学院　广州　510641)

【摘　要】企业社会责任主管是一个新兴的职业管理群体，他们在企业履行社会责任的活动中扮演着重要的角色，在职场中表现出明显的工作沉迷的特征。基于计划行为理论，提出道德认同—职业呼唤—工作沉迷的关系模型，通过对参加全国企业社会责任培训的管理人员进行两阶段调研，收集了 286 份有效问卷。实证分析结果表明，企业社会责任主管的道德认同感越高，他们表现出工作沉迷行为的倾向性越强，职业呼唤在其中起到中介效应的作用。进一步审视工作沉迷的两个维度(工作乐趣和工作驱动)可以发现，职业呼唤在道德认同与工作乐趣的关系中起完全中介的作用，在道德认同与工作驱动的关系中起部分中介的作用。研究结论揭示了中国情境下企业社会责任主管的心理意向影响工作行为的作用机制，并为企业管理实践提供了参考性建议。

【关键词】企业社会责任主管　道德认同　职业呼唤　工作沉迷　计划行为理论

中图分类号：C93　　　文献标识码：A

1. 引言

企业社会责任(Corporate Social Responsibility，CSR)是目前管理学研究的热点话题。随着公民意识的提高，企业对社会责任的履行情况逐渐成为人们评价企业的重要指标。企业社会责任主管(Chief Responsibility Officer，CRO)这一特殊的职位也在许多企业相继出现

* 基金项目：国家自然科学基金项目"企业社会责任的组织内部传导机制：跨层研究的视角"(项目批准号：71472190)；广东省基础研究及应用研究重大项目(社会科学类)(项目编号：2016WZDXM001)；中山大学高校基本科研业务费重大项目培育和新兴交叉学科资助计划(项目编号：16wkjc18)。

通讯作者：张麟，E-mail：zhanglin_power@ hotmail. com。

（Strand，2013；Treviño，Nieuwenboer，Kreiner & Bishop，2014）。本文研究的对象就是企业社会责任主管这一群体，他们全面负责企业的慈善捐赠、志愿服务、社区服务、环境保护、员工福利、可持续发展等工作。关注这个群体的工作状态和心理特征，对推动企业社会责任工作具有重要的实践意义。

通过大量的实地访谈和案例研究，我们发现大多数企业的社会责任主管表现出非常积极的工作状态，尽管面对重重困难，但是他们对工作的热情和投入出乎意料，甚至出现主动加班、强迫工作，并以此为乐的现象。这种现象在学术界称为"工作沉迷"或"工作狂"（Oates，1971；Spence & Robbins，1992）。企业社会责任主管的这种特殊现象引起了我们的关注。通过进一步的调研，我们发现具有这群工作热情的企业社会责任主管，大多数本身具有较高的道德认同感（Moral Identity），从内心深处认同一定的公认道德标准；与此同时，他们对企业的社会责任工作有强烈的使命感，表现出强烈的职业呼唤（Calling）。为了探求这些企业社会责任主管表现出工作沉迷的原因，本研究基于计划行为理论（Theory of Planned Behavior，TPB）提出企业社会责任主管的道德认同能够通过职业呼唤促成工作沉迷的产生。根据计划行为理论，个体的行为态度是决定个体行为意向的重要因素，而个体的行为意向是决定个体行为的直接因素（Ajzen，1991）。企业社会责任主管的道德认同代表着其对企业社会责任主管工作的态度，而企业社会责任主管的职业呼唤代表着他们做好企业社会责任主管工作的行为意向。根据计划行为理论，企业社会责任主管对他们工作的态度能够通过做好企业社会责任主管工作的行为意向影响他们具体的工作行为。因此，本研究提出企业社会责任主管的道德认同会影响其职业呼唤进而导致工作沉迷的产生。

目前社会责任领域的研究，更多的是从宏观层面探讨企业承担社会责任对社会、组织所产生的影响，从微观层面探讨企业社会责任工作对员工产生影响的研究还很缺乏（Aguinis & Glavas，2012）。本文从企业社会责任主管这一新兴群体出发，探讨其工作沉迷的状态，并从职业心理及自我认同感的角度出发寻找其工作行为的基本动因，类似的研究在企业社会责任领域还极为少见，本文的研究拓展和丰富了企业社会责任领域的研究成果。

道德认同领域的学者主要从亲社会行为（Nd & Aquino，2003；林志扬，肖前和周志强，2014）、反社会行为（Sage，Kavussanu & Duda，2006；王兴超，杨继平，刘丽，高玲和李霞，2012）、道德评价、道德情感、道德判断等因素（曾晓强，2011）探讨了道德认同可能带来的影响。虽然学者们普遍认为，道德认同对道德行为有直接或间接的影响，但已有研究却忽视了道德认同对工作沉迷可能产生的影响。另外，有关工作沉迷的文献主要从人格特征变量（Burke，1999；Spence & Robbins，1992）、人口统计学变量（Harpaz & Snir，2003）、工作环境特征变量（Spence & Robbins，1992）、情感和需求变量（Robinson，2014）、组织变量（Burke，1999a，b）等多个维度来探讨个体产生工作沉迷现象的前因变量，却忽视了道德认同以及由此带来的职业呼唤对于工作沉迷的重要影响。本文将职业呼唤这一构念引入该研究领域，以深入分析社会责任主管的道德认同对工作沉迷行为的影响机理，拓展了道德认同与工作沉迷相关领域的文献。

本文基于计划行为理论，拟探讨以下几个问题：首先，企业社会责任主管的道德认同感，是不是导致其出现工作沉迷行为表现的原因；其次，道德认同感对企业社会责任主管的工作行为产生影响的作用机制是什么。其中，职业呼唤在这种影响关系中是否起到中介作用。为了回答以上问题，本文利用《第一财经日报》和中国社科院企业社会责任研究中心在全国范围内举办的"CSR 公开课"，以参与该系列课程的企业社会责任主管为调研样本，以回收的有效数据来检验理论模型，以实证研究的方法来剖析企业社会责任主管的工作行为和职业动因，进一步探讨道德认同感在社会责任工作中的影响作用。

2. 文献综述与研究假设

2.1 道德认同与工作沉迷

工作沉迷（Workaholism），又称为"工作狂"，是一种类似于上瘾行为的过度工作现象。这一概念最初起源于美国心理学家 Oates（1971）的研究。他将工作沉迷定义为"工作成瘾，即强迫性的、无法控制的工作需求"。工作沉迷的人拥有极为强烈的工作需求，这种需求已经威胁到他们的健康、幸福、人际关系和社会活动。这一概念在提出之后，得到了大量事实的验证，因此也成为许多学者关注的焦点。关于概念的定义，学术界存在很多争议，认可较为广泛的主要有三种观点。Spence 和 Robbins（1992）将工作沉迷者定义为表现出较高的工作卷入度，具有由内在压力带来的参与工作的强迫性动力，以及体验到较低的工作乐趣的工作群体。Scott，Moore & Miceli（1997）则通过三个维度来定义工作沉迷现象：（1）工作沉迷者将大量的时间投入与工作相关的活动中，并因此放弃了重要的社交和家庭活动。（2）即便在非工作时间他们也持续地、频繁地思考关于工作的问题。（3）工作沉迷者的付出远远超过工作本身的合理要求及其自身的基本经济需要。Schaufeli，Shimazu 和 Taris（2009）综合了前人的观点，将工作沉迷定义为非常勤奋地工作（行为层面）和对工作着迷（意识层面）的趋势，这种趋势使个体在工作中表现出强迫性行为。也就是说，工作沉迷行为的基本特征是主动加班、过量工作、具有强烈的内在驱动力。

在测量上，工作沉迷主要包括两个维度，即工作乐趣（Enjoyment）和工作驱动（Drive）（刘杰和石伟，2008）。工作乐趣指个体在工作过程中体验到的愉快、兴奋的心理体验，也包括工作成果带来的成就感。因此，工作乐趣代表工作沉迷中相对积极的维度。而工作驱动则是指个体在不愉快的情况下坚持工作的强迫性动力。这种动力可能来源于内疚心理或强烈的责任感。作为强迫性动力，这种内在压力更有可能导致亚健康、紧张的人际关系、家庭与工作的冲突等消极影响。

道德认同（Moral Identity）又称为"道德同一性"（万增奎，2009）或"道德自我认同感"，指个体自我认知系统中对道德特质的认同，是自我认同（Self-identity）的一种。这一概念最先由 Blasi（1984）在其自我模型中提出来，并得到学术界的广泛关注，目前得到较多认可的主要有两种观点，即特质观点和社会认知观点。特质观点的代表是 Blasi（1984），他将道德认同定义为一种自我规范的机制，并成为道德行为的动因。这一定义是从自我认同的角度出发，将道德作为认同的一种进行解释。而社会认知学理论则更倾向于将道德认同定义为一种有组织的认知表达方式，或者称为认知范式，包括对道德价值、道德目标、道德特质和相关行为的认同。从这一观点出发，Aquino 和 Reed（2002）提出了道德认同的定义，即道德认同是个体围绕一系列道德特质构建的自我认知范式。这两种定义都认为道德认同对道德行为有直接或间接的影响作用。其中，道德行为被定义为响应他人需求的亲社会行为。

基于以上有关道德认同与工作沉迷的概念与定义，企业社会责任主管的道德认同可能会正向影响其工作沉迷。企业社会责任主管由于其职业的特殊性，其工作内容在很大程度上与道德行为直接关联。根据计划行为理论，态度决定行为意向，进而决定实际行为（Ajzen，1991；林琳，2017）。企业社会责任主管的道德认同代表着他们对企业社会责任主管工作的态度，而这一态度会直接影响他们的实际工作行为。社会责任工作具有明显的道德相关性，是利他主义的道德行为。因此，企业社会责任主管对道德的态度，将决定他们实际的工作行为。据此我们推断，企业社会责任主管对道德认同的态度，是他们表现出工作沉迷行为的根本动因。因此，本研究提出以下假设：

H1a：企业社会责任主管的道德认同对其工作乐趣有正向影响作用。

H1b：企业社会责任主管的道德认同对其工作驱动有正向影响作用。

2.2 道德认同与职业呼唤

如果说道德认同是一种个人价值观，那么职业呼唤就是一种工作价值观，是个人价值观在特定工作岗位上的体现。职业呼唤（Calling）一直是职业成功领域研究的热点话题。"呼唤"的定义最初起源于犹太基督教思想，指的是信徒受到上帝的召唤而从事某项特定职业或服务于他人的意愿（Davidson & Caddell，1994）。16世纪之后，随着宗教改革的兴起，"呼唤"的定义逐渐走下圣坛（田喜洲，谢晋宇，吴孔珍，2012）。职业成功理论研究的先驱"芝加哥学派"认为职业呼唤是个体自发地推动主观职业成功的内在因素（Dobrow，2004）。在这一定义中，职业呼唤是指向特定职业领域的（如对音乐的呼唤、对学术科研的呼唤）。与职业观不同，Dik和Duffy从激励观的角度对呼唤进行定义，认为职业呼唤是一种卓越的召唤，来自超越自我的力量，引导个体实现特定的生活角色，并表现出对目的性和意义性的强烈追求，成为其他价值和目标的动力源泉（Dik & Duffy，2009；Duffy & Dik，2013）。呼唤是一个动态的心理过程，存在两种不同状态，即呼唤寻找（Searching a Calling）和呼唤感知（Perceiving a Calling）（Duffy & Sedlacek，2007）。另外，社会学研究认为，呼唤是区别于谋生和职业的一种导向。Hall和Chandler（2005）认为呼唤是最深层次的工作满意或心理成功。当人们把工作当成区别于谋生或职业的一种生活导向，当成生命中不可或缺的一部分，实现人生价值的重要方式时，就成为职业呼唤。从呼唤的多种定义中可以看出，呼唤是人们从事真正有意义的工作的最"强烈"（Bellah，Madsen，Sullivan，Swidler & Tipton，1985）、最"极端"（Dobrow，2004）、最"深层"（Hall，2005）的动力源泉。基于以上有关职业呼唤的概念与定义，职业呼唤代表着个体从事某项特定职业的行为意向。

已有的研究发现自我认知、目的、行为、认同和呼唤这几个构念之间有着非常紧密的联系（田喜洲，左晓燕，2014）。有不少学者深入探讨了职业呼唤与认同（Identity）的关系。例如，Dobrow（2004）认为认同是构成职业呼唤的七大核心要素之一，尤其当认同感与工作相结合时。Norton（1976）提出人们的职业呼唤来源于他们的自我认同感。Duffy 和 Sedlacek（2007）指出，职业呼唤与个人意识的清晰度紧密相关。这些研究表明，自我认同感以及自我意识的发展程度，是构成职业呼唤的核心因素。因此，作为自我认同的一部分，道德认同也可能会影响个体的职业呼唤。

根据计划行为理论，行为态度是决定行为意向的重要因素（林琳，2017）。企业社会责任主管的道德认同代表着其对企业社会责任主管工作的态度，而企业社会责任主管的职业呼唤代表着他们做好企业社会责任主管工作的行为意向。根据计划行为理论，职业呼唤表现为强烈的工作意愿和行为意向，这种意向的产生来源于其对待工作的态度。对企业社会责任主管而言，他们对社会责任管理工作的职业呼唤，很大程度上是对社会责任工作所表现出来的道德特质的认同感和使命感。因此，对这一特殊职业群体而言，他们的道德认同感，将很大程度上决定其对职业的呼唤。如果企业的社会责任主管相信并认同善良、美好、仁慈等道德特质，那么他们也会认同企业对环境、员工及社会的责任和义务，从而对社会责任工作产生较高的内在呼唤，形成自发的使命感及推动社会责任工作的强烈意愿。因此，本研究提出以下假设：

H2：企业社会责任主管的道德认同对其职业呼唤有正向影响作用。

2.3 职业呼唤与工作沉迷

国内外大量实证研究的结果证明，职业呼唤对工作领域的结果变量如工作满意度、工作认同、离职率、职业承诺、职业心理状态等表现出积极的影响（Davidson & Caddell，1994）。例如，Bunderson 和 Thompson（2009）的研究发现，拥有强烈职业呼唤的个体，会感受到较高的职业重要性，并表现出高度的牺牲精神和对组织的责任感，从而将更多的时间和精力投入特定的工作中。呼唤带来的强烈的情感需求，可能会导致过度的情绪投入。Boyd（2010）的研究发现，呼唤对职业倦怠（Burnout）产生直接的影响。呼唤会带来较高的组织承诺和组织认同，但同时，员工对管理者的道德责任感产生过高的期待，容易导致雇佣关系中出现怀疑和不信任。另外，强烈的职业呼唤使员工牺牲金钱、时间和身体健康，只为了更好地工作。这种过度的自我牺牲和强烈的工作需求，表现为工作沉迷的现象。虽然过去的研究表明职业呼唤可能会导致个体的工作沉迷，但现有研究并没有从实证上考察职业呼唤对工作沉迷的影响。

基于计划行为理论，本文提出职业呼唤能够导致工作沉迷，进而在企业社会责任主管的道德认同与工作沉迷的关系之间起到中介作用。计划行为理论（TPB）认为，理性个体的态度决定其行为意图，从而决定实际行为（Ajzen，1991；段文婷和江光荣，2008）。且在与道德相关的决策和环境中，道德规范和自我认同感，也会直接或间接影响行为意向（Randall & Gibson，1991；Sparks，Shepherd & Frewer，1995）。因此，不少学者认为，道德认同对道德行为的影响，并不是直接完成的，而是通过形成道德意向，间接影响实际行为（Shao，Aquino & Freeman，2008）。具体到企业社会责任主管而言，他们的职业呼唤在道德认同与工作沉迷之间就起着"桥梁"的作用。企业社会责任主管的道德认同代表着其对企业社会责任主管工作的态度，而企业社会责任主管的职业呼唤代表着他们做好企业社会责任主管工作的行为意向。根据计划行为理论，企业社会责任主管对他们工作的态度能够通过做好企业社会责任主管工作的行为意向影响他们具体的工作行为。一方面，对企业社会责任主管而言，道德认同体现为他们对社会普世道德标准及相关行为的主观态度。这种态度通过与社会责任工作这一特定职业的结合，转化为针对特定职业工作的强烈呼唤。另一方面，职业呼唤表现为强烈的工作意愿，即企业社会责任主管推动社会责任工作的强烈使命感和行为意愿。这种行为意向决定了他们的实际工作行为。社会责任主管的职业呼唤，使其将更多的时间和精力投入职业工作中，在工作中体会到更多的实现人生价值的乐趣，同时也表现出强烈的内在驱动力，即表现出工作沉迷的行为。因此，企业社会责任主管的道德认同可能并非直接影响其工作沉迷的行为，而是通过职业呼唤来影响员工对工作的投入和沉迷。

根据以上推理和分析，我们提出以下假设：

H3a：企业社会责任主管的职业呼唤在其道德认同与工作乐趣的正向影响关系中起中介作用。

H3b：企业社会责任主管的职业呼唤在其道德认同与工作驱动的正向影响关系中起中介作用。

本研究的理论模型如图 1 所示：

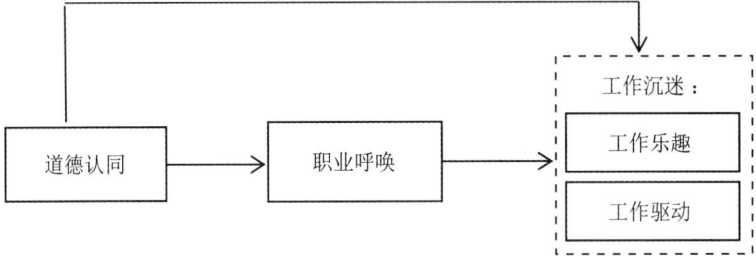

图 1　研究模型结构图

3　研究设计

3.1　调研样本及数据来源

本研究针对企业社会责任主管这一新兴群体，研究对象是国企、民企或外企中负责企业社会责任工作的主要管理者。不同企业对社会责任工作的职位安排和职责划分有所差异，本研究对社会责任主管的工作范围界定包括可持续发展部门、慈善捐赠部门、社会责任部门、企业合规部门、志愿者团队等的专职社会责任工作者，也包括部分企业战略规划部、文化部、公关部等部门中兼职企业社会责任工作的管理者。

本次调研历时将近半年，研究的样本来源于《第一财经日报》在全国范围内举办的"2014 年首席责任官 CSR 公开课"以及中国社会科学院企业社会责任研究中心的"企业社会责任公开课"。这两项活动的主要参会人员都是国内各个企业中负责社会责任工作的管理者，有直接的社会责任部门主管，也有工作内容中兼具社会责任部分的其他部门领导人，具有很强的针对性和可靠性。且该课程在全国多个地方分期举行，具有较大的样本量。从 2014 年 6 月至 2015 年 12 月期间，我们在上海、广州、武汉、北京、成都五个城市 7 次培训现场发放第一轮调研问卷 624 份，回收有效问卷 587 份，问卷有效率为 94.1%；3 个星期左右时再通过电子邮件发放第二轮问卷，回收有效问卷 286 份，第二轮问卷有效率为 48.7%；两轮问卷的累计有效回收率为 45.8%。第一轮问卷主要收集的数据是问卷填写者的个人基本信息、自变量（道德认同）、中介变量（职业呼唤）及控制变量（性别、年龄、受教育程度、任期、收入水平）的数据，第二轮问卷主要收集因变量（工作沉迷）的数据。

对问卷填写者的个人基本信息统计显示，男性样本占 53.8%，女性样本占 46.2%。教育程度方面，拥有硕士及以上学历的样本占 33.7%，本科学历样本占 55.8%。被调研对象的任职岗位主要集中在 CSR 项目经理、企业社会责任主管、企业文化部主管、办公室主任、党委宣传干事等岗位，所有被试者都直接或间接从事企业中与社会责任相关的工作内容。其中，任期超过 10 年的占样本总数 52.3%，超过 20 年的占 19.7%。这些企业社会责任主管都具备一定的管理能力，在相关岗位也有较长的工作经验。

3.2 变量的操作性定义及测量

自变量：道德认同（Moral Identity）本研究采用 Aquino 和 Reed（2002）对道德认同的定义，即个体自我认知系统在对道德特质的判断和选择的过程中，形成的具有稳定性的道德自我范式。道德认同包括内在化（Internalization）和表征化（Symbolization）两个维度。在测量过程中，我们采用 MIM 量表，对道德认同的两个维度分别进行测量。问卷采用 Likert 七点计分法，其中，7 代表"非常同意"，1 代表"非常不同意"。信度分析的数据显示，道德认同量表 10 个题项的 Cronbach's α 系数为 0.76，表现出良好的信度。

中介变量：职业呼唤（Calling）本研究对职业呼唤的概念，选用 Dik 和 Duffy 对呼唤进行的操作性定义（Dik & Duffy，2009；Duffy & Dik，2013），将职业呼唤定义为"一种来源于外部的超然的召唤，在特定的生活角色中表现出对目的性和意义性的强烈追求，并成为其他价值观和目标的动力源泉"。企业社会责任主管的职业呼唤，就是对社会公益和社会责任的责任感与使命感。在职业呼唤的测量上，我们采用 Dik 和 Duffy 在 2013 年开发的 CVQ 量表，共 24 个题项。问卷同样采用 Likert 七点计分法，其中，7 代表"非常同意"，1 代表"非常不同意"。该量表的信度分析显示 Cronbach's α 系数为 0.88。

因变量：工作沉迷（Workaholism）在工作沉迷的概念中，本研究采用 Spence 和 Robbins（1992）对工作沉迷的定义，即个体表现出对工作的高度承诺，并且在工作中付出大量时间精力的行为。在测量上，本研究采用 WorkBAT-R 量表（Mcmillan，Brady，O'Driscoll & Marsh，2002），从工作乐趣（Enjoyment）和工作驱动（Drive）两个维度对工作沉迷进行测量，其中，工作乐趣表现为工作中感受到的愉悦感，共 7 个题项。而工作驱动则强调在缺乏明显外在激励情况下坚持工作的内在工作动力，带有一定的自我强迫性，共 7 个题项。问卷同样采用 Likert 七点计分法，其中，7 代表"非常同意"，1 代表"非常不同意"。这一量表在实际检验中表现出较好的信效度。工作沉迷的 Cronbach's α 系数为 0.87，其中，工作乐趣维度为 0.92，工作驱动维度为 0.77，均表现出较高的信度。

控制变量：社会赞许性(Social Desirability)是指当某一特定行为会得到全社会普遍的赞同和支持时，人们倾向于让自己迎合社会的普遍需要，从而表现出该行为。在与社会道德规范相关的研究中，由于大多数符合道德规范的行为具备社会赞许性，导致测量难以反映人们真实的道德情况，容易出现较大偏差。因此，本论文将社会赞许性作为重要的控制变量之一，以减少测量的偏差。此外，根据以往的研究文献，性别、年龄、工作经历、教育水平等因素，都会对工作沉迷、职业呼唤产生影响。本研究对这些变量进行控制，主要的控制变量包括性别、年龄、受教育程度、任期、收入水平。

4 实证研究结果

4.1 相关性分析

在进行有效的回归分析和因果关系判断之前，我们先考察诸变量之间的相关关系。表 1 是相关性分析汇总表，呈现出本研究控制变量、自变量和因变量的均值、标准差和相关系数。从表 1 中可以看出，道德认同与职业呼唤存在显著相关性($r = 0.37$，$p < 0.01$)，职业呼唤与工作沉迷及其两个维度(工作乐趣和工作驱动)都呈现显著正相关($r_1 = 0.46$，$p < 0.01$；$r_2 = 0.39$，$p < 0.01$；$r_3 = 0.36$，$p < 0.01$)，道德认同与工作沉迷及其两个维度也都呈现显著正相关($r_1 = 0.29$，$p < 0.01$；$r_2 = 0.18$，$p < 0.01$；$r_3 = 0.32$，$p < 0.01$)。这表明这些变量之间存在共变性，适合进一步的因果分析。

表 1   变量的相关性分析

	均值	标准差	1	2	3	4	5	6	7	8	9	10	11
1. 性别	1.44	0.50	—										
2. 教育水平	2.24	0.66	0.08	—									
3. 任期	20.22	122.37	0.06	-0.04	—								
4. 收入	4.19	1.40	-0.04	0.32**	-0.04	—							
5. 年龄	35.67	8.13	-0.21**	-0.24**	-0.00	0.23**	—						
6. 社会赞许度	1.69	0.20	0.05	0.00	-0.07	-0.01	0.08	—					
7. 道德认同	5.51	0.76	0.11	0.00	0.04	-0.07	-0.03	0.18**	(0.76)				
8. 职业呼唤	5.11	0.78	-0.02	0.09	-0.06	0.06	-0.05	0.09	0.37**	(0.88)			
9. 工作沉迷	4.80	0.91	-0.06	0.03	-0.09	0.05	0.05	0.16**	0.29**	0.46**	(0.87)		
10. 工作乐趣	4.59	1.25	-0.02	0.06	-0.13*	0.09	0.01	-0.18**	0.18**	0.39**	0.87**	(0.92)	
11. 工作驱动	5.00	0.95	-0.09	-0.01	-0.01	-0.02	0.07	0.07	0.32**	0.36**	0.76**	0.34**	(0.78)

注：* $p < 0.05$；** $p < 0.01$；*** $p < 0.001$。括号中为变量信度值，即 Cronbach's α 系数。

4.2 多元线性回归分析

首先根据 Baron 和 Kenny(1986)的中介作用三步法检验，对中介变量(职业呼唤)在自变量(道德认同)与因变量(工作沉迷)关系之间的中介作用进行检验。在本研究中，我们对因变量(工作沉迷)根据测量维度打开，分别检验职业呼唤在工作沉迷的工作乐趣维度和工作驱动维度的中介作用，并判断中介作用的性质(完全中介和部分中介)。表2呈现了中介模型线性回归的结果。其中，模型1是自变量到中介变量的模型，模型2、模型3是自变量到因变量的模型，并分析中介变量的作用。此外，我们还采用不对称置信区间法(Bootstrap检验法)，在放弃中介模型正态分布的前提假设情况下，对中介模型进行补充检验。表3呈现了Bootstrap检验得到的假设结果。检验假设的过程主要采用SPSS 18.0和Mplus 7.0等软件。此外，我们采用了两阶段收集数据的方法，尽可能地避免了共同方法偏差(Common method bias)问题的出现。在进行回归分析前，我们进行了多重共线性检验。共线性检验显示，VIF值均小于2，表明并不存在严重的多重共线性问题。

表2　　　　　　　　　　　　　回归分析结果：中介模型检验

变量	模型 1 职业呼唤		模型 2 工作沉迷-工作乐趣			模型 3 工作沉迷-作驱动		
	1	2	1	2	3	1	2	3
性别	−0.08	−0.16	−0.04	−0.10	−0.03	−0.16	−0.24	−0.19
教育水平	0.05	0.05	−0.03	−0.04	−0.06	0.02	0.01	−0.00
任期	0.00	0.00	−0.00	−0.00	−0.00	0.00	0.00	0.00
收入	0.01	0.02	0.11	0.12	0.11	−0.00	0.01	0.00
年龄	−0.01	−0.01	−0.01	−0.01	−0.01	0.01	0.01	0.01
社会赞许度	0.48	0.16	1.60^{***}	1.33^{**}	1.23^{**}	0.50	0.17	0.11
道德认同		0.47^{***}		0.38^{**}	0.17		0.44^{***}	0.31^{**}
职业呼唤					0.45^{***}			0.29^{**}
模型整体 R^2	0.03	0.21	0.10	0.14	0.21	0.02	0.12	0.17
调整后 R^2	0.01	0.19	0.07	0.11	0.18	−0.01	0.10	0.14
R^2变化值	0.03	0.18	0.10	0.05	0.06	0.02	0.11	0.04
F 值变化	1.18	51.49^{***}	3.93^{**}	12.22^{**}	17.90^{***}	0.76	26.94^{***}	11.85^{**}
整体 F 值	1.18	8.59	3.93	5.29	7.21	0.76	4.57	5.67

注：$*p<0.05$；$**\ p<0.01$；$***\ p<0.001$。

从表 2 可以看出，模型 2 的检验结果显示，道德认同（自变量）与工作沉迷的工作乐趣维度（因变量）的回归分析显示出较高的显著性水平（$\beta = 0.38$，$p<0.01$），假设 H1a 得到支持，即企业社会责任主管的道德认同对工作乐趣有显著的正向影响作用。模型 3 的检验结果显示，道德认同（自变量）与工作沉迷的工作驱动维度（因变量）的回归分析同样显示出较高的显著性水平（$\beta = 0.44$，$p<0.001$），假设 H1b 也得到支持，即企业社会责任主管的道德认同对其工作驱动有显著的正向影响作用。以上的数据分析结果表明，企业社会责任主管的道德认同是其产生工作沉迷现象的前因。

从表 2 可以看出，模型 1 的检验结果显示，在直接效应模型中，道德认同（自变量）与职业呼唤（中介变量）的回归关系达到非常显著的水平（$\beta = 0.47$，$p<0.001$）。根据模型 1，假设 H2 得到支持，即企业社会责任主管的道德认同显著地正向影响其职业呼唤。

表 2 的模型 2 是道德认同与工作乐趣的回归分析，以及职业呼唤的中介作用分析。在工作乐趣维度，根据表 2 模型 2 的第 3 步，中介变量（职业呼唤）的加入，使自变量（道德认同）对因变量（工作乐趣）的显著性水平从高度显著（$\beta = 0.38$，$p<0.01$）变成不显著（$\beta = 0.17$，$p>0.05$），而中介变量（职业呼唤）对因变量（工作乐趣）的作用显著（$\beta = 0.45$，$p<0.001$）。因此，职业呼唤在其中起了完全中介的作用。且 Bootstrap 检验法显示（见表 3），95% 的置信区间为 0.13~0.36（不包含 0），中介效应成立。假设 H3a 得到支持，企业社会责任主管的职业呼唤在其道德认同与工作乐趣的关系中起完全中介作用。

表 2 的模型 3 是道德认同与工作驱动的回归分析，以及职业呼唤的中介作用分析。在工作驱动维度，根据表 2 模型 3 的第 3 步，中介变量（职业呼唤）的加入，使自变量（道德认同）对因变量（工作驱动）的显著性水平有所降低，从非常显著（$\beta = 0.44$，$p<0.001$）降低为显著（$\beta = 0.31$，$p<0.01$）。而中介变量（职业呼唤）对因变量（工作驱动）的作用显著（$\beta = 0.29$，$p<0.01$）。因此，职业呼唤在其中起着部分中介的作用。且 Bootstrap 检验法显示（见表 3），95% 的置信区间为 0.07~0.25（不包含 0），中介效应成立。假设 H3b 得到支持，即企业社会责任主管的职业呼唤在其道德认同与工作驱动的关系中起部分中介作用。

表 3   **Bootstrap 检验结果分析**

	Estimate	Lower 95%CI	Upper 95%CI
道德认同→职业呼唤→工作乐趣	0.23	0.13	0.36
道德认同→职业呼唤→工作驱动	0.14	0.07	0.25

5　讨论

5.1　研究结果与分析

本文的实证研究结果显示，企业社会责任主管的道德认同是其职业呼唤和工作沉迷行为的动因。企业社会责任主管这个群体的职业特征具有很强的特殊性：他们在某一企业内工作，但从事的工作内容却带着明显的社会服务性质，是道德相关性很高的职业。如果他们有较高的道德认同感，社会责任工作与他们的内在价值认同和终极人生目标相吻合，那么道德认同感就构成了职业呼唤产生的源泉——超然的心理召唤，并使他们产生从事社会责任工作、服务于他人的强烈行为意愿。

作为企业中社会责任工作的主要负责人，企业社会责任主管担负着推动企业履行社会责任的重要使命。他们本身的道德认同感及他们对从事企业社会责任工作的职业使命感，将对企业社会责任主管的工作状态产生重要影响。现有研究成果及我们的案例调研都发现，许多企业社会责任主管都存在工作沉迷的现象。一方面，工作沉迷带来高度的工作投入，表现出对工作异乎寻常的激情和责任感，能够促进个人与团队的工作绩效，也会使个人在工作中体会到自身的价值与成就感；另一方面，工作沉迷是一种近乎"成瘾"的工作行为，带有自我牺牲的味道，可能会导致工作与生活的失衡，影响个人的身体健康，造成家庭与工作的冲突。工作沉迷者往往对工作本身有过于严苛的要求，他们的完美主义精神和强烈的控制欲，容易引发团队间的人际关系冲突，带来负面的影响。本研究探讨道德认同作为企业社会责任主管职业呼唤和工作沉迷行为的心理动因，具有重要的学术价值。

我们的实证研究结果进一步表明，强烈的职业呼唤在道德认同和工作沉迷（分为工作乐趣和工作驱动两个维度）之间起到中介的作用，它是工作沉迷的重要动力源泉。一方面，对于企业社会责任主管而言，职业呼唤在道德认同与工作乐趣的关系中起完全中介的作用。也就是说，当企业社会责任主管的道德认同感更高时，这种认同感会通过强烈的职业呼唤的作用，进而给他们的工作带来愉快的心理享受，使他们体会到更高的工作乐趣。另一方面，对于企业社会责任主管而言，职业呼唤在道德认同与工作驱动的关系中起部分中介的作用。相比于工作乐趣维度，工作驱动维度的来源不是"喜欢"，更多的是"必须"、"应该"或者"被迫"完成工作任务。工作驱动维度更有可能导致消极的工作结果，影响员工的身体健康、造成团队冲突、人际交往冲突，甚至产生工作倦怠等。这表明，道德认同对企业社会责任主管的工作驱动的影响是多路径的。企业社会责任主管在工作中的内在驱动力，部分来源于他们对社会普适性道德观的内在认同，部分来源于他们对社会责任工作的职业呼唤。因此，弱化道德认同，强化职业呼唤，可能会降低他们"被道德绑架"的心理压力，从而减少工作沉迷的消极影响。

5.2 研究的理论意义与实践启示

本研究在理论上的贡献主要包括以下几点：首先，从职业心理的角度出发，拓展了工作沉迷的前因变量研究。本文从个体的认知和心理层面，寻找工作沉迷产生的原因。将工作行为研究与社会责任研究相结合，分析道德认同感对组织中个体工作行为的影响，发现对企业社会责任主管而言，道德认同感是其产生工作沉迷行为的更深层次的心理动因。其次，关注企业社会责任主管这一新兴职业的发展状态，探讨了职业呼唤作为中介变量来解释企业社会责任主管道德认同对工作沉迷关系的影响机制，既丰富了企业社会责任研究领域的成果，也拓展了职业呼唤领域的研究工作。最后，我们的研究丰富了计划行为理论的应用领域。在与道德相关的研究中，计划行为理论发现，道德规范的加入能够有效提高理论的解释力度。我们的研究结果印证了计划行为理论在道德认同领域的解释性，即道德认同作为对工作行为的积极态度，通过形成强烈的职业呼唤（即行为意图），从而产生工作沉迷的实际行为。

本研究具有重要的管理实践价值。对中国的大多数企业而言，建立专门的社会责任部门，并委派专业人员负责社会责任工作，已经是大势所趋。然而，我国企业社会责任团队的组织模式和机构设置仍处于初步探索阶段，没有成熟的参考标准。如何引导社会责任主管更好地进行工作，是企业管理者和职业咨询师需要思考的问题。根据研究结论，我们提出以下管理建议：

首先，在社会责任主管的招聘和选拔过程中，企业可以对候选人的道德认同感进行判断，选择道德认同感相对较高的候选人。因为这一群体更有可能产生较高的职业呼唤，对工作也表现出更多的热情和投入。

其次，由于职业呼唤在道德认同对工作乐趣的关系中起完全中介作用，因而在管理实践中需要对社会责任主管的道德认同感进行有效引导，使其转化成他们对社会责任工作的职业呼唤。这种成功的转化能够使他们在工作中感受到更多的乐趣和享受，对组织建设和个人绩效都会产生积极的作用，同时也避免亚健康、人际关系冲突等负面影响。

最后，由于职业呼唤在道德认同对工作驱动的关系中起部分中介作用，道德认同直接或间接地影响员工的内在驱动力。企业管理者或职业咨询师在激励社会责任主管开展有效工作时，需要特别强调他们对企业社会责任管理这一职业的认同、对使命的确认，从而降低他们的心理压力，某种程度上弱化"道德"工作的规范性压力，强调内在的心理召唤，避免强迫性心理带来过多的消极影响。

5.3 研究局限性与展望

本研究还存在一些不足和局限：首先，本研究的样本来源于"CSR 公开课"的参会人员，由于大部分参会企业都处于社会责任部门的组织和构建阶段，企业社会责任工作组织模式还不成熟，主要负责人的岗位职责和工作状态也还未定型。后续的研究可以寻找更好的调研机会，深入接触工作稳定的企业社会责任主管。其次，我们采用国外成熟的测量量表开展研究工作，但针对中国企业管理问题的研究可能是有中国特殊情境的。这些量表在国内的研究中是否完全适用，还需要更多的研究来证实。最后，为了增强研究结论的可靠性，未来的研究可以进行更多的分时段收集数据，运用长时追踪研究的方法来持续关注企业社会责任主管这一特殊群体的职业发展和心理状态的变化。总体而言，关于企业社会责任主管的行为和心理，还有很多未知因素有待探讨。未来的研究可以结合社会责任工作的基本特征，分析企业社会责任主管的工作行为、工作满意度、离职率、工作承诺等相关结果变量，深入开展这一领域的理论研究，并为该职业的健康发展提供更多的建议。

6. 结论

本文通过计划行为理论的视角，探讨了企业社会责任主管的道德认同对工作沉迷的影响关系及其影响机制。结果表明，企业社会责任主管的道德认同感越高，他们表现出工作沉迷行为的倾向性越强，职业呼唤在其中起到中介效应的作用。进一步审视工作沉迷的两个维度(工作乐趣和工作驱动)可以发现，职业呼唤在道德认同与工作乐趣的关系中起完全中介的作用，在道德认同与工作驱动的关系中起部分中介的作用。

◎ 参考文献

[1]段文婷，江光荣.计划行为理论述评[J].心理科学进展，2008(2).

[2]林琳.拖延行为的干预：计划行为理论和实施意向的影响[J].心理学报，2017(7).

[3]林志扬，肖前，周志强.道德倾向与慈善捐赠行为关系实证研究——基于道德认同的调节作用[J].外国经济与管理，2014(6).

[4]刘杰，石伟.工作狂的研究述评[J].心理科学进展，2008(4).

[5]田喜洲，谢晋宇，吴孔珍.倾听内心的声音：职业生涯中的呼唤研究进展探析[J].外国经济与管理，2012(1).

[6]田喜洲，左晓燕.工作领域的呼唤研究新进展探析[J].外国经济与管理，2014(6).

[7]万增奎.道德同一性及其建构[J].外国教育研究，2009(12).

[8]王兴超，杨继平，刘丽，高玲，李霞.道德推脱对大学生攻击行为的影响：道德认同的调节作用[J].心理发展与教育，2012(5).

[9]曾晓强.国外道德认同研究进展[J].心理研究，2011(4).

[10]Aguinis,H.，Glavas A. What we know and don't know about corporate social responsibility：A review and research agenda[J]. *Journal of Management*，2012，38(4).

[11]Ajzen，I. The theory of planned behavior[J]. *Organizational Behavior and Human Decision Processes*，1991，50(2).

[12]Aquino，K.，Reed，A. The self-importance of moral identity[J]. *Journal of Personality and Social Psychology*，2002，83(6).

[13]Bellah，R. N.，Madsen，R.，Sullivan，W. M.，Swidler，A.，Tipton，S. M. *Habits of the heart：Individualism and commitment in American life*[M]. New York：Harper & Row，1985.

[14]Blasi，A. *Moral identity：Its role in moral functioning*[M]. Hoboken：John Wiley & Sons，1984.

[15]Boyd，T. N. *The surprising impact of purpose：The effect of calling on the relationship between job demands and burnout*[M]. Seattle：Seattle Pacific University，2010.

[16]Bunderson，J. S.，Thompson，J. A. The call of the wild：Zookeepers，callings，and the double-edged sword of deeply meaningful work[J]. *Administrative Science Quarterly*，2009，54(1).

[17]Burke，R. J. It's not how hard you work but how you work hard：evaluating workaholism

components[J]. *International Journal of Stress Management*, 1999a, 6(4).

[18] Burke, R. J. Workaholism in organizations: Gender differences[J]. *Sex Roles*, 1996b, 41 (5).

[19] Burke, R. J. Workaholism in organizations: Measurement validation and replication[J]. *International Journal of Stress Management*, 1999c, 6(1).

[20] Davidson, J. C., Caddell, D. P. Religion and the meaning of work[J]. *Journal for the Scientific Study of Religion*, 1994, 33(2).

[21] Dik, B. J., Duffy, R. D. Calling and vocation at work: Definitions and prospects for research and practice[J]. *The Counseling Psychologist*, 2009, 37(3).

[22] Dobrow, S. R. Extreme subjective career success: A new integrated view of having a calling[J]. *Academy of Management Annual Meeting Proceedings*, 2004(1).

[23] Duffy, R. D., Dik, B. J. Research on calling: What have we learned and where are we going[J]? *Journal of Vocational Behavior*, 2013, 83(3).

[24] Duffy, R. D., Sedlacek, W. E. The presence of and search for a calling: Connections to career development[J]. *Journal of Vocational Behavior*, 2007, 70(3).

[25] Hall, D. T. Psychological Success: When the career is a calling [J]. *Journal of Organizational Behavior*, 2005, 26(2).

[26] Harpaz, I., Snir, R. Workaholism: Its definition and nature [J]. *Human Relations*, 2003, 56(3).

[27] Mcmillan, L. H. W., Brady, E. C., O'Driscoll, M. P., Marsh, N. V. A multifaceted validation study of Spence and Robbins' (1992) Workaholism Battery [J]. *Journal of Occupational and Organizational Psychology*, 2002, 75(3).

[28] Nd, R. A., Aquino, K. F. Moral identity and the expanding circle of moral regard toward out-groups[J]. *Journal of Personality & Social Psychology*, 2003, 84(6).

[29] Norton, D. L. *Personal destinies: A philosophy of ethical individualism* [M]. Princeton University Press, 1976.

[30] Oates, W. E. *Confessions of a workaholic: The facts about work addiction* [M]. World Publishing Company, 1971.

[31] Randall, D. M., Gibson, A. M. Ethical decision making in the medical profession: An application of the theory of planned behavior[J]. *Journal of Business Ethics*, 1991, 10 (2).

[32] Robinson, B. E. *Chained to the desk (third edition): A guidebook for workaholics, their partners and children, and the clinicians who treat them* [M]. New York: NYU Press, 2014.

[33] Sage, L., Kavussanu, M., Duda, J. Goal orientations and moral identity as predictors of prosocial and antisocial functioning in male association football players[J]. *Journal of Sports*

Sciences, 2006, 24(5).

[34]Schaufeli, W. B. , Shimazu, A. , Taris, T. W. Being driven to work excessively hard the evaluation of a two-factor measure of workaholism in the Netherlands and Japan[J]. *Cross-Cultural Research*, 2009, 43(4).

[35]Scott, K. S. , Moore, K. S. , Miceli, M. P. An exploration of the meaning and consequences of workaholism[J]. *Human Relations*, 1997, 50(3).

[36] Shao, R. , Aquino, K. , Freeman, D. Beyond moral reasoning: A review of moral identity research and its implications for business ethics [J]. *Business Ethics Quarterly*, 2008, 18(4).

[37]Sparks, P. , Shepherd, R. , Frewer, L. J. Assessing and structuring attitudes toward the use of gene technology in food production: The role of perceived ethical obligation [J]. *Basic and Applied Social Psychology*, 1995, 16(3).

[38]Spence, J. T. , Robbins, A. S. Workaholism: Definition, measurement, and preliminary results[J]. *Journal of Personality Assessment*, 1992, 58(1).

[39]Strand, R. The chief officer of corporate social responsibility: A study of its presence in top management teams[J]. *Journal of Business Ethics*, 2013, 112(4).

[40] Treviño, L. K. , Nieuwenboer, N. A. D. , Kreiner, G. E. , Bishop, D. G. Legitimating the legitimate: A grounded theory study of legitimacy work among Ethics and Compliance Officers[J]. *Organizational Behavior & Human Decision Processes*, 2014, 123(2).

Chief Responsibility Officers' Moral Identity, Calling and Workaholism

Chen Honghui[1] Zhang Lin[2] Wang Xiayang[3] Zeng Shuangjin[4]

(1, 3, 4 Lingnan College, Sun Yat-sen University, Guangzhou, 510275

2 School of Business Administration, South China University of Technology, Guangzhou, 510641)

Abstract: Chief responsibility officers (CRO), an emerging professional management group, play more and more important role of taking corporate social responsibility and characterize apparent workaholism in their professional jobs. Based on theory of planned behavior (TPB), a theoretical model of the relationship among moral identity, calling, and workaholism was proposed. Specifically, this study proposed that CRO's calling mediates the relationship between CRO's moral identity and workaholism. In order to test these hypotheses, data for the current study were collected from 286 CROs through questionnaires. The results showed that: (1) CRO's moral identity influences positively on his/her workaholism, and (2) CRO's calling plays mediating role between moral identity and workaholism. (3) When we deeply explore the two dimensions of the construct of workaholism, namely enjoyment and drive, some more interesting results are found as CRO's calling is a complete mediator between moral identity and enjoyment, while partial mediator between moral identity and drive. The findings show that TPB can explain the mechanisms through which CRO's moral identity influences workaholism well. This study also makes important practical implications regarding how to manage firms' CRO.

Key words: Chief responsibility officer; Moral identity; Calling; Workaholism; Theory of planned behavior

专业主编：陈立敏

跨国公司总部和海外子公司之间的知识转移[*]
——基于双缺口模型的构建

● 王　方[1]　陈继勇[2]

（1，2 武汉大学美国加拿大经济研究所　武汉　430072）

【摘　要】随着中国"一带一路"倡议的提出，越来越多的中国企业开始走出国门，在世界各地建立海外子公司拓展全球产业链，增强企业的国际竞争力。从实际操作来看，跨国公司内部的知识转移无疑是实现这一目标的重要手段。本文探讨了跨国公司总部和海外子公司之间的知识转移过程中的一系列重要因素，在此基础上设计了跨国公司内部知识转移的双缺口模型。本文的研究目标主要有三个方面：第一，为了更好地理解跨国公司内部的知识转移，我们通过对先前研究成果的文献梳理，提炼出 12 个主要的关键因素；第二，根据 KTA 框架为基础，设计出新的概念性模型来解释跨国公司内部的知识转移，更加简洁和系统；第三，根据模型，提出假设，并进行具体的实证分析。本文的研究成果希望有助于跨国公司更有效率的经营和管理海外子公司，成功的实现知识转移，增强企业的竞争优势。

【关键词】跨国公司总部　海外子公司　知识转移　双缺口模型

中图分类号：F279.23　　　　　文献标识码：A

1. 引言与文献综述

自从 20 世纪 90 年代以来，跨国公司内部知识转移日益成为国际商务、企业战略以及知识管理等领域研究的热门话题。为了拓展全球市场和克服东道国的贸易壁垒（有形障碍和无形障碍），跨国公司持续不断地在海外设立子公司。在公司总部的全球化战略的领导下，跨国公司可以更有效率地经营和管理子公司，增强它们产品和服务的竞争力以及企业整体的竞争优势。一个企业的特有知识就被认为是竞争优势的基本源泉。面对迅猛增加的

---

* 基金项目：本文获得国家社会科学基金重大资助项目"'一带一路'相关国家的贸易竞争与互补关系研究"（项目批准号：16ZDA039）和 2017 年度湖北省博士后科技活动项目择优资助入选项目"'一带一路'倡议背景下中国与中东国家能源合作的效应研究"（项目批准号：Z68）支持资助。

通讯作者：王方，E-mail：wf47@163.com。

全球竞争者，成功的企业内部知识转移可使跨国公司立于不败之地。企业内部的知识转移不仅包括技术转移，而且还有先进管理理念以及市场评估等，这是外部市场交易环境很难完成的。进入 21 世纪以来，国际知识转移逐步成为提高跨国公司竞争力的重要手段之一。在跨国公司内部知识转移的过程（创造、传播、吸收）中，跨国公司（总部）作为知识（企业的特定优势）的创造者和输送方，已经被众多学者关注和研究。内部化理论认为，跨国公司在某一个空间溢出的知识，接着扩展到另一个空间，这意味着一次公司内部的知识转移。但是知识的转移并不意味着全部被接收方吸收（如海外子公司），知识转移的因素变量中不仅仅是最基本的知识，而且还包括接收方通过自己的经营方式获取和使用知识的程度，这样输送方和接受方之间的知识储备得到平衡。作为设立在外国环境里的全资子公司，它们会接触到不同文化、语言和制度环境，这些不同点会影响着跨国公司内部的知识转移。

　　一般来说，研究知识转移主要有两大视角：第一，关注被转移的知识具有的特点；第二，注重知识转移的过程。本文的研究方向属于后者，主要研究和探讨整个跨国公司内部知识转移的过程中，分析促进或阻碍知识转移的相关决定性因素，如接收方的吸收能力和获取知识的动机。根据先前研究，这两个因素显示了其在实现知识转移中的重要性。一旦子公司员工拥有很高的吸收能力和主观能动性，胜任知识交换的参与者（exchange partners），将会更好地吸收和运用他们获得的新知识。动机因素也通常区别于吸收能力。例如，Szulanski（1996）只是着眼于知识源和接收方动机的不足，Gupta 和 Govindarajan（2000）也是针对知识源和接收方的动机方向，没有涉及吸收能力。林莉等人（2009）通过对知识转移的一般过程进行分析，指出知识属性、知识接受方的动机水平和吸收能力、知识源转移意向和转移能力，以及联盟伙伴间的文化差异都可能成为知识联盟内伙伴企业间进行知识转移的障碍。知识转移的联系层次也是多样的，包括个体、团队以及组织。当前巨变的全球化竞争环境为我们提供了独特的机会去解释组织的全球化如何影响知识转移。

　　企业通过对外直接投资（FDI）获取和吸收来自其他组织或国外的知识，尽最大努力从外部资源去获取、发掘、共享和扩展知识对创造企业竞争力有着充分的启发。主要原因就在于跨国公司内部比起外部市场机制更能有效率地进行知识转移。跨国公司内部知识转移的方向也是多样化的，既有总部和子公司之间的垂直方向，也有子公司之间的平行方向（Chen & McQueen，2010）。在知识转移的最初阶段，知识的移动是从总部流向子公司，每个子公司仅仅是一个接收者和执行者的角色。随着时间的推移，海外子公司不断提升它们的能力和战略作用，这使得其转变成知识的输送方，把特有的知识流向总部和其他子公司（Martin & Antonio，2009）。

　　在进行国际知识转移之前，一个重要问题出现了，那就是总部和海外子公司之间存在的知识缺口（knowledge gap）。如果知识转移双方之间存在巨大知识缺口的话，则很有可能会阻碍知识转移的成功。跨国公司必须确定接收方是否有足够的吸收能力来接收、消化和扩展外部获取的知识。如果总部和海外子公司之间的知识缺口比较大，则需要考虑转移媒介和转移情境等诸多外部因素，而有关此类的研究文章还比较稀少。

　　基于先前研究的局限性，本文的研究目标主要有三个方面：第一，为了更好地理解跨国公司内部的知识转移，我们通过对先前研究成果的文献梳理，提炼出主要的关键因素；

第二，设计出新的概念性模型来解释缩小转移双方的知识缺口来实现跨国公司内部的知识转移；第三，根据模型，提出假设，并进行具体的实证分析。

2. 概念模型的构建和假设的提出

跨国公司被认为是一个分化的组织，创建于跨国公司的一些组织机构的知识，经常会跨越国界，如母公司及其子公司之间或子公司之间（Andersson et al.，2005）。Almeida（2002）认为，各国跨国公司内部知识转移比起战略联盟或市场更有效，因为他们不仅拥有强大的内部知识转移机制，而且可以灵活的使用这些机制。Tamer 等人（2003）考察了公司间关系强度之间的关系和知识转移的程度，研究结果表明，关系强度显著和积极的影响隐性知识转移的程度。Foss 和 Pedersen（2004）指出在研究跨国公司内部知识转移方面应给予更多的关注，而不是按照知识的分层调查整个跨国公司的知识存量。

最早提出知识转移组成要素框架的是意大利学者 Vito Albino（1999）提出的知识转移分析框架（Knowledge Transfer Analysis Framework，KTA），该框架提出知识转移由四大组成部分：转移主体（actor），转移媒介（media），转移内容（content）和转移情境（context）。KTA框架的提出，为知识转移的系统结构提供了强有力的支持，在知识转移理论发展上有着重大意义。转移主体包括知识源和知识接收者，知识源是知识的输送方，知识接收者是知识的接收方，可以是个人也可以是组织。前三个组成部分构成了知识转移最基本的保障因素。剩下的转移情境，包括组织内情境和组织外情境两类，组织内情境主要包括组织内的文化、价值观、战略等维度，组织外情境包括组织所处的经济环境和产业特征等维度。这些内外因素的相互作用促进了知识转移活动，构成知识转移的促进因素。但在国际知识转移的层次上，还没有学者试图检验知识转移分析框架，即 KTA（转移主体、转移内容、转移媒介、转移语境）；另外，虽然许多影响跨国公司知识转移的因素在以前的研究中得到了论证，但其中大部分是与参与主体相关的因素（如吸收能力），没有包括国际知识转移相关的所有因素（包括转移媒介或转移情境），也没有进行相关的维度归类。

考虑到先前研究的许多局限性，针对国际知识转移的多样性，设计一个比原有模型更加便于理解的新模型成为必然趋势。虽然知识转移学说已经广为人知，但是提供给企业进行实际操作运用的动态化模型十分有限。为了更好地解释这一多样性和促进知识转移，本文在总结先前理论研究文献的基础上，设计出一个"双缺口模型"（指在知识转移方和接收方之间的联系缺口和文化缺口模型），提出相关影响因素的假设，并针对企业进行具体的实证分析。本文设计的模型，就是以 KTA 框架四大组成部分为基础，用动态的视角来重新归类一系列影响因素。如果总部进行知识转移活动给一些相对落后的子公司，那么供给双方之间巨大的知识缺口会很影响知识转移的效率和效果；反过来，如果接收者的知识层次低，那么他们也很难去获取和消化新知识。因此，成功的知识转移需要合作双方具备相差不大的知识储备（或者知识存量）。一旦一方能力太弱，持续稳定的转移情境就无法保证，会在国际知识转移过程中制约双方合作需求。

本文主要是研究跨国公司内部的知识转移的模型构建，尤其是公司总部和海外子公司之间，将知识转移定义为将一种情境下获取的知识应用于另一情境。知识转移可以发生在企业内部，如个人与个人之间、个人与团队之间、团队与团队之间；用动态化视角来看，知识转移实际上是发生在企业之间为转移输送方和接收方之间知识缺口的缩小过程，也就是说一次成功的跨国公司内部知识转移就可以看作总部和海外子公司之间知识缺口的缩小结果，把研究着眼于转移双方之间的动态缺口上。根据 KTA 框架的观点，在整个跨国公司内部的转移过程中，主要涉及转移内容的知识缺口（knowledge gap）。除此之外，还涉及两大缺口：其一，涉及转移媒介的联系缺口（communication gap），也可以看做双方的"心理缺口"；其二，涉及转移情境的文化缺口（culture gap），也可以看做双方的"地理缺口"。跨国公司内部知识转移的目标就是为了缩小知识缺口。如何成功实现知识转移，缩小转移主体（跨国公司总部和海外子公司）之间的知识缺口，除了转移主体的一些影响要素之外，就是取决于另外两大缺口，即联系缺口和文化缺口。下面，我们就来逐一找出每个维度关键的影响因素。

2.1 公司总部与知识缺口的缩小

作为转移主体的输送方，跨国公司总部在知识转移进行过程中的主导、协调、促进和持续性方面起着决定性的作用。根据先前研究，我们归纳出三大影响因素：转移动机、知识存量和外派人员的能力。为了确保有效率的转移，公司总部可以提供足够的专业知识来支持和担保。通过特定的激励措施可以引起比预期更好的结果，公司总部尽可能加强知识转移的有效性，影响整体知识转移的满意度，创造商业价值。学习意图与参与知识转移的动机联系在一起，在知识转移的过程中，那些具有较强学习意图的组织和个体，转移的效果会更有效（Simonin，2004）。一些学者强调公司总部拥有一定高水平的知识存量，可以实现现有知识（知识开发）和获取新知识（知识探索）之间的动态平衡，影响知识转移的效率。基于资源观和知识观的观点，企业具备的知识存量水准有助于获得更好的创新能力，比如，公司总部研发 know-how，比起知识存量小的公司，有利于获取先发优势。最后，公司总部可以通过向海外子公司派遣外派人员，将公司总部隐性知识（tacit knowledge or soft skill），更好地转移过去。换句话说，外派人员不仅是知识转移的重要载体，而且他们身上俱备的能力大小影响着知识转移的成功。

H1：转移动机（sender's motivation）对跨国公司总部和海外子公司之间的知识缺口的缩小具有正向效应。

H2：知识存量（knowledge stock）对跨国公司总部和海外子公司之间的知识缺口的缩小具有正向效应。

H3：外派人员的能力（expatriates' competence）对跨国公司总部和海外子公司之间的知识缺口的缩小具有正向效应。

2.2 海外子公司与知识缺口的缩小

作为转移主体的接收方，海外子公司决定着知识转移的最终成果。根据先前研究，同样归纳出三大因素：吸收意愿、吸收能力和内派人员（从子公司派往总部的职员，有别于外派人员）的能力。Ciabuschi 等人（2010）认为，总部可以通过向子公司提供额外资源，或通过指定用于转移流程的预算资金来维持转移活动。这也将有助于那些更具自主性和高度创新能力的子公司提高参与企业转移的能力和意愿。海外子公司获取知识的意愿是指知识接收方多大程度上渴望获取和实现知识转移，同样是获取和利用外部知识的一个关键因素。Gupta 和 Govindarajan（2000）观察到的知识流入子公司，从而获取知识以及丰富的传播渠道和吸收知识的意愿呈正相关。他们还提出了接收方的吸收能力也是在跨国公司内部知识转移的最重要决定因素。吸收能力是指知识接收者用已有的知识发现新知识的价值、消化它，并利用它来创造新知识的能力。Szulanski（2000）认为，缺乏吸收能力是影响知识转移的一个决定因素，被视为知识转移的障碍。因此，海外子公司必须提高自身的吸收能力，其中的一个重要方法就是往总部派遣内派人员（东道国职员），缩小与总部的认知差距（Reiche，2011）。针对海外市场，东道国职员熟悉本国文化和语言，对海外市场机会的把握远远大于总部外派人员。增强东道国职员的工作能力，实施内派人员战略，越发具有必要性。由此，东道国人员通过在总部的培训和工作，归国后就会增强海外子公司的吸收能力，有助于跨国公司内部知识转移的成功。

H4：吸收意愿（receiver's willingness）对跨国公司总部和海外子公司之间的知识缺口的缩小具有正向效应。

H5：吸收能力（absorptive capacity）对跨国公司总部和海外子公司之间的知识缺口的缩小具有正向效应。

H6：内派人员的能力（inpatriates' competence）对跨国公司总部和海外子公司之间的知识缺口的缩小具有正向效应。

2.3 联系缺口与知识缺口的缩小

联系缺口，是指转移双方的联系水平参差不齐，影响知识转移的结果，如使用不同的语言、企业愿景不一致，不匹配的交流渠道和技术工具。有效沟通有助于知识接收方更好地吸收转移的知识。因此为了改善知识转移媒介，跨国公司通过规范内部使用共同语言，明确共同愿景，改善更有效率的联系渠道和使用 ICT 等，可以有效地降低联系缺口，保障知识转移的顺利完成。根据先前研究，这一缺口归纳起来，主要包括三个影响因素：语言障碍（language barrier）、共同愿景（shared vision）、信息通信技术（Information and Communication Technology，ICT）。首先，语言在国际知识转移的过程中是一关键因素，虽然英语已经成为世界性的语言，但是在许多亚洲国家并没有达到理想的要求。这就引发了公司总部与子公司之间的语言障碍，引发双方交流出现问题，不利于接收方去理解和学习知识。其次，跨国公司的企业文化也需要总部和海外子公司有着共同的价值观和追求，即共同愿景，可以增强双方的合作关系，这也将有助于跨国公司内部的知识转移。最后，由于海外子公司的职员来自世界各地，地理位置遥远，难以经常进行面对面的交流，跨国公司内部知识转移的参与者们应该确保使用最有效率的信息通信工具（ICT），实现远程异地的"面对面"沟通，可以大大缩小交流成本，促进知识共享。例如，跨国公司通过 ICT 进行远程培训，视频会议，以及 B2B 和简单的电子邮件等，可以在不进行人员外派的前提下，让双方参与者们更加频繁的接触，帮助实现国际知识转移（特别是隐性知识）。

H7：语言障碍（language barrier）对跨国公司总部和海外子公司之间的知识缺口的缩小具有负向效应。

H8：共同愿景（shared vision）对跨国公司总部和海外子公司之间的知识缺口的缩小具有正向效应。

H9：信息通信技术（ICT）对跨国公司总部和海外子公司之间的知识缺口的缩小具有正向效应。

2.4 文化缺口与知识缺口的缩小

文化缺口，主要是针对海外子公司与总部不在一个国家，双方员工之间存在很大的文化差异，给国际知识转移造成很大的负面影响。因此为了给知识转移过程提供良好的转移情境，跨国公司降低内部员工彼此间的文化距离（cultural distance），增强双方参与者的信任（trust），建立彼此间的团队合作（teamwork），来缩小文化缺口。首先，知识转移参与者要了解彼此之间的文化背景，努力降低文化距离。跨文化学习有助于降低和克服文化距离，加强相互间文化的理解。其次，国际知识转移是一种跨文化的转移，成功与否更大程度上取决于接收方的消化和理解，建立在不同文化背景的转移双方之间强有力的信任成为必然趋势。不仅是知识转移方面，而且信任是任何有成效合作参与者的基础。换句话说，离开了信任，是无法实现知识转移的。信任帮助参与者建立长期的合作关系，解决问题和克服无法预知的障碍。最后，提到的团队合作也是国际知识转移的基础。跨国公司应该促进和完善公司总部和海外子公司之间不同国家、地区的关系网，实现团队合作。团队合作可以确保知识转移的效率和在后来的知识实际运用中的效果。

H10：文化距离（cultural distance）对跨国公司总部和海外子公司之间的知识缺口的缩小具有负向效应。

H11：信任（trust）对跨国公司总部和海外子公司之间的知识缺口的缩小具有正向效应。

H12：团队合作（teamwork）对跨国公司总部和海外子公司之间的知识缺口的缩小具有正向效应。

总之，表明各个维度之间相互关系的"双缺口模型"，如图 1 所示。

3. 研究方法和实证分析

3.1 问卷结构和数据收集

本文采用问卷调查方法进行实证分析，问卷分成 5 个部分：公司总部（11 个项目），海外子公司（12 个项目），联系缺口（11 个项目），文化缺口（12 个项目），知识缺口（3 个

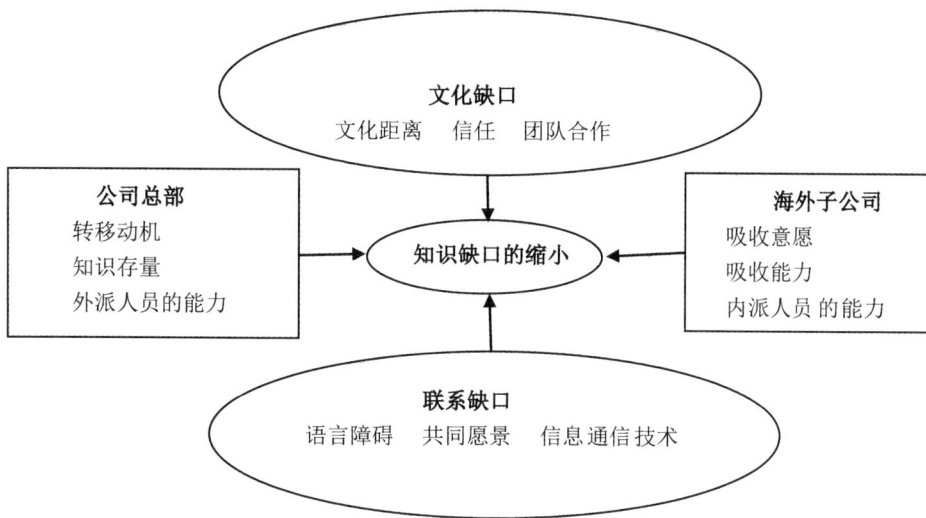

图 1 双缺口模型

项目)。根据先前文献,一共提炼出 49 个项目(见附录),准备向在跨国公司在职的总经理或 CEO 进行问卷调查。针对新兴经济体环境下的跨国公司总部和海外子公司之间的知识转移,这一研究主题,我们选择在中国的海外子公司作为抽样目标。所有数据来自位于中国中部城市武汉市的跨国公司,样本中的跨国公司包括合资企业和全资子公司。所有问卷都是问卷星网站进行发放(微信朋友圈以及邮件),第一次数据收集从 2015 年的 5 月到 7 月,但是回收率并不高,于是在同年的 8 月到 9 月进行了第二次的发放(邮件以及直接访问)。据统计,两次一共发放了 200 份问卷,回收了 84 份(42% 的回收率),剔除了 4 份填写不完整的问卷。因此,最终获得了包含了 80 个公司的有效样本,用于进行统计分析。

被问卷调查者中一共有 31 名 CEO(占比 38.75%)和 49 名总经理(占比 61.25%);跨国公司的所属国家和地区中前三位依次是:欧洲(27.5%),日韩(17.5%),北美(11.25);合作模式上,39 家合资企业(48.75%)和 41 家全资子公司(51.25%)。最后,低于 10 年海外经营经验的公司占 45%,10 年到 20 年之间的占 26.25%,20 年以上的公司占 28.75%。接下来,本文将利用 SPSS19.0 软件对调查问卷方式获取的原始数据进行信度和效度的检验。

3.2 信度和效度检验

本文采用李克特 5 级评分法,适用于测量从"完全不同意"(1)到"完全同意"(5)。为获取信度,对 Cronbach's α 系数进行了计算,详细的项目测量项目如附录所示。11 个变量的信度的测试表明,都高于 0.7 的 Cronbach's α 数值(信度较高)。只有共同愿景和文化距离的信度低于 0.6,但是 Cronbach's α 数值高于 0.5% 就足够证明可信度(见表 1)。

表 1

信 度 分 析

			Cronbach's α	项目数的改变	
自变量	公司总部	转移动机(SM)	0.766	5	5
		知识存量（KS）	0.652	3	3
		外派人员的能力（EXP）	0.790	3	3
	海外子公司	吸收意愿（RW）	0.718	5	3
		吸收能力（AC）	0.621	4	2
		内派人员的能力（INP）	0.685	5	3
	联系缺口	语言障碍（LB）	0.741	4	3
		共同愿景（SV）	0.528	3	3
		信息通信技术（ICT）	0.777	4	4
	文化缺口	文化距离（CD）	0.539	3	2
		信任（TR）	0.638	5	3
		团队合作（TW）	0.869	4	4
因变量	知识缺口的缩小（KG）		0.878	3	3

为了提取所有变量的复合元素，我们使用了主成分分析（Principal Component Analysis）进行因子分析。因子旋转方法是方差最大法（Varimax），用 Varimax with Kaiser Normalization 进行旋转，因子载荷小于0.5的项目被去除。结果如表2所示，得到13个变量，所有的保留因子的载荷值都大于0.5，及其特征值大于1，所有变量足够保证统计分析的有效性。

表 2

效 度 分 析

	维度	项目	因子 1	因子 2	因子 3
自变量	公司总部	SM1	**0.732**	0.046	−0.094
		SM2	**0.757**	−0.141	0.054
		SM3	**0.685**	0.180	0.021
		SM4	**0.612**	0.220	0.144
		SM5	**0.746**	0.112	0.307
		KS1	0.192	0.094	**0.774**
		KS2	−0.034	0.163	**0.807**
		KS3	0.067	0.176	**0.676**
		EXP1	0.145	**0.805**	0.172
		EXP2	0.100	**0.810**	0.200
		EXP3	0.045	**0.819**	0.104

	维度	项目	因子1	因子2	
自变量	海外子公司	RW1	**0.814**	0.233	0.104
		RW2	**0.738**	0.254	−0.037
		RW3	**0.740**	−0.006	0.369
		AC3	0.030	0.329	**0.761**
		AC4	0.198	0.025	**0.852**
		INP1	0.351	**0.723**	−0.049
		INP2	0.107	**0.753**	0.191
		INP4	0.098	**0.753**	0.193
	联系缺口	SV1	0.231	0.232	**0.656**
		SV2	−0.091	−0.144	**0.830**
		SV3	0.168	0.106	**0.628**
		LB2	−0.069	**0.802**	0.072
		LB3	0.316	**0.808**	−0.003
		LB4	0.297	**0.738**	0.110
		ICT1	**0.631**	0.256	0.180
		ICT2	**0.761**	0.014	−0.014
		ICT3	**0.806**	0.153	0.104
		ICT4	**0.801**	0.156	0.155
	文化缺口	CD1	0.050	0.308	**0.753**
		CD2	0.408	0.008	**0.741**
		TR1	−0.041	**0.723**	0.349
		TR3	0.391	**0.553**	0.320
		TR4	0.463	**0.746**	−0.121
		TW1	**0.853**	0.113	0.059
		TW2	**0.861**	0.131	0.201
		TW3	**0.724**	0.120	0.306
		TW4	**0.775**	0.287	0.105
因变量	知识缺口的缩小	KG1	**0.877**	0.464	0.130
		KG2	**0.898**	−0.369	0.240
		KG3	**0.932**	−0.081	−0.353

注：$N = 80$，因子提取方法；主体：主成分分析。

旋转方法：Kaiser 归一化 Varimax，粗体表示包含在最终比例中的因素。

每个项目的完整描述见附录。

3.3 相关分析

针对 13 个变量，我们使用皮尔森(Pearson)系数进行相关分析。如表 3 所示，大部分自变量的相关性都一般。如同预想一样，语言障碍和知识缺口之间呈现出了负的相关性。

表3 相 关 分 析

Pearson	SM	KS	EXP	RW	AC	INP	SV	LB	ICT	CD	TW	TR	KG
SM	1.000	0.222*	0.281*	0.431**	0.365**	0.361**	0.291**	0.176	0.253*	0.385**	0.407**	0.344**	0.379**
KS		1.000	0.346**	0.422**	0.176	0.396**	0.154	0.171	0.428**	0.306**	0.323**	0.165	0.175
EXP			1.000	0.442**	0.267*	0.358**	0.340**	-0.060	0.252*	0.190	0.088	0.126	0.115
RW				1.000	0.277*	0.461**	0.278*	0.170	0.370**	0.278*	0.310**	0.127	0.140
AC					1.000	0.321**	0.260*	0.238*	0.349**	0.413**	0.184	0.460**	0.442**
INP						1.000	0.228*	0.172	0.327**	0.360**	0.349**	0.275*	0.303**
SV							1.000	0.089	0.201	0.271*	0.138	0.232*	0.398**
LB								1.000	0.327**	0.195	0.029	0.112	-0.031
ICT									1.000	0.374**	0.244*	0.369**	0.298**
CD										1.000	0.483**	0.462**	0.386**
TW											1.000	0.546**	0.579**
TR												1.000	0.545**
KG													1.000

注：Note：sample size $N=80$，*：L$p<0.05$，**：$p<0.01$。

3.4 假设命题检验

本文回归分析的着力点在于影响总部和海外子公司之间知识转移过程中的关键因素，为了更好地验证 12 个假设命题，我们使用了阶层式回归分析(见表4)。在模型1，我们只关注于考察转移主体(公司总部和海外子公司)涉及的变量因素，得出 R^2 值为 0.234($p<$ 0.01)。下一步，在模型2，我们加入了转移媒介(联系缺口)涉及的变量因素，R^2 值显著增加为 0.369($p<0.01$)，最后，在模型3加入了转移情境(文化缺口)涉及的变量因素，R^2 增加的更加显著为 0.526($p<0.01$)。R^2 值的显著增加，充分显示了双缺口模型的解释能力，我们对每个模型的方差分析因子(VIF)进行了估计，发现都低于不利的水平。

特别的是，在模型1中，我们主要检测了转移主体(包括输送方和接收方)对降低知识缺口的正向效应。根据测试结果，吸收能力(AC)的 β 显示正相关值(0.440)，并在 1% 水平显著，支持其对缩小知识缺口的正向效应。回归分析得出 $R^2=0.234$，$F=3.708$($p<$ 0.01)。总之，海外子公司的吸收能力对缩小知识缺口具有正向效应，H5 得到了支持。

在模型2中，我们增加了转移媒介(联系缺口)的相关变量，检测了它们对缩小知识缺口是否有正向或负向效应。根据测试结果 $R^2 = 0.369$，$F = 4.533 (p<0.01)$，共同愿景（SV）的 β 显示正相关值（0.328），并在5%水平显著，支持其对缩小知识缺口具有正向效应。同时，语言障碍（LB）的 β 显示负相关值（-0.461），并在1%水平显著，支持其对缩小知识缺口的负向效应。因此，联系缺口里的共同愿景对缩小知识缺口具有正向效应，语言障碍对缩小知识缺口具有负向效应，假设命题H7和H8都是支持的。

在模型3中，我们增加了转移情境（文化缺口）的相关变量，检测它们对缩小知识缺口是否有正向或负向效应。根据测试结果 $R^2 = 0.526$，$F = 6.196 (p<0.01)$，信任（TR）的 β 显示正相关值（0.405），并在5%水平显著，支持其对缩小知识缺口的正向效应。同时，团队合作（TW）的 β 显示正相关值（0.367），并在5%水平显著，支持其对缩小知识缺口的正向效应。因此，文化缺口里的信任和团队合作都对文化缺口有着正向效应，假设命题H11和H12都是支持的。另外，吸收能力、共同愿景还有语言障碍，继续对缩小文化缺口有着同样的效应。

综上所述，命题 H1、H2、H3、H4、H6、H9 和 H10 都是拒绝的，命题 H5、H7、H8、H11、H12 都是接受的。

表4　　　　　　　　　　　　回归分析

自变量		模型1		模型2		模型3	
		Beta	t	Beta	t	Beta	t
转移主体（公司总部和海外子公司）	SM	0.289	1.694	0.269	1.678	0.116	0.777
	KS	0.142	0.774	0.132	0.737	0.030	0.189
	EXP	-0.058	-0.412	-0.217	-1.589	-0.118	-0.957
	RW	-0.152	-0.884	-0.181	-1.070	-0.125	-0.803
	AC	0.440	2.841**	0.459	3.035**	0.325	2.244*
	INP	0.149	0.814	0.169	0.979	0.022	0.138
转移媒介（联系缺口）	SV			0.328	2.432*	0.289	2.399*
	LB			-0.461	-2.961**	-0.361	-2.585*
	ICT			0.276	1.450	0.210	1.203
转移情境（文化缺口）	CD					-0.019	-0.132
	TR					0.405	2.021*
	TW					0.367	2.585*
F		3.708**		4.533**		6.196**	
R^2		0.234		0.369		0.526	
ΔR^2				0.135**		0.157**	

注：Note：sample size $N = 80$，*：$p<0.05$，**：$p<0.01$。

可以发现转移主体因素对知识转移的实证检验并不显著，而且仅仅得到一个支持，认为海外子公司的吸收能力促进了跨国公司内部的知识转移，证实了吸收能力在跨国公司内部的知识转移中发挥重要的作用。我们通过利用人力资源管理相关的结构和实践(转移动机，吸收意愿，知识存量，外派和内派人员的能力)来阐述转移主体，由此可以观察发现，在跨国公司内部知识转移中，由于总部和海外子公司属于同一跨国公司，双方有着共同的企业文化，可以通过内部组织文件等形式共享核心技术等，并且存储在企业内部的文档和数据库，都属于显性知识，容易共享。所以总部的知识存量实际上大多是与海外子公司的共享资源，ICT 等因素也不存在层次差异，成为 H2 和 H9 得不到支持的理由。另外，跨国公司的总部和海外子公司在共同愿景，回避语言障碍的前提下，双方开展交流活动在团队合作和信任上不断加强，因而针对转移主体的相关激励制度(H1，H4)和人员转移(H3，H6)，甚至异国文化差异(H10)等因素是起不了太大影响作用的。

4. 主要结论与建议

4.1 主要结论

从组织关系学上来看，关系资本是一种无形资源，能够影响公司的业绩和发展公司间的关系。即使两家公司有着亲密的合作关系，但也需要内部良好的人际关系来维系，从而产生双方信任、共同愿景、团队合作和知识共享的结果。跨国公司总部与海外子公司也可以形成和发展他们之间的关系资本，加强沟通和了解不同的文化，促进知识转移的成功。面对日趋激烈的全球化竞争，知识已经成为跨国公司最具有战略性的资源(Kogut & Zander，1993)。与此同时，跨国公司内部知识转移也成为国际商务学界研究的一个热门主题。先前研究中，把研究重点放在两大领域里：能力和动机。本文把研究视点放在公司总部和海外子公司之间的知识缺口上。

本文的特色主要有两点：第一，通过文献梳理，试图找到跨国公司内部知识转移过程中的关键影响因素，提炼出 10 个积极促进跨国公司内部知识转移的影响因素(如输送方的转移动机、知识存量、外派人员的能力、接收方的吸收意愿、吸收能力、内派人员的能力、信任、团队合作、共同愿景和信息技术等)；相反，文化距离和语言障碍通常负面影响跨国公司内部知识转移。因此，跨国公司可以充分利用这些影响因素来实现总部和海外子公司之间知识转移。第二，本研究专注于知识转移过程中，输送方(总部)和接收方(海外子公司)之间的缺口。为了实现成功的知识转移，本文重点研究了双方"知识缺口的缩小"，并开发了一个新的概念模型，用以解释知识转移的动态过程。在整个知识转移过程中，缩小联系缺口(转移媒介)和文化缺口(转移情境)对知识缺口的缩小有着重要的作用。为此，我们设计了动态化的"双缺口模型"，比起 KTA 框架更简洁和全面。除了转移主体，我们发现转移媒介和转移情景中许多因素也积极或消极的影响知识内容的转移，例如，语言障碍和文化距离，分别对知识转移过程有一个负面影响。

知识缺口(公司总部和海外子公司之间)缩小的结果同样也意味着跨国公司内部知识转移的实现。因此，未来的研究将重点放在缩小知识缺口的机制设计上，这的确是一个战略性的思维转变。我们把跨国公司内部知识转移的看作公司总部和海外子公司之间知识缺口缩小的过程，一次成功的知识转移一定导致了双方知识缺口的缩小。换句话说，知识转移越成功，知识缺口就会越小。双缺口模型为知识转移理论提供了一个多维度的视角。通过双缺口模型，我们解释了如何降低知识缺口，并且实现公司总部和海外子公司之间的知识转移。经过了实证分析，我们发现海外子公司的吸收能力(H5)、联系缺口里的共同愿景(H8)、文化缺口里的信任(H11)和团队合作(H12)对知识缺口的缩小有着显著的正向效应，同时，联系缺口里的语言障碍(H7)对知识缺口的缩小有着显著的负向效应。

根据实证结果，我们可以总结出如下相关结论：第一，在知识转移的过程中，本文注重转移主体在跨国公司内部知识转移中的作用，并且得出其中的吸收能力在跨国公司内部知识转移过程中有着重要的作用。第二，本文可以拓宽对跨国公司内部知识转移的理解。我们发现其中的两大类型的缺口(联系缺口和文化缺口)对知识转移有着很大的作用。通过增强信任，降低语言障碍，实施共同愿景和团队合作，可以缩小公司总部和海外子公司的知识缺口，促进知识转移。第三，我们的研究集中在总部和子公司之间的缺口上，也就是说，知识缺口、联系缺口和文化缺口等。跨越国界的知识转移也是一次跨文化知识转移，成功的跨文化知识转移需要各种各样的组织能力，如努力适应不熟悉的东道国文化，了解当地的管理实践，与当地语言沟通、建立团队合作和伙伴关系，综合因素将有助于成功的跨文化知识转移。

4.2　建议

通过实证研究得出的结果，我们可以提出一些具体操作性的建议：

首先，吸收能力、信任、团队合作和共同愿景对缩小总部和海外子公司之间的知识缺口具有正向效应；与此同时，语言障碍对缩小总部和海外子公司之间的知识缺口具有负向效应。因此，跨国公司应该找出有效的策略，利用这些因素以缩小总部和海外子公司之间的知识缺口。我们坚信双缺口模型可以帮助跨国公司内部实现知识转移，而且验证的变量适用于各类跨国公司。

其次，跨国公司经理负责知识转移水平应该更关心公司总部和海外子公司之间的知识缺口。作为发送方和接收方之间的知识缺口可能影响转移成功，公司经理评估接收方是否有足够程度的吸收能力(包括接受、吸收，再利用转移知识的能力)。如果知识缺口很大，可能需要强有力的知识媒介。此外，跨国公司内部知识转移的过程被定义为一种双向沟通，在预定的目标是缩小总部和海外子公司之间的知识缺口，改善转移情境也十分重要。

然而，本文有一些局限性。例如，实证分析受到样本选择范围有限，我们的样本主要针对在中国的外国子公司，因此我们需要更多国家的数据，确保足够的外部有效性。双缺口模型提供了一个动态视野的平台用来理解总部和海外子公司之间的知识转移过程，除了总结出来的12大因素之前外，目前尚不清楚其他因素，例如，政治或制度因素，可能在一个新兴经济体起到主导作用。因此，在未来的研究中，希望这些潜在的维度因素得到越来越多的重视。最后，在"一带一路"的倡议下，相信双缺口模型可以帮助中国跨国公司，提高知识转移效率和跨国经营能力，有助于民族企业向全球产业链的高端进军，实现中国梦。

◎ 参考文献

[1] 安同信，范跃进，曾庆美. 新常态下中国利用 FDI 促进产业转型升级的障碍与对策研究——基于日本、韩国的经验[J]. 济南大学学报(社会科学版)，2017(1).

[2] 程子健，刘文，辛忠晟."一带一路"背景下中国企业境外上市的全球布局研究[J]. 东岳论丛，2017(9).

[3] 崔执树. 知识创新全球同步与跨国公司柔性网络[J]. 经济管理，2008(13).

[4] 刁丽琳，朱桂龙. 产学研合作中的契约维度、信任与知识转移——基于多案例的研究[J]. 科学学研究，2014(6).

[5] 冯素玲. 上市公司违规处罚信息市场反应研究[M]. 济南：山东人民出版社，2014.

[6] 李梓涵昕，朱桂龙，吕凤雯，唐勇. 知识接收方视角下社会资本对知识转移的影响研究[J]. 管理科学，2015(3).

[7] 李柏洲，徐广玉，苏屹. 团队知识转移风险对知识转移绩效的作用路径研究——知识网络的中介作用和团队共享心智模式的调节作用[J]. 科研管理，2014(2).

[8] 林莉，郑旭，葛继平. 产学研联盟知识转移的影响因素及促进机制研究[J]. 中国科技论坛，2009(5).

[9] 潘安，魏龙. 中国对外贸易隐含碳：结构特征与影响因素[J]. 经济评论，2016(4).

[10] 隋广军，黄亮，雄黄兴. 中国对外直接投资、基础设施建设与"一带一路"沿线国家经济增长[J]. 广东财经大学学报，2017(1).

[11] 孙婧. 企业吸收能力与技术创新关系实证研究[M]. 北京：经济管理出版社，2014.

[12] 徐笑君. 跨国公司内部知识转移和文化影响研究[M]. 上海：格致出版社，2011.

[13] 于鹏. 跨国公司内部的知识转移研究[D]. 山东大学博士学位论文，2006.

[14] 王锦程. 跨国公司与内部知识转移研究：情境视角与外派经理的作用[M]. 北京：中国财富出版社，2015.

[15] 王兆祥. 知识转移过程的层次模型[J]. 中国管理科学，2006(6).

[16] 王清晓，杨忠. 跨国公司母子公司之间的知识转移研究：一个情境的视角[J]. 科学与科学技术管理，2005(6).

[17] 张蕴萍. 公平竞争审查视野下中国政府规制治理体系的构建[J]. 理论学刊，2017(5).

[18] Albino, V., Garavelli, A., Schiuma, G. Knowledge transfer and inter-firm relationships in industrial districts：The role of the leader firm[J]. *Technovation*, 1998, 19(1).

[19] Chen, J., McQueen, R. J. Knowledge transfer processes for different experience levels of knowledge recipients at an offshore technical support center[J]. *Information Technology & People*, 2010, 23(1).

[20] Foss, N. J., Pedersen, T. Organizing knowledge processes in the multinational corporation：An introduction[J]. *Journal of International Business Studies*, 2004, 35(4).

[21] Kogut, B., Zander, U. Knowledge of the firm and the evolutionary theory of the

multinational corporation[J]. *Journal of International Business Studies*, 1993, 24(4).

[22]Martin, J., Antonio, N. Knowledge transfer to the subsidiaries operating in overseas[J]. *Industrial Management and Data Systems*, 2009, 110(4).

[23] Reiche, B. S. Knowledge transfer in multinationals: The role of inpatriates' boundary spanning[J]. *Human Resource Management*, 2011, 50(3).

[24] Szulanski, G. Exploring internal stickiness: Impediments to the transfer of best practice within the firm[J]. *Strategic Management Journal*, 1996, 17(S2).

[25]Szulanski, G. The process of knowledge transfer: A diachronic analysis of stickiness[J]. *Organizationa Behavior and Human Decision Processes*, 2000, 82(1).

[26]Tamer Cavusgil, S., Calantone, R. J., Zhao, Y. Tacit knowledge transfer and firm innovation capability[J]. *Journal of Business & Industrial Marketing*, 2003, 18(1).

Knowledge Transfer between MNC's Headquarter and Overseas Subsidiaries: A Two-gap Model

Wang Fang[1] Chen Jiyong[2]

(1, 2 American and Canadian Economic Institute, Wuhan University, Wuhan, 430072)

Abstract: In addition to taking China's "one belt and one road" initiative, more and more Chinese enterprises begin to go abroad, set up overseas subsidiaries to expand industrial chain, enhance overall competitiveness. From the point of actual operation, multinational company (MNC)'s internal knowledge transfer is an important means of achieving this goal. We explored comprehensively some key factors in the process of knowledge transfer between a MNC's Headquarter(HQ) and foreign subsidiaries, and suggested a new model called as a two-gap model of intra-MNC's knowledge transfer. This paper has some purposes that can be summarized as follows. First, to better understand international knowledge transfer within a MNC, we reviewed top management and international business journal and found 12 key determining factors of international knowledge transfer. Second, based on these 12 key factors and Knowledge Transfer Analysis (KTA) framework, we designed a conceptual model (called a two-gap model) explaining an intra-MNC's knowledge transfer. It's more concise and systematic than KTA framework. Third, based on a two-gap model, we put forward several propositions which depicted how to reduce knowledge gap between HQs and overseas subsidiaries. Our finding can help managers of emerging MNCs effectively control foreign subsidiaries and successfully achieve knowledge transfer.

Key words: Headquarter; Overseas subsidiary; Knowledge transfer; Two-gap model

专业主编：陈立敏

附录：变量的相关项目

转移动机：
1 在公司总部，有相关的激励机制(如职位升迁)促进知识转移到海外子公司。
2 在公司总部，有相关的奖金规定促进知识转移到海外子公司。
3 总部愿意同海外子公司分享信息。
4 总部愿意同海外子公司接触和交流看法。
5 总部愿意投入时间解决有关同海外子公司知识转移方面的困难问题。

知识存量：
1 总部拥有高技能的职员。
2 总部发展新的视点和创造新的知识。
3 总部从客户、供货商以及合作伙伴那里获取知识。

外派人员的能力：
1 总部拥有一些在东道国有过生活经历的职员。
2 总部拥有一些和东道国职员(中国职员)可以发挥人际关系能力的职员。
3 总部拥有一些可以说东道国语言(汉语)的职员。

吸收意愿：
1 在海外子公司，有相关的激励机制(如职位升迁)鼓励职员去寻找和使用来自总部的新知识。
2 在海外子公司，相关的奖金规定鼓励职员去寻找和使用来自总部的新知识。
3 海外子公司愿意去获得来自总部的信息。
4 海外子公司愿意同总部接触和交流看法。
5 海外子公司愿意投入时间解决有关获取来自总部的知识的困难问题。

吸收能力：
1 海外子公司有能力获得来自总部的新知识用于实现目标。
2 海外子公司拥有技术能力去吸收来自总部的知识。
3 海外子公司拥有转换来自总部的知识的能力。
4 海外子公司拥有扩展来自总部的知识的能力。

内派人员的能力：
1 海外子公司拥有一些乐于与总部职员分享国内人际关系网的职员。
2 海外子公司拥有一些认识到即使前往总部，也必须建立与国内职员紧密工作关系重要性的职员。

3 海外子公司拥有一些意识到自己前往总部，将会是两边交流和联系关键的职员。

4 海外子公司拥有一些专注于对自己的学习和专业发展有帮助的总部职员建立联系的职员。

5 海外子公司拥有一些专注于对自己前途进步和人生发展有帮助的总部职员建立联系的职员。

共同愿景：

1 我们公司有着上下一致的企业文化。

2 我们公司有着共同的追求。

3 我们公司在总部和海外子公司之间建立一体化网络。

语言障碍：

1 我们公司选择一门共同语言作为企业内部使用的"企业语言"。

2 我们公司选择性的招聘具有外语能力的职员。

3 我们公司开展外语培训项目。

4 我们公司使用外部语言资源(如聘用职业翻译)。

信息通信技术：

1 我们公司支持 ICT 的内部和外部服务。

2 我们公司通过使用 ICT 技术，开展知识管理。

3 我们公司促进 ICT 基础设施的建设。

4 我们公司在总部和海外子公司之间提供 ICT 的运用。

文化距离：

1 我们公司开展全球心态训练。

2 我们公司加强文化差异的学习。

3 母国(总部所在国)与东道国(中国)在社会礼仪和风俗习惯的相似程度高。

信任：

1 在知识转移过程中，总部有着很高的声望。

2 总部对海外子公司的能力和准备是毫不怀疑的。

3 在知识转移过程中，海外子公司有着很高的可靠性。

4 海外子公司相信总部传达的知识具有专业性和奉献性。

5 海外子公司的经营活动很大的决定权依赖于总部。

团队合作：

1 我们公司职员的集体归属感程度高。

2 我们公司职员的忠诚度高。

3 我们公司企业文化的集体主义程度高。
4 总部和海外子公司职员间的接触频繁程度高。

知识缺口的缩小(知识转移的实现):
1 接收方对新知识的使用的第一天,早于国外总部的预期。
2 海外子公司比较轻松地获得知识。
3 海外子公司非常迅速地获得知识。

角色模糊与反生产行为：一个被中介的调节作用模型[*]

● 肖素芳[1]　鄢　苗[2]　赵　君[3]

（1 中南财经政法大学工商管理学院 武汉 430073；

2 华中科技大学管理学院 武汉 430074；

3 中南财经政法大学公共管理学院 武汉 430073）

【摘　要】角色模糊是一种重要的工作压力源，它对员工的态度和行为产生重要影响。本研究基于 340 套员工样本，探讨了角色模糊对反生产行为的影响机制。结果发现：角色模糊对反生产行为具有显著正向影响；授权式领导对角色模糊与反生产行为之间关系具有负向调节作用；心理授权对角色模糊与反生产行为之间关系具有负向调节作用；心理授权完全中介了授权式领导对角色模糊影响反生产行为的调节作用。最后，本研究探讨了研究的理论价值和实践意义。

【关键词】角色模糊　反生产行为　授权式领导　心理授权

中图分类号：C939　　　　　文献标识码：A

1. 引言

由于外部市场环境竞争日益加剧，组织需要不断对自身的制度、结构和运营进行调整。组织结构扁平化发展，以及项目制和轮岗制的实施，迫使组织成员需要不断转化自身角色，以适应组织快速发展的需要（舒晓兵，2005）。频繁的角色转换可能导致组织成员无所适从，他们面临模糊的工作内容或混乱的工作职责，从而对组织期望他们做什么感到

---

* 基金项目：国家自然科学基金项目"领导职业生涯高原对职场偏差行为的影响机制研究"（项目批准号：71402190）；湖北省高等学校优秀中青年科技创新团队计划"地方公务员能力建设研究"（项目批准号：T201722）；香江学者计划"人职匹配对绩效和组织公民行为的影响机制研究"（项目批准号：XJ2015052）；湖北省科技计划软科学项目"科研人员职业生涯高原负效应及其治理策略研究"（项目批准号：2016ADC102）；中南财经政法大学研究生创新教育计划融通型拔尖创新人才培养项目"职业生涯高原对反生产行为的影响机制研究"。

通讯作者：赵君，E-mail：zhjun_521@126.com。

不确定(Katz & Kahn，1978；Eatough，et al.，2011)。换而言之，当个体对工作中所期望的行为缺乏清楚的理解和认知，或对个体角色相关的期望缺乏充分信息时，角色模糊就出现了(Rizzo，et al.，1970)。角色模糊是工作压力的重要来源(LePine & LePine，2005；Podsakoff，et al.，2007)，它对员工的态度和行为具有很强的解释力度(Stordeur，et al.，2001；Eatough，et al.，2011)。以往多数研究倾向于从积极性视角来检验角色模糊对员工态度和行为的的负面效应，如降低组织承诺和工作满意度(Vandenberghe，et al.，2011)，减少组织公民行为(Eatough，et al.，2011)和工作绩效(Gilboa，et al.，2008)，而少有研究基于消极性视角来验证角色模糊的负面效应。作为组织中常见的消极行为，反生产行为近年来引发了学术界的热议。反生产行为是一种违背重要组织规则，威胁组织及其组织成员利益的自愿性行为(Robinson & Bennett，1995；Bennett & Robinson，2000)，如偷盗(Greenberg，1990)、蓄意破坏(Ambrose，et al.，2002)、工作撤退和人身攻击等(Robinson & Bennett，1995；Spector，et al.，2006)。它是一种典型的角色外行为(Spector & Fox，2002；刘文彬和井润田，2010)，由于具有消极性、普遍性、隐藏性和多样性，因此受到国内外学者广泛关注(张永军等，2012；程丽和赵君，2015)。对于角色模糊是否会诱发反生产行为，以及这种诱发是如何产生的，目前学术界仍缺乏深入细致的解释。

本研究在自我决定理论(Self-determination Theory)的基础上提出了整个研究模型。自我决定理论是 Deci 和 Ryan(1985)提出的关于人类自我决定行为动机过程的理论。人是积极的有机体，每个人身上都存在基本的心理需求，具体包括胜任需求、自主需求和关系需求，这是个体形成和维持内在动机的基础(Gagne & Deci，2005)。当社会环境破坏、阻止并分裂个体的成长与整合倾向时，人性中更为黑暗的行为与内在就会体现出来(Deci & Ryan，2000；张剑等，2010)。当个体对工作中所期望的行为缺乏清楚的理解和认知，或对个体角色相关的期望缺乏充分信息时，会产生茫然的感觉，从而削弱他们对工作的胜任感，导致消极反应的产生。另外，角色模糊阻碍了个体工作目标以及个人成长的实现，使得个体的内在心理需求得不到满足，从而导致反生产行为的产生。不少研究表明，工作压力源与态度和行为之间的关系会受到情境因素的影响，这就暗示了角色模糊与反生产行为之间的关系也可能受到类似影响。作为重要的情景因素，领导风格一直备受学术界关注，这是因为它会对员工的心理、态度和行为产生极为重要且复杂的影响(Srivastava，et al.，2006；Lorinkova，et al.，2013)。自我决定理论表明，当领导者从承认下属的视角出发，用非控制性的方法提供与工作相关的信息时，下属的内在动机将得到提高，同时展现出更积极的行为(Deci，et al.，1982)。授权式领导正是这样一种自主支持性领导，它是领导与下属分享权力，提高下属自主权感知和责任感的一个过程(Ahearen，et al.，2005)。一方面，授权式领导可以通过指导、鼓励、培训、情感支持和提供信息等方式帮助下属获得与工作相关的信息，减少角色模糊；另一方面，授权式领导通过支持下属和分享权力增加了个体的胜任感知、自主感知和关系感知，满足了个体内心的基本需要。因而能够在员工面临角色模糊的情形下保持较高的内在动机，从而减少反生产行为的实施。当员工感知到领导的授权式管理风格，其主观心理状态就会发生变化，这时心理授权就出现了(Lee &

Koh，2001），它是个体对其工作角色定位的认知（Spreitzer，1995）。心理授权使得员工在工作中更具活力，可以减小心理压力，从而缓解角色模糊带来的消极效应。鉴于此，本研究主要讨论三个问题：一是授权式领导在角色模糊与反生产行为之间的调节作用；二是心理授权在角色模糊与反生产行为之间的调节作用；三是构建了一个被中介的调节作用模型，即授权式领导透过心理授权对角色模糊与反生产行为之间的关系进行调节。

2. 理论基础和假设提出

2.1 角色模糊与反生产行为

如果员工对特定职位的信息缺乏清晰的理解和认知，那么他们会不知道工作职责是什么，不知道被期望完成什么任务，不知道要如何进行判断，这就是角色模糊（Rizzo，et al.，1970）。角色模糊是工作压力源之一，当员工面临压力时，会根据情境与自身能力作出判断，随之采取应对策略（LePine & LePine，2005）。如果员工认为压力是具有挑战性的，那么这是有助于促进个人所得和成长潜力的，于是引发积极情绪或者问题解决型的反应，如增加努力程度；如果员工认为压力是具有阻碍性的，那么这可能会限制个人成长和目标实现，并且在可预见的未来缺乏相应的收益或回报，于是会诱发负面情绪和消极反应，如工作撤退、离职等（LePine & LePine，2005；Podsakoff，et al.，2007）。阻碍性压力源会减少个体对角色的满意程度，增加焦虑感，进而产生更多的反生产行为（Rodell & Judge，2009）。

评价和应对工作压力源的过程是与动机相关联的（Folkman，1984）。对工作压力源的阻碍性评价会导致较低的工作动机，因为员工不相信付出与收获之间的关系，无论如何努力都难以符合组织的期望，所以他们缺乏积极性动机（LePine & LePine，2005）。角色模糊就是一种阻碍性压力源，当员工面临模糊的组织期望时，他们会发觉自己并不清楚在组织中的角色定位，会产生茫然感和无法胜任工作的感知，甚至会认为这是对自身成长的一种限制。根据自我决定理论，当工作场所中的情境破坏或阻碍个体成长以及自我基本心理需求的满足时，员工的工作内在动机下降，人性中的黑暗行为将会体现出来（Deci & Ryan，2000）。因而角色模糊会诱使员工实施更多的反生产行为。另外，反生产行为可以在一定程度上舒缓压力（张永军等，2012；Reynolds，et al.，2015），帮助员工释放由压力引发的消极情绪，这也可能是实施反生产行为的诱因之一。鉴于此，我们提出以下假设：

H1：角色模糊对反生产行为具有正向影响。

2.2 授权式领导的调节作用

授权最开始被定义为关系或权力分享的一个方面（Burke，1986；Burpitt & Bigoness，1997），然而 Conger 和 Kanungo（1988）认为一种单纯"分享权力"的授权观是有缺陷的，完整的概念还必须包括授权给下属带来的动机效应。因此，Kirkman和Rosen（1997，1999）进一步延伸了授权的概念，即被授权的员工在完成任务时还能体验高效能和自主权，发现任务的价值和影响，产生更高的内在动机。授权式领导是一种独特的领导风格（Arnold，et al.，2000），它是领导与下属分享权力，提高下属工作自主权和责任感的一个过程，主要包括向员工描述工作意义、促进员工决策参与、对下属表达信心和提供自主权等四个维度（Ahearen，et al.，2005）。授权式领导可以通过指导、鼓励、培训、情感支持和提供信息等方式鼓励下属表达观点、促进集体决策制定、支持信息共享以及团队合作（Lorinkova，et al.，2013）。

对于授权式领导的积极效应，以往研究已经得到了广泛证实（Avolio，et al.，2004）。这种支持性的领导风格（Ahearne，et al.，2005；Arnold，et al.，2000）可以有效地激发员工创造力（Zhang & Bartol，2010）和工作积极性（Martin & Liao，2013），增强团队效能并促进知识共享（Srivastava，et al.，2006），创造高水平的协调和集体信息处理（Cohen，et al.，1997；Zaccaro，2002）。Martin和Liao（2013）指出，领导风格是引发个体内在动机的一种外部社会情境。授权式领导赋予员工自主权，向员工描述工作意义，促进员工参与决策，鼓励员工自我管理，满足员工的自我发展需求，这一系列活动都会强化员工的内在动机。自我决定理论（Gagne & Deci，2005）认为，对能力和自主权的需求是内在动机形成的重要因素，内在动机鼓励人们参与积极的、自主的、具有创造性的活动，因为这些活动能够在本质上令人感到满足。因此，这种由授权式领导所激发的内在动机，可以促进员工更主动地获取与职位相关的信息，了解组织或上级对自己的期望，正确地对自身角色进行定位，这在一定程度上可以缓解员工的角色模糊，以及所带来的负面效应，从而减少反生产行为的实施。鉴于此，我们提出以下假设：

H2：授权式领导在角色模糊与反生产行为之间具有负向调节作用，即授权式领导越强，角色模糊对反生产行为的影响越弱；反之，授权式领导越弱，角色模糊对反生产行为的影响就越强。

2.3 心理授权的调节作用

有关授权的概念，当前学术界主要存在两种理解（Ahearne，et al.，2005）。第一种理解强调权力的分享和转移（Leach，et al.，2003），这一层面的理解关注的是组织情境，因此也被称为"情境授权"（Leach et al.，2003）。第二种理解则强调随之而来的主观认知和感受（Spreitzer，1995），经过Conger和Kanungo（1988）、Thomas和Velthouse（1990）等人的研究逐渐演变出心理授权的概念。心理授权是员工增强自我效能感的一个过程，它通过消除无权力感来为员工提供效能信息（Conger & Kanungo，1988）。Thomas和Velthouse（1990）通过一整套决定员工内在动机的任务评估（意义、自我效能、选择和影响）进一步拓展了心理授权的内涵。在此基础上，Spreitzer（1995）提出了一个心理授权整合构念，他认为心理授权是由工作意义、自我效能、自我决定和工作影响等显示出来的心理状态。心理授权反映了一种积极的工作角色定位(Spreitzer，1995)，这使那些相信自己能够成功完成工作的员工具有更高的满意度，从而对组织产生更高的情感依赖(Meyerson & Kline，2008)。在心理授权过程中，员工体验到工作的意义，了解到工作的影响力，提高了工作的自信心，进而增强了个体的内在动机。现有研究也证实了心理授权与组织承诺(Avolio，et al.，2004)、工作满意度(Aryee & Chen，2006；Spreitzer，et al.，1997)、组织公民行为(Chiang & Hsieh，2012)和创新绩效(Singh & Sarkar，2015)之间的关联性。

心理授权可以反映个体对塑造工作角色和工作情境定位的积极认知(Spreitzer，1995)。对工作意义的认知，可以强化员工对工作目标的价值判断，并确保个体在价值观和行为上与组织保持一致(Brief & Nord，1990)。对自我效能的认知，可以强化员工对自身能力的客观评价(Gist，1987)，促使他们以更加积极的态度去面对模糊情境。对自我决定的认知，可以强化员工发动和继续工作中的自主权，鼓励他们在模糊环境下主动获取相关信息，快速作出回应(Liden，et al.，2000)。对工作影响的认知，可以强化员工对工作价值和行为后果的判断(Ashforth，1989)，确保他们模糊情境下依然可以作出理性抉择。根据自我决定理论，心理授权可以激发员工的内在动机，促使他们更好地把握工作角色，积极主动地了解关键信息，从而减少在工作角色上的模糊认知，并减少由角色模糊所带来的反生产行为。鉴于此，我们提出以下假设：

H3：心理授权在角色模糊与反生产行为之间具有负向调节作用，即心理授权越高，角色模糊对反生产行为的影响越弱；反之，心理授权越低，角色模糊对反生产行为的影响越强。

2.4 心理授权的中介调节作用

从情境和认知两个角度对"授权"的理解，分别衍生出了授权式领导和心理授权两个概念，这也说明授权式领导与心理授权之间有着紧密的联系(Ahearne，et al.，2005)。授权式领导加强了员工的自我效能、自我决定、工作影响和工作意义等内在动机体验(Bowen & Lawler，1995)，授权式领导对心理授权的正向影响也得到了相关研究证实(Zhang & Bartol，2010；Fong & Snape，2015)。

根据前文所述，授权式领导对角色模糊和反生产行为之间关系的调节作用，是通过授权式领导风格使员工感知到高水平的心理授权这种机制来实现的。领导的授权风格会增强员工的心理授权认知，使员工了解自己的工作意义和工作影响，从而对角色期望有着更清晰的认识。员工拥有工作自主权，可以依据所处的工作环境作出适应性调整，可以自行决定如何执行和完成任务，促使员工对自己的角色定位产生更好的认知。根据自我决定理论，员工在授权式管理情境下会产生心理授权认知，心理授权所具有的自我效能感可以使员工相信自己在面临角色模糊时有能力获得更多的角色信息。同时，心理授权作为一种内在动机，也能够激发员工的积极认知，从而减少角色模糊带来的消极影响。鉴于此，我们提出以下假设：

H4：心理授权中介了授权式领导对角色模糊与反生产行为之间关系的调节作用。

以上所有假设可以归纳在下面的研究模型中，如图 1 所示。

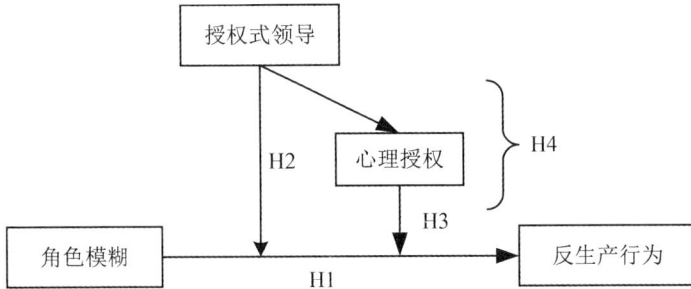

图 1　本研究的理论模型

3. 研究设计

3.1　数据采集

本研究的数据采集主要选取武汉和广州三家企业，采集时间从 2014 年 12 月至 2015 年 2 月，所有采集工作均采用员工自我报告方式进行。此次数据采集分为两个阶段，间隔时间为 1 个月左右，第一阶段测量的是人口统计学变量、角色模糊、授权式领导和心理授权，第二阶段测量的是反生产行为。由于反生产行为具有很强的隐蔽性，不容易被旁人观察评价，而自我报告和其他方法在结果上不存在显著差异，所以我们采纳 Fox 和 Spector（1999）的建议，通过自我报告采集反生产行为数据。此次数据采集共发放调查问卷 500 套，回收 453 套，回收率为 90.6%。问卷回收后进行筛选，剔除无效问卷 113 套，最后共回收有效问卷 340 套，回收有效率为 68%。在所有被试人员中，男性占 52.6%，女性占 47.4%；25 岁以下占 21.2%，25～30 岁占 34.4%，30～35 岁占 16.8%，35～45 岁占 19.1%，45 岁以上占 8.5%；高中及以下学历占 15%，大专学历占 30.6%，本科学历占 46.8%，硕士及以上学历占 7.6%；1 年以下工作年限占 3.8%，工作年限为 1～3 年占 28.2%，3～5 年占 20%，5～10 年占 19.1%，10 年以上占 28.8%。

3.2　变量测量

调查问卷采用 Likert 五分度量表进行测量。研究变量包括角色模糊、授权式领导、心理授权和反生产行为，量表设计全部借鉴成熟量表。对于国外量表，我们遵循双向互译、讨论诊断、专家访谈等步骤，尽可能使量表设计合理有效。

角色模糊采用了 Rizzo 等人（1970）开发的量表中的 6 个题项，如"我很清楚自己的职权"、"我的工作内容有着清晰的解释说明"等，所有题项均采用反向计分法。经检验，该量表的 Cronbach α 为 0.79。

授权式领导采用 Ahearen 等人(2005)开发的量表，共 12 个题项，如"上司和我一起做很多决策"、"上司认可我用自己的方式处理工作"等。本量表包括强化工作意义、促进决策参与、对员工表达信心和提供自主权四个维度。该量表的整体 Cronbach α 为 0.85，并且四维度结构的测量模型拟合度指数为最优($X^2/df = 1.07$、TLI = 0.99、CFI = 0.99、RMSEA = 0.02)，这表明该量表具有很好的信度和效度。

心理授权采用 Spreitzer(1995)编制的量表，共 12 个题项，如"我相信自己有干好工作上各项事情的能力"、"在决定如何完成自己的工作上，我有很大的自主权"等。本量表包括工作意义、自我效能、自主性和工作影响等四个维度。经检验，该量表的整体 Cronbach α 为 0.82，并且四维度结构的测量模型拟合度指数为最优($X^2/df = 1.55$、TLI = 0.98、CFI = 0.99、RMSEA = 0.04)，这表明该量表具有很好的信度和效度。

反生产行为采用 Bennett 和 Robinson(2000)编制的量表，共 19 个题项，如"故意放慢工作速度"、"说同事坏话"等。本量表包括组织导向反产行为和人际导向反生产行为等两个维度。因为题项"对民族或宗教问题随意发表评论"不符合中国文化情境，于是本研究采纳赵君等人(2014)的处理方法，在调查时予以删除。经检验，该量表的整体 Cronbach α 为 0.97，并且二维度结构的测量模型拟合度指数为最优($X^2/df = 2.30$、TLI = 0.97、CFI = 0.99、RMSEA = 0.06)，表明该量表具有很好的信度和效度。

有关性别、年龄、教育程度和工作年限对反生产行为的差异性影响已经得到了证实(赵君和蔡翔，2014)，因此选择这些人口统计学变量作为控制变量。

本研究采用 AMOS17.0 软件进行验证性因子分析。我们将授权式领导、心理授权和反生产行为的题目平均到各维度，并将各维度作为相应构念的潜变量指标(Zhang & Bartol，2010)，而角色模糊则以题目直接进行分析(Netemeyer, et al., 1990；韩翼和杨百寅，2011)。分析结果如表 1 所示。四因素模型的拟合效果($X^2/df = 2.13$，TLI = 0.94，CFI = 0.96，RMSEA = 0.06)在统计学意义上明显优于其他模型。我们还检验了其他三种模型的拟合效果：三因素模型是将授权式领导和心理授权融合为一个因素；二因素模型是将角色模糊、授权式领导和心理授权融合为一个因素；单因素模型是将所有的研究变量融合为一个因素。结果显示，拟合指标支持四因素模型，这意味着本研究的四个主要构念具有良好的区分效度。

由于所有变量都是由员工自评完成，因此可能导致共同方法偏差，所以我们采用 Harman 单因子和潜在共同方法因子两种方法进行检验。结果表明，单因子结构模型的拟合效果较差，这说明本研究不存在严重的共同方法偏差。然后，我们加入潜在公共因子进行检验，结果表明，在四因素模型基础上增加一个方法因子后，模型拟合指数并未得到明显改善(ΔCFI = 0.01，ΔTLI = 0.01，ΔRMSEA = 0.00)，因此可以判断本研究的自我报告法并未带来严重的共同方法偏差。

表 1		验证性因子分析结果			
模型	因子结构	χ^2/df	TLI	CFI	RMSEA
四因素模型	角色模糊；授权式领导；心理授权；反生产行为	1.84	0.95	0.97	0.05
三因素模型	角色模糊；授权式领导+心理授权；反生产行为	2.73	0.91	0.93	0.07
二因素模型	角色模糊+授权式领导+心理授权；反生产行为	3.07	0.89	0.93	0.08
单因素模型	角色模糊+授权式领导+心理授权+反生产行为	3.50	0.86	0.91	0.09

4. 数据分析与假设检验

4.1 描述性统计分析

本研究运用SPSS19.0版本软件的相关分析功能考察角色模糊、授权式领导、心理授权、反生产行为以及各控制变量等之间的相关性。我们对授权式领导、心理授权和反生产行为量表在不同维度上的题项做单一化处理，形成总体观测值。本研究所有变量的均值、标准差和相关系数矩阵如表2所示。

表 2			变量的均值、标准差和相关系数矩阵($n=340$)					
变量	性别	年龄	教育程度	工作年限	角色模糊	授权式领导	心理授权	反生产行为
均值	1.47	2.59	2.47	3.41	2.20	3.52	3.51	1.86
标准差	0.50	1.25	0.84	1.27	0.68	0.62	0.54	0.88
性别	—							
年龄	0.21**	—						
教育程度	0.07	0.02	—					
工作年限	0.13*	0.80**	0.01	—				
角色模糊	-0.21**	0.08	-0.05	0.02	—			
授权式领导	0.06	-0.04	0.14*	-0.15**	-0.33**	—		
心理授权	-0.02	0.08	0.03	-0.04	-0.23**	0.66**	—	
反生产行为	-0.08	-0.05	-0.05	0.07	0.20**	-0.17**	-0.07	—

注：*表示$p<0.05$，**表示$p<0.01$。

4.2 假设检验

为了验证本研究中的假设，我们采用SPSS19.0版本软件并遵循Grant和Berry（2011）

中介绍的 Aiken 和 West(1991)推荐的调节回归程序：第一步放入控制变量；第二步放入角色模糊和授权式领导；第三步放入角色模糊和授权式领导的交互项；第四步放入心理授权、角色模糊与心理授权的交互项。表 3 报告了调节回归分析的结果。正如假设 1 所预测的那样，Model 4 表明角色模糊对反生产行为具有显著的正向影响（$r = 0.21$，$p < 0.01$），H1 通过检验。

对于假设 2，Model 6 表明角色模糊与授权式领导的交互项显著负向影响反生产行为（$r = -0.12$，$p < 0.05$）。另外，我们采用 Mplus6.11 版本软件进行了简单斜率检验，结果表明在低授权式领导的条件下，角色模糊与反生产行为之间的关系更强（$r = 0.29$，$p < 0.01$），但在高授权式领导的条件下，两者之间的关系并不显著（$r = 0.09$，n.s.）。因此，授权式领导负向调节角色模糊与反生产行为之间的关系，即授权式领导风格越强，角色模糊对反生产行为的影响越弱，H2 通过检验。

表 3　　　　　　　　　　授权式领导和心理授权的调节作用分析（$n = 340$）

变量	心理授权			反生产行为					
	Model1	Model2	Model3	Model4	Model5	Model6	Model7	Model8	Model9
控制变量									
性别	-0.05	-0.09*	-0.07	-0.01	-0.02	-0.02	-0.00	-0.07	-0.00
年龄	0.31**	0.20**	-0.27**	-0.32**	-0.30**	-0.30**	-0.36**	-0.27**	-0.36**
教育程度	0.03	-0.06	-0.04	-0.03	-0.03	-0.02	-0.01	-0.04	-0.02
工作年限	-0.28**	-0.08	0.29**	0.32**	0.30**	0.32**	0.35**	0.29**	0.37**
自变量									
角色模糊		-0.05		0.21**	0.19**	0.22**	0.26**		0.28**
调节变量									
授权式领导		0.65**			-0.07	-0.07	-0.11		
心理授权							0.11		0.04
交互项									
角色模糊× 　授权式领导						-0.12*	0.00		
角色模糊×心理授权							-0.20**		-0.20**
R^2	0.04	0.46	0.04	0.08	0.09	0.10	0.13	0.04	0.12
ΔR^2		0.42**		0.04**	0.00	0.01*	0.02**		0.08**
F	3.30*	47.29**	3.62**	5.99**	5.25**	5.24**	5.61**	3.62**	6.45**

注：*表示 $p < 0.05$，**表示 $p < 0.01$。

对于假设 3，Model 9 表明角色模糊与心理授权的交互项显著负向影响反生产行为（$r =$

-0.20，$p<0.01$）。同样，我们采用 Mplus6.11 版本软件进行了简单斜率检验，结果表明在低心理授权的条件下，角色模糊与反生产行为之间的关系更强（$r=0.41$，$p<0.01$），但在高心理授权的条件下，两者之间的关系并不显著（$r=0.09$，n. s.）。因此，心理授权负向调节角色模糊与反生产行为之间的关系，即心理授权水平越高，角色模糊对反生产行为的影响越弱，H3 通过检验。

对于假设 4，表 3 中的 Model 2 和 Model 7 表明，授权式领导显著正向影响心理授权（$r=0.65$，$p<0.01$），且在加入了心理授权的调节作用后，授权式领导的调节作用变得不再显著，但心理授权的调节作用依然显著（$r=-0.20$，$p<0.01$）。为了进一步验证假设 4，我们采用了 Mplus 6.11 版本软件和 Edwards 和 Lambert（2007）推荐的调节路径分析法。我们使用了 Bootstrap 的方法（Bootstrap=2000），路径系数结果如图 2 所示。结果表明心理授权的间接效应显著（$r=-0.25$，$p<0.01$，99% CI $[-0.50$，$-0.03]$），即心理授权中介了授权式领导对角色模糊与反生产行为之间关系的调节作用，H4 通过检验。

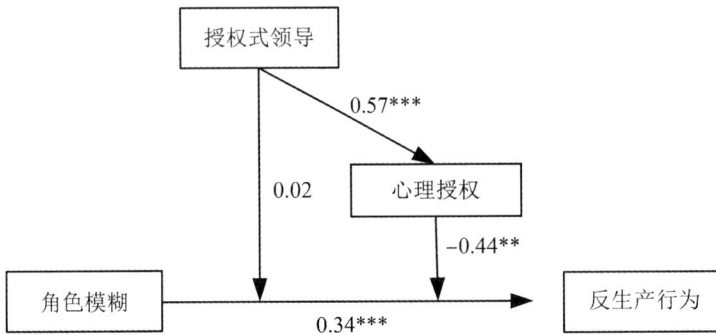

图 2 被中介的调节效应模型的路径系数

注：Bootstrap=2000；$*p<0.05$，$**p<0.01$，$***p<0.001$。

为了刻画授权式领导和心理授权对角色模糊与反生产行为之间关系的调节作用，我们用简单回归法得到了上述变量的关系，并通过坐标的形式表现出来，如图 3 和图 4 所示。

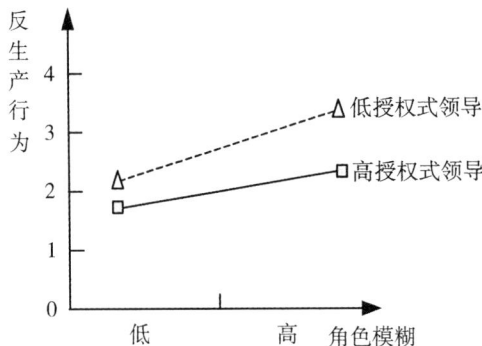

图 3 授权式领导对角模糊与反生产行为关系的调节效应

为了避免共线性问题，我们对自变量和调节变量均作了中心化处理。在图中的横坐标中，低和高分别代表了减一个标准差和加一个标准差。

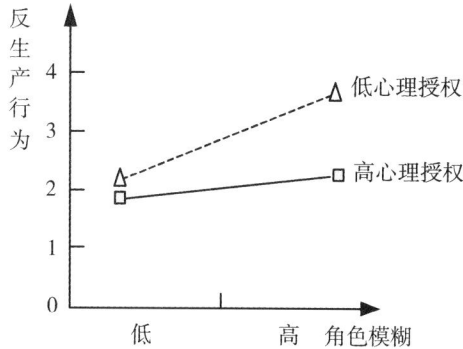

图 4　心理授权对角色模糊与反生产行为关系的调节效应

5. 结论与讨论

在管理实践中，员工的角色模糊是普遍存在的（Kahn, et al., 1964; Rizzo et al., 1970），但却一直得不到有效控制。如果继续放任自流、任其发展，那么角色模糊很可能会带来诸多不良后果，甚至是灾难性的损失。本研究主要探讨了角色模糊对反生产行为的影响机制，研究发现：角色模糊显著正向影响反生产行为；授权式领导负向调节角色模糊对反生产行为的影响，当授权式领导风格越强，角色模糊对反生产行为的影响越弱；心理授权负向调节角色模糊对反生产行为的影响，当心理授权的水平越高，角色模糊对反生产行为的影响越弱；授权式领导通过心理授权的中介作用调节角色模糊对反生产行为的影响。本研究的理论价值如下：

第一，证实了角色模糊对反生产行为的预测作用。以往有关角色模糊的研究，更多的是关注对积极态度和行为的影响，很少从消极视角来探讨角色模糊深层次的负面效应。本文尝试将角色模糊与反生产行为联系在一起，证实了角色模糊对反生产行为的诱发作用，这拓展了角色模糊的影响效应研究，增加了人们对角色模糊负面作用的新认识。再则，以往研究倾向于将工作压力源进行整合性探讨（O'Driscoll & Beehr, 1994; Glazer & Beehr, 2005），这些研究虽然有助于全面性思考，但忽略了不同工作压力源之间的特质性和差异性。King 和 King（1990）以及 Gilboa 等人（2008）就指出，角色模糊比其他工作压力源更能阻碍工作目标的实现，这是因为角色模糊更多是由结构因素所决定的，员工很难采取应对措施来降低其消极效应。从当前研究趋势来看，有关角色模糊的专题研究还极为有限，本研究可以进一步丰富相关研究结论。

第二，证实了授权式领导在角色模糊与反生产行为之间扮演的调节效应角色。以往研究已经验证了授权式领导对员工态度和行为具有重要影响（Srivastava, et al., 2006; 王永丽等，2009；Zhang & Bartol，2010；Martin & Liao，2013），但这些研究都是从自变量角度切入，忽视了授权式领导对组织管理和人际关系的强化或制约效用。现如今，组织中的权力距离不断降低以及员工参与意识越来越强（廖建桥等，2010），这都预示着授权式领导将会在组织中扮演越来越重要的角色（Arnold，et al.，2000）。本研究在角色模糊与反生产行为关系的基础上，考察了授权式领导的负向调节作用，即授权式领导能够削弱角色模糊对反生产行为的影响。这说明，授权式领导不仅对工作绩效和创新行为具有积极促进作用（林晓敏等，2009；Zhang & Bartol，2010；Lorinkova，et al.，2013），而且在面对角色模糊等消极情境时，还可以缓解其所带来的负面影响，这一点将丰富我们对授权式领导理论的认识。

第三，证实了心理授权在授权式领导情境下的被中介的调节效应角色。心理授权是一种主观的心理状态，它与员工的行为直接相关，以往较多研究分析了心理授权的中介效应（Avolio，et al.，2004；陈永霞等，2006；魏峰等，2009），而忽视了其可能存在的边界作用。高心理授权的员工对工作自主权具有清晰的认知，它可以激励员工根据环境的变化快速做出回应（Liden，et al.，2000），强化对行为表现的影响。心理授权也反映了一种积极的角色定位（Spreitzer，1995），它可以激发个体的内在动机，减少员工模糊的角色认知。本研究考察了心理授权对角色模糊与反生产行为之间关系的负向调节作用，这可以增强我们对心理授权内涵的理解和认知。另外，相对于授权式领导，心理授权是一个近端心理认知变量，它可能会在授权式领导与角色模糊和反生产行为关系之间充当一个心理中介的角色，因此我们构建了一个被中介的调节作用模型。这不仅帮助我们更清晰地理解了授权式领导的调节作用影响路径，而且进一步丰富了心理授权理论的内涵，这也是本研究的重要理论贡献之一。

第四，从自我决定理论的视角解释角色模糊对反生产行为的影响机制。以往诸多学者研究了工作压力源或角色压力源对反生产行为的影响，但是他们大多以压力源—情绪模型（Sepctor，1998；Spector & Fox，2002）以及情绪事件理论（Jessica & Judge，2009）为基础对两者之间的关系进行阐述。本研究以自我决定理论的视角来构建和解释整个研究模型，拓展了压力源与反生产行为之间关系的理论基础，加深了我们对角色模糊的影响机制的理解。角色模糊在工作中非常普遍，且与其他角色压力源存在很大差异，如角色模糊更具阻碍性（Gilboa，et al.，2008）等，因而其影响机制与其他压力源可能存在不一样的地方。自我决定理论的研究视角有利于我们更深刻地理解角色模糊对反生产行为的影响机制，拓宽了理论视野，为后续研究提供了一定的理论启示。

另外，本研究也具有相当的管理实践意义。首先，采取措施降低员工的角色模糊。管理者应该尽可能地给员工提供详尽的角色信息，帮助员工进行准确的角色定位，如每个岗位应该有一份清晰的职位说明书，明确员工的工作职责，并定期传达组织对员工的工作期望。对于新入职的员工，为了避免其陷入角色模糊状态，应当强化入职培训，帮助他们有效地理解工作流程和工作职责。其次，重视授权管理，实现分权与集权相结合。由于受传统文化影响较深，很多领导者一直奉行"事必躬亲"的原则（廖建桥等，2010）。但是随着社会权力距离不断减小、群众民主意识不断增强，组织内部分权将是大势所趋，授予员工一定的工作自主权反而更有利于工作开展和业绩提高（Martin & Liao，2013；林晓敏等，

2014）。然而，需要注意的是，授权并非无条件的分权，而是要根据员工的能力和优势适度放权，做到分权与集权相结合，并能及时监督和评估。最后，注重激发员工的内在动机。员工的持续工作和创造力更多来源于其自身的内在动机（Gagne & Deci，2005；黄耀杰等，2012；张华等，2014）。因此组织激励手段不仅要注重外在激励，而且也要注重内在激励。与员工沟通工作价值，鼓励员工参与决策制定，向员工提供工作自主权，关心员工职业生涯发展等，这些措施不仅可以满足员工的自我发展需求，而且还能增强员工的内在动机，从而有助于抑制和缓解员工实施反生产行为的可能性。

当然，本研究不可避免存在一定的局限性。所有变量的测量均采用员工自评的方式，虽然通过分时间段来采集相关数据，能在一定程度上避免同源误差问题，但仍存在同源误差的影响。未来研究可以进行纵向研究，从而可以更为精确地检验各变量之间的因果关系。再者，授权式领导的测量采用员工感知评价，未来研究可以考虑将其上升至团队层面进行跨层分析，进一步验证研究结论的稳定性。

◎ 参考文献

[1] 程丽，赵君. 工作压力与反生产行为：探讨心理契约破裂与员工政治技能的影响[J]. 珞珈管理评论，2015(2).

[2] 陈永霞，贾良定，李超平，等. 变革型领导、心理授权与员工的组织承诺：中国情景下的实证研究[J]. 管理世界，2006，22(1).

[3] 韩翼，杨百寅. 真实型领导、心理资本与员工创新行为：领导成员交换的调节作用[J]. 管理世界，2011，27(12).

[4] 黄耀杰，刘喆，王蕾. 政府部门领导行为、信任与组织承诺关系研究[J]. 武汉理工大学学报(社会科学版)，2012，25(5).

[5] 廖建桥，赵君，张永军. 权力距离对中国领导行为的影响研究[J]. 管理学报，2010，7(7).

[6] 林晓敏，林琳，王永丽，等. 授权型领导与团队绩效：交互记忆系统的中介作用[J]. 管理评论，2014，26(1).

[7] 刘文彬，井润田. 组织文化影响员工反生产行为的实证研究——基于组织伦理气氛的视角[J]. 中国软科学，2010，25(9).

[8] 刘东，张震，汪默. 被调节的中介和被中介的调节：理论构建于模型检验，见陈晓萍，徐淑英，樊景立(主编)，组织与管理研究实证方法[M]. 北京：北京大学出版社，2012.

[9] 舒晓兵. 管理人员工作压力源及其影响——国有企业与私营企业的比较[J]. 管理世界，2005，21(8).

[10] 王永丽，邓静怡，任荣伟. 授权型领导、团队沟通对团队绩效的影响[J]. 管理世界，2009，25(4).

[11] 魏峰，袁欣，邱杨. 交易型领导、团队授权氛围和心理授权影响下属创新绩效的跨层次研究[J]. 管理世界，2009，25(4).

[12]张华，孙春玲，安珣，等．授权氛围、心理授权与知识员工主动性的关系研究[J]．预测，2014，33(3)．

[13]张永军，廖建桥，赵君．国外反生产行为研究回顾与展望[J]．管理评论，2012，24(7)．

[14]张剑，张建兵，李跃，等．促进工作动机的有效路径：自我决定理论的观点[J]．心理科学进展，2010，118(5)．

[15]赵君，蔡翔．人口统计学特征对工作场所偏差行为的差异性影响研究[J]．软科学，2014，28(8)．

[16]赵君，廖建桥，张永军．评估式绩效考核对职场偏差行为的影响：探讨工作满意度和马基雅维利主义的作用[J]．经济管理，2014，36(3)．

[17]Ahearne，M．，Mathieu，J．，Rapp，A．To empower or not to empower your sales force？An empirical examination of the influence of leadership empowerment behavior on customer satisfaction and performance［J］．*Journal of Applied Psychology*，2005，90(5)．

[18]Ambrose，M．L．，Seabright，M．A．，Schminke，M．Sabotage in the workplace：The role of organizational injustice［J］．*Organizational Behavior and Human Decision Processes*，2002，89(1)．

[19] Arnold，J．A．，Arad，S．，Rhoades，J．A．，et al．The empowering leadership questionnaire：The construction and validation of a new scale for measuring leader behaviors［J］．*Journal of Organizational Behavior*，2000，21(3)．

[20] Aryee，S．，Chen，Z．X．Leader-member exchange in a Chinese context：Antecedents，the mediating role of psychological empowerment and outcomes［J］．*Journal of Business Research*，2006，59(7)．

[21] Ashforth，B．E．The experience of powerlessness in organizations［J］．*Organizational Behavior and Human Decision Processes*，1989，43(2)．

[22]Avolio,B．J．，Zhu，W．，Koh，W．，et al．Transformational leadership and organizational commitment：Mediating role of psychological empowerment and moderating role of structural distance［J］．*Journal of Organizational Behavior*，2004，25(8)．

[23]Bennett，R．J．，Robinson，S．L．Development of a measure of workplace deviance［J］．*Journal of Applied Psychology*，2000，85(3)．

[24]Berry，CM．，Ones，D．S．，Sackett，P．R．Interpersonal deviance，organizational deviance，and their common correlates：A review and meta-analysis［J］．*Journal of Applied Psychology*，2007，92(2)．

[25]Bowen，D．E．，Lawler，E．E．*Empowering service employees*［M］．Cambridge，MA：MIT Press，1995．

[26]Brief,A．P．，Nord，W．R．*Meaning of occupational work*［M］．Lexington，MA：Lexington Books，1990．

[27]Burke，W．Leadership as empowering others［J］．*Executive Power*，1986．

[28]Burpitt，W．J．，Bigoness，W．J．Leadership and innovation among teams：The impact of empowerment［J］．*Small Group Research*，1997，28(3)．

[29] Chen, P. Y. , Spector, RE. Relationships of work stressors with aggression, withdrawal, theft and substance use: an exploratory study [J]. *Journal of Occupational and Organizational Psychology*, 1992, 65(3).

[30] Chiang, C. F. , Hsieh, T. S. The impacts of perceived organizational support and psychological empowerment on job performance: The mediating effects of organizational citizenship behavior [J]. *International Journal of Hospitality Management*, 2012, 31(1).

[31] Cohen, S. G. , Chang, L. , Ledford, G. . E. Ahierarchical construct of self-management leadership and its relationship to quality of work life and perceived work group effectiveness [J]. *Personnel Psychology*, 1997, 50(2).

[32] Conger, J. A. , Kanungo, R. N. The empowerment process: Integrating theory and practice [J]. *Academy of Management Review*, 1988, 13(3).

[33] Dalai, R. S. A meta-analysis of the relationship between organizational citizenship behavior and counterproductive work behavior [J]. *Journal of Applied Psychology*, 2005, 90(6).

[34] Deci, E. L. , Ryan, R. M. Thegeneral causality orientations scale: Self-determination in personality [J]. *Journal of Research in Personality*, 1985, 19(2).

[35] Deci, E. L. , Ryan, R. M. The "what" and "why" of goal pursuits: Human needs and the self-determination of behavior [J]. *Psychological Inquiry*, 2000, 11(4).

[36] Deci, E. L. , Spiegel, N. H. , Ryan, R. M. , et al. Effects of performance standards on teaching styles: Behavior of controlling teachers [J]. *Journal of Educational Psychology*, 1982, 74(6).

[37] Eatough, E. M. , Chang, C. H. , Miloslavic, S. A. , et al. Relationships of role stressors with organizational citizenship behavior: A meta-analysis [J]. *Journal of Applied Psychology*, 2011, 96(3).

[38] Folkman, S. *Stress, appraisal, and coping* [M]. New York: Springer Publishing Company LLC, 1984.

[39] Fong, K. H. , Snape, E. Empowering leadership, psychological empowerment and employee outcomes: Testing a multi-level mediating model [J]. *British Journal of Manage-ment*. 2015, 26(1).

[40] Fox, S. , Spector, P. E. A model of work frustration-aggression [J]. *Journal of Organizational Behavior*, 1999, 20(6).

[41] Fox, S. , Spector, P. E. , Miles, D. Counterproductive work behavior (CWB) in response to job stressors and organizational justice: Some mediator and moderator tests for autonomy and emotions [J]. *Journal of Vocational Behavior*, 2001, 59(3).

[42] Gagne, M. , Deci, E. L. Self-determination theory and work motivation [J]. *Journal of Organizational Behavior*, 2005, 26(4).

[43] Gilboa, S. , Shirom, A. , Fried, Y. , et al. A meta-analysis of work demand stressors and job performance: Examining main and moderating effects [J]. *Personnel Psychology*, 2008, 61(2).

[44] Gist, M. E. Self-efficacy: Implications for organizational behavior and human resource

management [J]. *Academy of Management Review*, 1987, 12(3).

[45] Glazer, S., Beehr, T. A. Consistency of implications of three role stressors across four countries [J]. *Journal of Organizational Behavior*, 2005, 26(5).

[46] Greenberg, J. Employee theft as a reaction to underpayment inequity: The hidden cost of pay cuts [J]. *Journal of Applied Psychology*, 1990, 75(5).

[47] Kahn, R. L., Wolfe, D. M., Quinn, R. P., et al. *Organizational stress: Studies in role conflict and ambiguity.* Oxford, England: John Wiley, 1964.

[48] Katz, D., Kahn, R. L. *The social psychology of organizations* (2nd ed.) [M]. New York, NY: Wiley, 1978.

[49] King, L. A., King, D. W. Role conflict and role ambiguity: A critical assessment of construct validity [J]. *Psychological Bulletin*, 1990, 107(1).

[50] Kirkman, B. L., Rosen, B. Amodel of work team empowerment [J]. *Research in Organizational Change and Development*, 1997, 10.

[51] Kirkman, B. L, Rosen, B. Beyond self-management: Antecedents and consequences of team empowerment [J]. *Academy of Management Journal*, 1999, 42(1).

[52] Leach, D. J., Wall, T. D., Jackson, P. R. The effect of empowerment on job knowledge: An empirical test involving operators of complex technology [J]. *Journal of Occupational and Organizational Psychology*, 2003, 76(1).

[53] Lee, M., Koh, J. Is Empowerment really a new concept? [J]. *International Journal of Human Resource Management*, 2001, 12(4).

[54] LePine, J. A., LePine, M. A. Ameta-Analytic test of the challenge stressor-hindrance stressor framework: An explanation for inconsistent relationships among stressors and performance [J]. *Academy of Management Journal*, 2005, 48(5).

[55] Liden, R. C., Wayne, S. J., Sparrowe, R. T. An examination of the mediating role of psychological empowerment on the relations between the job, interpersonal relationships and work outcomes [J]. *Journal of Applied Psychology*, 2000, 85(3).

[56] Lorinkova, N. M., Pearsall, M. J., Sims, H. P. Examining the differential longitudinal performance of directive versus empowering leadership in teams [J]. *Academy of Management Journal*, 2013, 56(2).

[57] Martin, S. L., Liao, H. Directive versus empowering leadership: A field experiment comparing impacts on task proficiency and proactivity [J]. *Academy of Management Journal*, 2013, 56(5).

[58] Meyerson, S. L., Kline, T. J. B. Psychological and environmental empowerment: Antecedents and consequences [J]. *Leadership & Organization Development Journal*, 2008, 29(5).

[59] Netemeyer, R. G., Johnston, M. W., Burton, S. Analysis of role conflict and role ambiguity in a structural equations framework [J]. *Journal of Applied Psychology*, 1990, 75(2).

[60] O'Driscoll, M. P., Beehr, T. A. Supervisor behaviors, role stressors and uncertainty as

predictors of personal outcomes for subordinates [J]. *Journal of Organizational Behavior*, 1994, 15(2).

[61] Pearsall, M. J. , Ellis, A. P. J. , Stein, J. H. Coping with challenge and hindrance stressor in teams: Behavioral, cognitive, and affective outcomes [J]. *Organizational Behavior and Human Decision Processes*, 2009, 109(1).

[62] Podsakoff, N. P. , LePine, J. A. , LePine, M. A. Differential challenge stressor-hindrance stressor relationships with job attitudes, turnover intensions, turnover, and withdrawal behavior: A meta-analysis [J]. *Journal of Applied Psychology*, 2007, 92(2).

[63] Reynolds, C. A. , Shoss, M. K. , Jundt, D. K. In the eye of the beholder: A muti-stakeholder perspective of organizational citizenship and counterproductive work behaviors [J]. *Human Resource Management Review*, 2015, 25(1).

[64] Rizzo, J. , House, R. , Lirtzman, S. Role conflict and ambiguity in complex organizations [J]. *Administrative Science Quarterly*, 1970, 15.

[65] Robinson, S. L. , Bennett, R. J. A typology of deviant workplace behaviors: A multidimensional scaling study [J]. *Academy of Management Journal*, 1995, 38(2).

[66] Rodell, J. B. , Judge, T. A. Can "good" stressors spark "bad" behaviors? The mediating role of emotions in links of challenge and hindrance stressors with citizenship and counterproductive behavior [J]. *Journal of Applied Psychology*, 2009, 94(6).

[67] Singh, M. , Sarkar, A. The relationship between psychological empowerment and innovative behavior [J]. *Journal of Personnel Psychology*, 2015, 11(3).

[68] Spector, P. E. , Fox, S. An emotion-centered model of voluntary work behavior: Some parallels between counterproductive work behavior (CWB) and organizational citizenship behavior (OCB) [J]. *Human Resources Management Review*, 2002, 12(2).

[69] Spector, P. E. Fox, S. The stress-emotion model of counterproductive work behavior [A]. In Fox, S. & Spector, P. E. (eds.). *Counterproductive work behavior: Investigations of actors and targets* [C]. Washington, DC: American Psychological Association, 2005.

[70] Spector, P. E. , Fox, S. , Penney, L. M. , et al. The dimensionality of counter-productivity: Are all counterproductive behaviors created equal [J]. *Journal of Vocational Behavior*, 2006, 68(3).

[71] Spreitzer, G. M. Psychological empowerment in the workplace: Dimensions, measurement, and validation [J]. *Academy of Management Journal*, 1995, 38(5).

[72] Spreitzer, G. M. , Kizilos, M. A. , Nason, S. W. A dimensional analysis of the relationship between psychological empowerment and effectiveness satisfaction, and strain [J]. *Journal of Management*, 1997, 23(5).

[73] Srivastava, A. , Bartol, K. M. , Locke, E. A. Empowering leadership in management teams: Effects on knowledge sharing, efficacy, and performance [J]. *Academy of Management Journal*, 2006, 49(6).

[74] Stordeur, S. , D'hoore, W. , Vandenberghe, C. Leadership, organizational stress, and emotional exhaustion among hospital nursing staff [J]. *Journal of Advanced Nursing*, 2001,

35(4).

[75]Thomas, K. W. , Velthouse, B. A. Cognitive elements of empowerment: An "interpretive" model of intrinsic task motivation [J]. *Academy of Management Review*, 1990, 15(4).

[76]Tubre, T. C. , Collins, J. M. Jackson and Schuler (1985) Revisited: Ameta-analysis of the relationships between role ambiguity, role conflict, and job performance [J]. *Journal of Management*, 2000, 26(1).

[77]Vandenberghe, C. , Panaccio, A. , Bentein, K. , et al. Assessing longitudinal change of and dynamic relationships among role stressors, job attitudes, turnover intention, and well-being in neophyte newcomers [J]. *Journal of Organizational Behavior*, 2011, 32(4).

[78]Yang, J. , Diefendorff, J. M. The relations of daily counterproductive workplace behavior with emotions, situational antecedents, and personality moderators: A diary study in Hong Kong [J]. *Personnel Psychology*, 2009, 62(2).

[79] Zaccaro, S. J. , Rittman, A. L. , Marks, M. A. Team leadership [J]. *The Leadership Quarterly*, 2002, 12(2).

[80] Zhang, X. M. , Bartol, K. M. Linking empowering leadership and employee creativity: The influence of psychological empowerment, intrinsic motivation, and creative process engagement [J]. *Academy of Management Journal*, 2010, 53(1).

Role Ambiguity and Counterproductive Workplace Behavior: A Model of Mediated Moderation

Xiao Sufang[1] Yan Miao[2] Zhao Jun[3]

(1 School of Business Administration, Zhongnan University of Economics and Law, Wuhan, 430073;

2 School of Management, Huazhong University of Science and Technology, Wuhan, 430074;

3 School of Public Administration, Zhongnan University of Economics and Law, Wuhan, 430073)

Abstract: Role ambiguity is a significant source of job stress that can provide valuable insight into employee attitudes and behaviors. The paper discusses the relationship between role ambiguity and counterproductive workplace behavior from 340 samples. The results are as follows: role ambiguity has a significant positive relationship with counterproductive workplace behavior; both empowering leadership and psychological empowerment negatively moderate the relationship between role ambiguity and counterproductive workplace behavior; the moderating effect of empowering leadership is mediated by psychological empowerment. At last, We discuss implications for theory and managerial practice.

Key words: Role ambiguity; Counterproductive workplace behavior; Empowering leadership; Psychological empowerment

专业主编：杜旌

组织间初始信任影响因素的实证研究：
基于第三方作用视角*

● 刘明霞[1,2]　张天杭[3]

(1，3 武汉大学经济与管理学院　武汉　430072；
2 武汉大学企业战略管理研究所　武汉　430072)

【摘　要】基于第三方桥梁作用而形成的初始信任仅在人与组织间有所研究，而组织与组织之间该类信任的影响因素并未获得充足的关注。本文从第三方与双边的关系以及第三方自身的声誉这三个层面研究第三方在组织间初始信任形成中的桥梁作用，通过问卷调查数据的实证分析，发现第三方声誉、施信方与第三方的关系影响了能力信任与善意信任，受信方与第三方的关系在第三方声誉较高时才对善意信任有显著影响，但对能力信任的影响却不显著。本文的研究补充了关于初始信任方面的理论和结构洞理论，对于需要进行广泛合作的企业来说具有现实意义。

【关键词】信任构建　第三方桥梁作用　善意信任　能力信任

中图分类号：F272.3　　　　　　文献标识码：A

1. 引言

随着经济全球化进程加快以及技术变革的日新月异，组织间应进行广泛的合作以实现自身利益并满足社会需求，而信任恰恰是合作的基础。另外，Ganesan(1994)认为信任可以使组织双方更为注重长期利益，Noordewier，John 和 Nevin(1990)指出信任最终可以增强彼此的市场竞争力并减少交易成本。Cathal(2004)也指出，信任在合作关系中具有重要性，这不仅因为它是合作关系形成的基础，更是相互间获取良好合作绩效的必要条件。

那么信任是如何构建的？绝大部分学者认为，主体间的信任是动态发展的，这个过程包含了三个阶段：初始信任的建立、信任的维持、信任的下降。在这三个阶段中，初始信任是信任发展最重要的一步，作为信任的起点它关乎着一方是否愿意迈出接纳对方的"第

* 基金项目：教育部人文社会科学研究项目"创新集群中组织间初次知识合作共享的信任研究：间接信任视角"（项目批准号：15YJA630041）；本文由武汉大学企业战略管理研究所资助。

通讯作者：刘明霞，E-mail：liumingxia@ whu. edu. cn。

一步",对于随后双方交往的发展至关重要(Mcknight,2002)。Choi,Stahl 和 Whinston (1997)认为由于施信方与受信方在此之前并无直接的交流,更没有可以借鉴的交易经验,这使得施信方对受信方感知的不确定性和风险尤为突出。基于此,初始信任受到了很多学者的关注与研究。Mcknight,Cummings 和 Chervany(1998)研究了组织间初始信任的构建,Koufaris(2002)总结了影响消费者对互联网公司初始信任的因素,这些都基于二元视角对初始信任进行研究。对此,Gulati(1998),寿志刚(2011)提出二元之外的第三方对初始信任的建立也有影响。目前,在人与组织间信任研究领域,Stewart(2003),Pavlou 和 Gefen (2004)已经针对电子商务采用实证方法检验第三方如何影响消费者与组织之间的初始信任。但是第三方如何影响组织与组织之间初始信任的构建在当前信任研究主流文献中却找不到答案。

因此,本文以组织间初始信任为研究切入点,从三方视角探讨信息不对称情况下基于第三方桥梁作用的组织间初始信任的构建,以期补充信任研究图谱中的初始阶段理论。

2. 文献综述

信任的系统研究源自于社会心理学家,他们主要从个体以及心理的角度来界定信任,比如 Rotter(1967)认为,信任是个体预期另一个人言辞或书面陈述是可靠的。刘学(2006)认为对信任的研究可以分为 5 个学派:人格学派、制度学派、认识论学派、知识学派以及基于计算的学派,每个学派对信任的认识有所不同,如人格学派的代表 Bowlby(1982)和 Erikson(1968)认为,信任是孩童时建立起来的,婴儿向他们的看护者寻求和接受帮助,从而产生信任他人的基本倾向。而计算学派的 Shapiro,Sheppard(1992)和 Gulati(1995)则视信任为一种理性的选择,个体或组织之所以采用值得信任的方式行动是因为机会主义行为的成本超过了该行为所能带来的潜在受益。

管理领域对信任也开展了多方位的研究。Zaheer(1998)等人将组织间的信任定义为:信任是一种预期,预期某一行为者:(1)值得信赖履行其职责义务;(2)会以某种可以预期的方式行动;(3)当存在机会主义行为的机会时,能公正地行动。Gulati(2008)对组织间信任的定义也与 Zaheer 等人相似。从上述内容看来,组织间信任包含两个维度:一方面,是对受信方有能力实现其义务、责任的预期;另一方面,则是对受信方不采取机会主义行为的预期。因此,Barber(1983),Das 和 Teng(2001)将信任区分为能力信任和善意信任。Barber(1983)认为能力信任是指对对方能力和专家知识的感知,它反映了受信方实现绩效目标的能力,Mayer(1995)认为善意信任是一种期望,即受信方除了关注自身利益外还有道德义务和责任来关注对方的利益,表明相信对方是善意、有责任心、可靠的。Barber 对信任的分类得到了管理学领域大多数学者的认同,后续研究基本上采用了这一分类标准。

关于信任的前因与后果也有着丰富的研究文献。Doney 和 Cannon(1997)认为组织的声誉、规模等个体特征影响了信任,Armstrong 和 Yee(2001)认为组织所处的制度、文化等外部环境也是信任的影响因素。另外,学者们尤其关注组织间互动过程中双边层面变量对信任的影响,如 Shankar(1994),Doney 和 Cannon(1997)提出的交往时间,潘镇和李晏墅(2008)研究的沟通状况,Shankar(1994)提出的依赖程度和合作的满意程度,Gulati 和 Sytch(2008)主张的目标与价值观的一致性等。这些研究的特点是采用了二元视角,研究建立在已有联结之上的直接信任,或者其研究背景是双方存在互动历史。而对于没有互动历史的组织间初始信任的研究却很少。

Mcknight(1998)指出高初始信任的来源,一是易信任别人的个性倾向;二是基于承诺、合约、规则、担保的制度信任;三是基于一些重要线索的认知信任。Chen 和 Barnes(2007)对电子商务的研究发现,感知的公司规模、感知的公司声誉、感知的公司在定制服务方面的意愿以及与其他客户的交流,影响线上初始信任。谭云清和李元旭(2013)研究了国际服务市场,指出供应商的善意、任务承诺以及保障机制均显著影响发包方的初始信任。杜亚灵等人(2014)对 PPP 进行实证研究后发现,项目投资人的财务状况、技术能力、社会声誉以及管理能力是初始信任的关键驱动因素。

除此之外,有少数学者特别强调了第三方对人与人之间、人与组织之间以及组织相互之间初始信任构建的作用。Ferrin(2006)对人际信任的研究表明,第三方关系的存在,既可以通过信任可传递性直接影响人际信任,也可以通过网络闭合性和结构均等性间接影响人际信任。Stewart(2003)和 Hwang(2005)对消费者与电子商务企业间初始信任进行了研究,前者发现消费者对陌生网站的信任缘于所信任网站的链接作用,且链接网站间的互动程度和相似性促进消费者信任的转移,后者发现朋友、家人、媒体三个维度的社会影响与消费者线上信任显著相关。特别地,关于组织间信任层面,Uzzi(1996,1997,1999)多次指出第三方对于不存在互动历史的组织之间的初始信任构建发挥着重要作用。Gulati(1998)在分析企业联盟时,理论解释了第三方的存在是如何促进组织间信任的:一是通过网络(属于第三方)获得与受信方有关的有效信息建立"基于知识的信任";二是通过网络(属于第三方)的控制力量来建立"基于威慑的信任"。但是,关于第三方对于组织间初始信任构建所起桥梁作用的实证研究还比较少见。因而,本文的研究聚焦于没有互动历史的组织间如何通过第三方的联系构建初始信任关系。

3. 研究假设

在缺乏交往历史和经验的情况下,合作双方无法通过直接的第一手信息进行风险评估,也缺少契约等保障机制,往往会借助社会网络利用第三方信息来补充信任判断,在这种情形下,第三方声誉地位、第三方与双边关系成为初始信任的主要判断依据,因为它们会影响第三方信息的权威性、有效性和可信度。

3.1 第三方的声誉与组织间初始信任

Uzzi(1996)在研究嵌入性网络的形成机制时指出:一个组织与另外两个彼此无关联的组织相识,这个组织作为其他两方的中间人,对两方之间信任构建发挥着作用。本文中的第三方就是 Uzzi 所谓的"中间人"组织,它至少与其中一方有过业务合作关系,在双方的初始合作中起着中间人角色。Burt(1992)的结构洞理论从占据结构洞位置的组织角度,阐述了桥洞组织的信息优势和控制利益。也就是说,桥洞组织作为第三方在初始信任的形成中发挥着两个方面的作用：一是传递预期，即向不存在互动历史的双方传递积极的预期。这是基于第三方在与另两方有关联的情况下对它们的品质、能力有着深入的了解，会在与双方交往的过程中有意无意转述自己关于另一方的认识。二是请求互惠，即向其中一方要求自己所应得的好处，然后将它转移到另一方，使得另一方对自己"有所亏欠"，这是出于长远考虑而实施的行为。

由于施信方与受信方之间不存在前期互动历史，施信方往往缺少关于受信方的第一手信息，通常施信方会寻求并依赖第三方信息或信号，当第三方举荐某交易对象时，施信方自然会将其所直观感知的举荐者即第三方身份和声誉作为判断受信方可信任程度的信号。施信方对第三方的声誉的感知影响着其对受信方声誉的判断。Podolny 等学者曾指出声誉/地位会通过交易关系而发生渗透，具有溢出效应。Milanov 和 Shepherd（2013）的实证研究验证了第一次关系的伙伴声誉对新组织的声誉地位具有正向作用。Ashby 和 Maddox（2005），Markman 和 Gentner（2001）也指出外部评判者通常依据关联类别来对新组织进行评价，这些第一印象影响着他们与新组织今后的关系。施信方作为外部组织，其所感知到的第三方声誉越高，那么它将受信方视为高声誉组织的可能性越大，因为声誉具有关联效应和渗透效应。

从另一方面来看，对于组织来说，声誉是不易积累却容易毁损的，因此组织必当积极地维护并不断提高其声誉。第三方为了维护其与施信方的关系以及自身在施信方眼中的形象，在发挥举荐作用时，会认真考虑被举荐的受信方的可靠性与能力。也就是说，声誉机制的作用使施信方认为高声誉的组织不会自毁自己的声誉，因而来自于高声誉组织的推荐信息具有更高的可靠性。此时，高声誉第三方的举荐展现着对受信方能力与品质的背书与认证作用。

因此，可以合理地推断，如果施信方与受信方的合作关系是通过高声誉第三方的桥梁作用而形成，那么在合作时，施信方对受信方的善意与能力信任水平也更高。因此，本文提出如下假设：

H1a：第三方声誉对施信方与受信方之间的善意信任有正向作用。

H1b：第三方声誉对施信方与受信方之间的能力信任有正向作用。

3.2 施信方与第三方之间的关系

Granovetter（1992）认为组织是通过其所在的社会网络获取有效、及时的信息，从而构成组织所拥有的信息优势。Gulati（1998）指出组织已有的社会网络可作为有效的参考使得没有直接联系的组织知道对方的存在。Ferrin（2006）在人际信任研究中指出并强调了两点：一是间接关联的存在说明在形成一个信任判断时可获取的社会信息的存在，即使两人有直接交往经历，也会向第三方寻求有事实根据的判断；二是第三方信息与判断的权重分配，特别是有很多这样的第三方情形下，依赖哪个第三方的判断。因此，施信方与第三方的关系通过以下两个机制影响其对第三方推荐的受信方的信任判断：（1）第三方信息与判断的真实、充分性；（2）第三方信息与判断在施信方形成一个信任信念时所占的权重。

提供受信方的信息只是第三方发挥中介作用的信息基础，因为对第三方而言，它并没有绝对的义务主动发挥桥梁作用。Macaulay(1963)指出较紧密的关系以及长期的交往历史会使双方逐渐产生道德义务，这不仅仅是靠合同形式来保证的。Heide 和 John(1992)认为随着两组织关系紧密性进一步增强，它们会构建一种更为规范的交易环境，Gulati(1995)和 Dyer(1997)认为在此情况下双方也更多地进行互惠交换，Shapiro(1992)也指出关系强度的提升促使双方将对方的利益内在化。因此，在施信方的社会网络结构中，施信方与第三方的关系联结越强，彼此之间越有可能分享关键信息，不仅对彼此的能力与需求有更详细的了解，而且在施信方与受信方没有直接交往经历和信息模糊时，关系紧密的第三方更有可能提供真实的更充分的信息，包括对被推荐者的了解程度、信任水平、信任原因、交往经历与细节等施信方关注的问题。在此情况下，施信方通过第三方便能对受信方的能力与品质有更进一步的了解。

另外，Lewicki 和 Bunker(1996)指出关系强度的提升还会进一步增强双方对彼此的认同，网络学派的学者也普遍验证了关系的紧密度对信任的正向作用。相对缺乏信任和认同的第三方来说，有深度认同和信任的第三方其提供的信息与信任判断具有更大的价值，在施信方对受信方的信任判断形成中具有更大的权重。换句话说，施信方更相信它所认同和信任的第三方的推荐与信任判断。

综上所述，本文提出如下假设：

H2a：施信方与第三方的关系强度对其与受信方之间的善意信任有正向作用。

H2b：施信方与第三方的关系强度对其与受信方之间的能力信任有正向作用。

3.3 受信方与第三方之间的关系

Granovetter(1973)曾指出，如果某组织与另外两个组织均有联系，那么尽管另外两个组织之间不存在任何关系，随着它们与上述某组织的关系强度的提高，彼此之间交往的可能性会提高，构成关联关系的概率也会随之增大。Ferrin(2006)研究发现被施信方所信任而且又信任受信方的第三方数量即信任的可转移性促进施信方对受信方的信任水平。这些研究说明受信方与第三方的关系也对施信方与受信方的信任具有影响作用，因为有可靠性的第三方将自己关于受信方的认知传递给了施信方，这种认知强度取决于第三方与受信方的联结强度，如前所述，紧密的互动关系会增强双方对彼此能力与个体特征的了解与认知，提高预测的准确性，源于紧密关系带来的认知与信息显然更为可靠可信，对施信方关于受信方的认知的影响也更大。

特别是当第三方是声誉较好、地位较高或优秀的组织时，即使施信方与第三方没有联结，受信方与第三方的关系也会影响施信对受信方的信任判断。Rindova 等人(2005)的研究证实与高地位主体的关联对关联组织的声誉(感知的质量、杰出性)具有显著的正向作用。同样，Stuart 等人(1999)的研究也发现与杰出伙伴的关系有利于初创企业在市场的发展，并把这种关联作用的影响机制总结为三种：声誉的互惠效应、被认可的质量评价能力、可靠性信号。我们认为，受信方与较高声誉的第三方关系越紧密，意味着受信方的能力与行为倾向越受到较高声誉组织的认可与信任，在此种情况下，较高声誉的伙伴对信息模糊的受信方的可靠性起着一种信号与认证作用，因为较高声誉组织的质量/资格评价能力一般被认为是较强的。另外，网络不仅是一个棱镜，而且也是资源流动的通道。关系越紧密，声誉的互惠效应越大，学习效应和资源流动越强。所以，受信方与较高声誉的第三方关系越强，施信方对受信方的能力与善意方面的信任判断越有信心。因此，本文提出如下假设：

H3a：当第三方声誉较高时，受信方与第三方的关系强度促进施信方对受信方的善意信任。

H3b：当第三方声誉较高时，受信方与第三方的关系强度促进施信方对受信方的能力信任。

4. 变量测量与数据收集

4.1 变量测量

4.1.1 自变量的测量

声誉在现有文献中基于不同的理论和不同的研究目的有许多不同的衡量方法，《财富》杂志最受尊敬企业（MAC）调查采用声誉构成的 8 个要素：管理质量、产品与服务的质量、创新、长期投资价值、稳固的财政地位、吸引发展和保留人才的能力、对社会与环境的责任感、明智使用企业资产，其每年发布的数据被很多研究者用于声誉的衡量。Gregorio Martin de Castro 等人（2006）对上述 8 要素进行主成分分析发现 2 个重要成分：业务声誉和社会声誉。Dollinger（1997）的实验研究从 3 个方面来测量声誉：管理声誉、财务声誉与产品声誉。Rindova 等人（2005）对商学院的研究中把声誉分为两个维度：感知的产品质量、杰出性。Mishinam 等人（2012）从认知判断和印象形成理论角度研究声誉，把声誉分为两个维度能力声誉（capability reputation）和品质特征声誉（character reputation），前者关注组织能够做什么，评估了组织的质量与绩效，后者关注组织可能做什么，是对组织动机与行为倾向的评估。类似的有 Sohn 和 Lariscy（2012）的能力与道德维度，Bae 和 Cameron（2006）的专长与可信赖维度。本文研究的是中小企业间的初始信任，Mishinam 等人（2012）、Sohn 和 Lariscy（2012）的认知判断与印象形成视角的声誉维度比较符合本文的研究情境，因而使用产品和服务在业内的影响力来衡量企业的能力维度，用过去的道德名声来衡量企业品质特征维度。从"1＝非常差/非常小"到"5＝非常好/非常大"五点李克特量表来测量。

很多社会网络研究都关注联结强度，Granovetter（1973）用人们在某种关系上投入的精力、时间、紧密度以及互惠性来描述网络的联结强度。联结强度可用交互频率或者时间长短等指标来衡量。McEvily 和 Zaheer（1999），Kraatz（1998）采用合作关系持续时间来测度联结强度；Capaldo（2007）用合作频率、互动持续时间与合作深度来分别表征在时间、资源和社会三个方面的联结强度。Chua 等人（2009）从互动频率、关系持续时间、关系紧密度、关系内容几个方面对关系进行测量。综合 Capaldo（2007）、Chua 等人（2009）的量表与调查实际，问卷采用联系频率、关系紧密度、对对方的满意度等问题测量施信方 A 与第三方之间的关系。

其中第一个问题的回答选项有：每月一次，每季度一次，每年一次，每三四年一次，非常少。第二和第三个问题的回答选项从"1＝很淡/很低"到"5＝很强/很高"。

考虑到施信方 A 对第三方与受信方 B 的关系了解程度，调查问卷选取关系紧密度以及关系持续期两个维度来测量第三方与受信方之间的关系。要求答题者回答在 AB 合作之前，贵公司认为合作对象 B 与第三方的关系紧密度与相对于行业平均水平而言的关系持续期，上述两个问题同样采取五点李克特法。

4.1.2　因变量的测量

本文对信任的测量采用的是二个最常见的维度：能力和善意，关于两者的测量，参考的是 X. Jiang 等人（2015）、刘学和项晓峰等人（2006）的量表。X. Jiang 等人（2015）用 4 个题项测量善意信任：合作伙伴值得信赖、非常诚实、作决策时会为我们考虑、当有困难时会帮助我们。刘学和项晓峰等人（2006）从感知对方是否会尽力而为、遵守诺言、在合作过程中不损害我方利益、了解对方的程度 4 个题项来测度善意信任。考虑到本文研究的是初始信任，设计量表时对这 2 篇文献的测量题项整合时删除了不合适的题目，分别用 3 个题项来测量善意与能力。测量题项如下：（1）在与对象 B 合作之前，我公司担心 B 这家公司会不守承诺；（2）在与对象 B 合作之前，我公司觉得 B 这家公司是诚实的、有正义感的；（3）在与对象 B 合作之前，我公司觉得 B 这家公司不会做损害合作方利益的事情；（4）在与对象 B 合作之前，我公司认为 B 这家公司有很好的能力完成这个工作；（5）在与对象 B 合作之前，我公司对 B 这家公司的技能相当有信心；（6）在与对象 B 合作之前，我公司认为 B 这家公司在业务领域内是一个成功的公司。从"1＝非常不同意"到"5＝非常同意"采用 5 点李克特法测量。

4.1.3　控制变量

不同类型企业之间合作关系会有差异，例如，技术水平较高的企业对其他企业的信任程度在同等条件下可能会比低技术企业低。因为对高技术企业而言，更担心自己拥有的技术遭遇外泄。因此，本文将作为调研主体即施信方的技术水平作为控制变量之一，由问卷填写者回答自己公司涉及的技术程度在行业内是偏高、偏低还是处于中等水平。

对于企业来说，信任是动态演化的，并与企业的经营时间密切相关。成立时间较短的企业可能在处理企业之间关系、应对市场变化等方面缺少经验，进而影响他们对待信任的态度，而成立时间较长的企业则显得更为"经验老到"，他们拥有的社会网络更为密集，可以较好地应对复杂社会关系。因此，参照 Gaur 等人（2011）的相关研究，本文将企业经营时间作为控制变量，企业经营时间为企业自成立起到 2016 年止所经历的年数。

虽然施信方与受信方之前并未有过互动，但是受信方的特质对于初始信任的构建也有着不可忽视的影响。在信息网络发达的当代，了解一个组织的外在特质变得极为容易。在现有文献中已有学者提出企业规模越大的组织越容易得到交易伙伴的初始信任，因为企业规模越大在某种程度上说明企业的能力越强、交易行为越规范，但在交易者的认知判断中，企业规模的高低是相互比较的一个相对值，因为每个行业的门槛规模是不一样的，绝对值没有意义。因而，本文选取受信方企业的相对规模作为控制变量，要求答题者判断在双方合作之前，潜在对象 B 的企业规模相对于行业平均水平而言，从"1＝很低"到"5＝很高"进行选择。

4.2　数据收集

本研究主要通过问卷收集研究数据，由于自变量信息涉及三方数据，故数据收集的难点在于如何通过对一个回答者的调查收集到所需全部信息。Levin 和 Cross(2004)认为：虽然信任是典型的互惠行为，但很多的信息交换是非对称的，原因在于信息搜寻者和提供者对互动的价值有着不同的理解。因此，他们选择信息搜寻者对信息有效性的评价作为重点，也考虑使用额外的数据来源(如项目结果以及领导评价等)，但得出的结论为：在二元分析层面，信息搜寻者是最好(也许是唯一)评价特定来源信息有效性的人。基于以上论述，本文认为评价信任最好来源是施信者本人，因此调查问卷以信任与合作的发起方即施信方为调研主体，向其发放问卷，并且通过如下方法来解决单一问卷收集多方信息的问题：(1)发放问卷对象主要是近三年来通过第三方中介作用选择合作对象的企业；(2)企业在与受信方进行接触前，会了解第三方组织与受信方的关系，并以此作为进行接触的基础；(3)在问卷设计中，对第三方与受信方的关系题项进行了少许改动，方便施信方即受访者理解。

首先，为了保证本次数据采集质量，在本问卷的设计过程中，广泛听取企业界与学术界专家意见，并对问卷进行预测试，对问卷的表述与措辞进行反复修改完善，尽量消除问题的歧义和模糊性。其次，问卷主要通过武汉大学经济与管理学院 MBA 办公室，温州市市委政策研究室、温州市某银行进行发放，增强了问卷作答者的重视程度，也提高了回收效果。最后，为了保证对信息掌握的全面性和可靠性，本研究选择了在该企业工作两年以上并对企业整体运作情况较为熟悉的中高层管理人员来填写问卷，并且请答卷者就不清楚的问题向企业有关人员咨询后作答。

本次问卷总共发放 400 份，回收 260 份，剔除不完整问卷后，得到有效问卷 236 份，有效回收率为 59%。

5. 问卷分析与实证结果

5.1　问卷分析

首先，本研究采用最常用的克朗巴哈系数来评估样本的信度。整个问卷的克朗巴哈系数为 0.833，说明问卷的整体可靠性和稳定性良好。各共同因子组成项目的克朗巴哈系数均超过 0.65，说明各分量表具有良好的测量信度。

然后，本文采用 AMOSS22.0 进行验证性因子分析，检验了量表的收敛效度和判别效度。5 个测量变量题项的因子载荷量基本大于 0.7(个别介于 0.5 与 0.7 之间的有条件保留)，同时各测量变量的 AVE 值均大于门槛值 0.5，这表明量表具有良好的收敛效度。在判别效度方面，5 个测量变量的相关系数都小于其 AVE 的平方根，说明本文量表具有良好的判别效度(见表 1)。

表 1   变量的信度和效度检验结果

变量	测量题项	标准化载荷	CR	AVE	Cronbachs' α
第三方声誉	F1	0.916	0.831	0.712(0.844)	0.822
	F2	0.765			
A 与第三方关系	AR1	0.585	0.761	0.521(0.722)	0.684
	AR2	0.864			
	AR3	0.690			
B 与第三方关系	BR1	0.742	0.760	0.614(0.784)	0.758
	BR2	0.823			
善意信任	GT1	0.785	0.782	0.545(0.738)	0.671
	GT2	0.754			
	GT3	0.671			
能力信任	CT1	0.826	0.873	0.697(0.835)	0.873
	CT2	0.792			
	CT3	0.885			

在进行回归分析之前,对所有变量进行了描述性统计以及皮尔逊(Pearson)相关分析,具体结果见表 2。

表 2   均值、标准差及相关系数矩阵

	平均值	标准差	善意信任	能力信任	A 技术水平	A 经营时间	B 的企业规模	第三方的声誉	A 与第三方的关系	B 与第三方的关系
善意信任	3.5712	0.7109								
能力信任	3.7393	0.8361	0.591***							
A 技术水平	1.96	0.607	0.089	-0.007						
A 经营时间	14.07	15.586	0.134*	0.108	0.340***					
B 的企业规模	3.35	0.689	0.277***	0.388***	0.084	0.196**				
第三方的声誉	3.3623	0.8258	0.207***	0.386***	0.051	-0.013	0.410***			
A 与第三方的关系	3.3870	0.8159	0.312***	0.391***	0.317*	0.140**	0.317***	0.346***		
B 与第三方的关系	3.3623	0.8258	0.170**	0.247***	0.112	0.126	0.387***	0.436***	0.253**	

5.2 实证结果

本文的研究目的是探求三方关系下初始间接信任的形成,因为涉及三个层面的变量,

因此采用层次回归逐次添加研究变量。初次进入的是控制变量，然后依次是第三方声誉、施信方与第三方的关系，受信方与第三方的关系、交互项。为了检验假设 3a 和 3b，本文把样本按声誉测量值是否大于均值分为两类，建立一个第三方是否高声誉的分类变量，那些声誉值大于均值的样本，该分类变量取值为 1；反之，取值为 0。然后，将此分类变量与受信方—第三方的关系两者交互变量进入回归分析。

表 3 　　　　　　　　　回归分析结果（善意信任为因变量）

	Model1	Model2	Model3	Model4
A 技术水平	0.043(0.630)	0.039(0.577)	0.020(0.290)	0.016(0.245)
A 经营时间	0.068(0.979)	0.079(1.137)	0.063(0.912)	0.044(0.640)
B 的企业规模	0.251(3.838)***	0.201(2.801)***	0.160(2.223)**	0.144(1.957)*
第三方的声誉		0.111(1.755)*	0.058(0.814)	0.257(2.021)**
A 与第三方的关系			0.215(3.121)***	0.215(3.132)***
B 与第三方的关系				0.082(1.030)
B 与第三方的关系×第三方高声誉				0.265(1.968)**
R^2	0.079	0.088	0.127	0.142
ΔR^2		0.009	0.039	0.015
调整 R^2	0.067	0.072	0.107	0.115
F	6.415***	5.379***	6.421***	5.184***

表 4 　　　　　　　　　回归分析结果（能力信任为因变量）

	Model5	Model6	Model7	Model8
A 技术水平	−0.050(−0.777)	−0.060(−0.960)	−0.081(−1.313)	−0.082(−1.332)
A 经营时间	0.048(0.724)	0.076(1.174)	0.058(0.926)	0.053(0.834)
B 的企业规模	0.396(6.357)***	0.282(4.250)***	0.239(3.625)***	0.234(3.432)***
第三方的声誉		0.266(4.072)***	0.211(3.217)***	0.263(2.234)***
A 与第三方的关系			0.222(3.513)***	0.222(3.495)***
B 与第三方的关系				0.024(0.332)
B 与第三方的关系×第三方高声誉				0.070(0.564)
R^2	0.164	0.222	0.264	0.265

	Model5	Model6	Model7	Model8
ΔR^2		0.058	0.042	0.001
调整 R^2	0.153	0.208	0.247	0.241
F	14.685***	15.871***	15.814***	11.257***

表3和表4显示，从第一层次回归到第三层次回归，模型的解释力度逐步提高。在各个层次的回归中，受信方的企业规模均为显著，虽然该变量是作为控制变量进入回归模型，并不作为本研究的重点，但是仍对本研究有着重要意义。这是由于大规模企业的交易程序更为规范，对交易过程的约束严格，重视自己已在交易伙伴前树立的形象等原因。这一结果表明在初始信任的构建过程中，受信方的企业规模对于善意信任和能力信任均有着重要作用，是不能被忽视的关键因素。

对于随后进入回归模型的第三方声誉而言，其在初次进入模型中即对能力信任的形成过程中有着显著的影响力，且显著性随着其他变量的进入未发生明显变化，因此假设1b成立。虽然第三方声誉在模型3中并不显著，但在在模型2和4中，该变量对善意信任的形成分别在5%、10%的水平上显著，因此我们认为假设1a部分成立。

施信方与第三方之间的关系强度对于善意信任和能力信任的影响均在1%的水平上显著，假设2a和2b都得到了很好的验证。施信方与第三方的关系越紧密，施信方与第三方所推荐的受信方之间构建信任的可能性也越大，这对于希望扩展关系网络进而拥有可靠合作伙伴的企业来说具有启示意义：可以向与自身关系密切的组织寻求推荐，以实现自己的目标。

虽然表2显示受信方与第三方的关系与善意信任和能力信任有着显著的正相关关系，但是在回归模型8中，受信方与第三方的关系及其与高声誉第三方的交互变量对能力信任并无显著影响，假设3b没有得到支持。在模型4中，受信方与第三方的关系对善意信任的影响不显著，但受信方—第三方的关系与高声誉第三方的交互变量对善意信任的影响在5%的水平上显著，假设3a得到验证，说明当第三方声誉较高时，受信方与第三方的关系强度能够显著促进施信方对受信方善意信任的形成。我们对假设3b未获取支持作出如下推测：施信方对受信方的善意信任得到了高声誉第三方的背书，但对于受信方的能力是否产生足够的信任则与第三方的高声誉没有较大的关联。

6. 结论与展望

本文通过问卷调查数据，采用多层次回归模型检验第三方的声誉、施信方与第三方之间的关系、受信方与第三方之间的关系等因素对初始信任的影响。研究结果表明，第三方声誉对于善意信任和能力信任有较显著作用，施信方与第三方的关系对善意和能力信任均有显著的正向影响。受信方与第三方的关系只有当第三方声誉较高时，才对善意信任有显著影响，而对于能力信任的影响不显著，存在着关系的不对称性。另外，本文发现受信方的企业规模对三方关系下初始信任的形成有着不可忽视的影响。

本研究聚焦于没有交互历史的企业如何通过第三方桥梁作用构建初始信任，该研究结果不仅补充了信任研究图谱中的初始阶段理论，而且从另一侧面补充了结构洞理论，不同于 Burt 占据结构洞位置的组织及策略分析视角，本文从结构洞联结的边缘组织视角，探索了如何通过结构洞位置的第三方实现信任传递的机理。除此之外，本文的研究在当前开放式创新背景下对企业间的合作也具有很好的现实意义：一方面，第三方组织的声誉及施信方与第三方的关系会显著影响企业间的初始信任，这对企业管理者的启示是可以通过发展与一些资质较好的第三方的关系，从而赢得新合作机遇及合作者的信任；另一方面，吴敬琏（2002）指出目前我国中介组织的发展暂时不能适应市场经济发展的需求，缺少中介机构润滑调节造成交易成本很高，本研究的相关结论对推进社会第三方中介组织发展也具有很好指导意义。

本文从研究设计到实证检验、结果分析都尽力遵循规范的科学研究范式，但仍存在一些需要改进的方面。首先，信任是动态演化的，特别是初始信任的变化更为激烈。本研究并未充分考虑这种动态变化过程，而主要通过问卷截面数据反映静态特征，未来研究可以采用动态的研究设计，使得因果关系的检验更具有规律性和普适性。其次，问卷数据收集主要是通过施信方评价第三方的声誉、第三方与本企业的关系、施信方所感知的第三方与潜在受信方的关系，这种通过一份问卷收集三方关系的方法会带来偏差，而且两方关系的评价往往具有非对称性。本研究受研究时间和条件限制，并未充分考虑这种情形，未来将通过收集多方数据做进一步的研究探索和检验。

◎ **参考文献**

[1]杜亚灵，闫鹏.PPP 项目中初始信任形成机理的实证研究[J].土木工程学报，2014，47(4).

[2]黄宏斌，白娅，常天淋.投资者情绪、营运资本管理与企业投资[J].当代会计评论，2016，9(2).

[3]刘学，项晓峰，林耕，李明亮.研发联盟中的初始信任与控制战略：基于中国制药产业的研究[J].管理世界，2006(11).

[4]潘镇，李晏墅.联盟中的信任——一项中国情景下的实证研究[J].中国工业经济，2008(4).

[5]寿志钢，杨立华，苏晨汀.基于网络的组织间信任研究——中小企业的社会资本与银行信任[J].中国工业经济，2011(9).

[6]谭云清，李元旭.国际服务发包商初始信任的影响因素实证研究[J].科研管理，2013，34(12).

[7]Armstrong, R. W., Yee, S. M. Do Chinese trust Chinese? A study of Chinese buyers and sellers in Malaysia [J]. *Journal of International Marketing*, 2001, 9(3).

[8]Barber, B. *The logic and limits of trust*[M]. Rutgers University Press, 1983, 2(3).

[9]Brass, D. J. A social network perspective on human resources management[J]. *Research in*

Personnel and Human Resources Management, 1995, 13(3).

[10] Burt, R. S. *Structural holes: The social structure of competition* [M]. Boston: Harvard University Press, 1992.

[11] Chen, Y. H. , Barnes, S. Initial trust and online buyer behavior [J]. *Industrial Management & Data System*, 2007, 107(1).

[12] Crosby, L. A. , Evans, K. R. , Cowles, D. Relationship quality in services selling: An interpersonal influence perspective[J]. *Journal of Marketing*, 1990, 54(7).

[13] Das, T. K. , Teng, B. S. Trust, control, and risk in strategic alliances: An integrated framework [J]. *Organization Studies*, 2001, 22(2).

[14] Doney, P. M. , Cannon, J. P. An examination of the nature of trust in buyer-seller relationships[J]. *Journal of Marketing*, 1997, 61(2).

[15] Erikson, E. H. Identity: Youth and crisis [J]. *Psychosomatics*, 1968, 9(9).

[16] Ferrin, D. L. , Dirks, K. T. , Shah, P. P. Direct and indirect effects of third-party relationships on interpersonal trust [J]. *Journal of Applied Psychology*, 2006, 91(4).

[17] Gaur, S. Environmental and firm level influences on inter-organizational trust and SME performance [J]. *Journal of Management Studies*, 2011, 48(8).

[18] Granovetter, M. Economic institutions as social constructions—A framework for analysis [J]. *Acta Sociologica*, 1992, 35(1).

[19] Granovetter, M. The strength of weak ties [J]. *American Journal of Sociology*, 1973, 78(6).

[20] Gulati, R. Social structure and alliance formation patterns: A longitudinal analysis [J]. *Administrative Science Quarterly*, 1995, 40(4).

[21] Gulati, R. Alliances and networks [J]. *Strategic Management Journal*, 1998, 19(4).

[22] Gulati, R, Sytch, M. Does familiarity breed trust? Revisiting the antecedents of trust [J]. *Managerial and Decision Economics*, 2008, 29(2-3).

[23] Levin, D. Z. , Cross, R. The strength of weak ties you can trust: The mediating role of trust in effective knowledge transfer [J]. *Management Science*, 2004, 50(11).

[24] Lewicki, R. J. , Bunker, B. B. *Developing and maintaining trust in working relationship* [M]. California: Trust in Organizations Frontiers of Theory and Research, 1996.

[25] Macaulay, S. Non-contractual relations in business—A preliminary-study [J]. *American Sociological Review*, 1963, 28(5).

[26] Mayer, R. C. , Schoorman, D. F. , Davis, J. H. An integrative model of organizational trust[J]. *Academy of Management Review*, 1995, 30(3).

[27] Mayer, R. C. , Davis, J. H. The effect of the performance appraisal system on trust for management: A field quasi-experiment[J]. *Journal of Applied Psychology*, 1999, 84(1).

[28] Mayer, R. C. , Schoorman, D. F. An integrative model of organizational trust: Past, present, and future [J]. *Academy of Management Review*, 2007, 32(2).

[29] McKnight, D. H. , Cummings, L. L. , Chervany, N. L. Initial trust information in new

organization relationships [J]. *Academy of Management Review*, 1998, 23(3).

[30] Milanov, H., Shepherd, D. The importance of the first relationship: The ongoing influence of initial network on future status [J]. *Strategic Management Journal*, 2013; 34(6).

[31] Mishina, Y., Block, E. S., Mannor, M. J. The path dependence of organizational reputation: How social judgement influences assessments of capability and character [J]. *Strategic Management Journal*, 2012, 33(5).

[32] Pavlou, P. A., Gefen, D. Building effective online marketplaces with institution-based trust [J]. *Information Systems Research*, 2004, (1).

[33] Rindova, V. P., Williamson, I. O., Petkova, A. P. Being good or being known: An empirical examination of the dimensions, antecedents, and consequences of organizational reputation [J]. *Academy of Management Journal*, 2005(48).

[34] Stewart, K. J. Trust transfer on the world wide web[J]. *Organization Science*, 2003, 14(1).

[35] Stuart, T., Hoang, H., Hybels, R. C. Interorganizational endorsements and the performance of entrepreneurial ventures [J]. *Administrative Science Quarterly*, 1999, 44(2).

[36] Uzzi, B. The sources and consequences of embeddedness for the economic performance of organizations [J]. *American Sociological Review*, 1996, 61(4).

[37] Uzzi, B. Social structure and competition in interfirm networks: The paradox of embeddedness [J]. *Administrative Science Quarterly*, 1997, 42(1).

[38] Uzzi, B. Embeddedness in the making of financial capital: How social relations and networks benefit firms seeking financing [J]. *American Sociological Review*, 1999, 64(4).

[39] Zaheer, A., McEvily, B., Perrone, V. Does trust matter? Exploring the effect of interorganizational and interpersonal trust on performance [J]. *Organizational Science*, 1998, 9(2).

An Empirical Analysis of Factors Influencing Initial Trust between Organizations: Based on the Third-Party Perspective

Liu Mingxia[1,2]   Zhang Tianhang[3]

(1, 3 Economics and Management School of Wuhan University, Wuhan, 430072;

2 Institute of Business Strategic Management, Wuhan University, Wuhan, 430072)

Abstract: The initial trust that based on the third party's bridge role has only been researched in the field of trust between people and organizations. However, the influence factors of initial trust that among organizations did not get adequate attention. In this paper, we conduct an empirical research through questionnaire survey to research the third party's bridge role in the formation of the initial trust from three levels: the relationship of third party and trustor, the relationship of third party and trustee, and the reputation of third party. Results of this study show that the reputation of the third party and relationship between the trustor and the third party have a positive effect on competence trust and goodwill trust, and relationship between the trustee and the third party affects goodwill trust only under the condition that the third party has high reputation but it has no significant effect on competence trust. This study enriches our understanding about initial trust and structure hole theory, meanwhile the results have practical meaning to enterprises which need extensive cooperation.

Key words:Trust building; The third-party's bridge; Goodwill trust; Competence trust.

专业主编：陈立敏

市场竞争越激烈，创新投入越高吗？
——知识产权保护的调节作用*

● 龚 红[1,3] 骆金箭[2]

（1，2 武汉大学经济与管理学院　武汉　430072；
3 武汉大学中国产学研合作问题研究中心　武汉　430072）

【摘 要】本文探讨产品市场竞争对企业创新的影响，特别是分析知识产权保护和企业产权性质在两者之间的调节作用。通过中国 2012—2016 年医药制造业上市公司数据的实证分析，结果表明：（1）产品市场竞争与企业创新呈显著的倒 U 形关系，即适度的产品市场竞争促进企业创新，但过度的产品市场竞争抑制企业的创新意愿；（2）知识产权保护显著负向调节这一倒 U 形关系，即知识产权保护弱化产品市场竞争与企业创新的倒 U 形关系，知识产权保护水平越高则产品市场竞争对企业创新的激励（抑制）效果越弱；（3）产品市场竞争对民营企业创新的激励作用显著高于国有企业，即在既定的产品市场竞争环境下，民营企业会进行更多的研发投入。以上结果经稳健性检验后依旧成立。

【关键词】产品市场竞争　知识产权保护　企业创新　产权性质
中图分类号：F124.3　　　　　　文献标识码：A

1. 引言

党的十九大指出，创新是引领发展的第一动力。建设创新型国家任重而道远，企业作为重要的创新主体之一，探讨影响企业创新的关键因素意义重大。对企业创新活动的系统研究最早可以追溯到熊彼特（Schumpeter et al. , 1942），自熊彼特提出创新理论以来，产品市场竞争与企业创新的关系一直广受国内外学者关注，研究发现产品市场竞争与企业创新之间呈正相关关系（张杰等，2014；何玉润等，2015）、倒 U 形关系（聂辉华等，2008；李健等，2016）、正 U 形关系（平新乔等，2007）以及 M 形关系（孙巍等，2013），并未得

* 基金项目：国家社会科学基金资助项目（项目批准号：14BRK003），湖北省高校省级教学研究项目（项目批准号：2016006），中央高校基本科研业务费专项资金、武汉大学自主科研项目（人文社会科学）（项目批准号：2016022），武汉大学教学改革研究项目（项目批准号：2016013）。

通讯作者：龚红，E-mail：gonghong009@163.com。

出一致的结论。随着我国社会经济的持续快速发展，市场竞争日益激烈，激烈的市场竞争环境究竟对企业创新产生什么样的影响？这一问题值得深入探讨。

在探讨产品市场竞争与企业创新的关系时，我国独特的制度环境特点可能对其具有非常重要的影响，但现有研究较少考虑这一因素。和发达国家相比，我国产权结构相对模糊，知识产权保护环境尚欠成熟，独特的产权结构和尚待完善的知识产权保护环境将如何影响产品市场竞争与企业创新之间的关系，当前的知识产权保护环境是否有利于企业创新，亟待更深入的研究。

鉴于此，本文利用我国2012—2016年医药制造业上市公司数据，实证检验产品市场竞争对企业创新的影响，并进一步探讨知识产权保护和企业产权性质对于两者关系的调节作用，以期为上市公司管理者做出创新决策提供参考意见，并为知识产权政策的制定者如何更好促进我国企业创新提供理论和实践参考。

本文主要贡献如下：首先，当前对产品市场竞争与企业创新关系的研究多基于宏观视角，微观视角的研究较少。当前多采用行业层面的市场结构指标测度产品市场竞争，这一测度可能并不完全适合我国独特的产权制度和市场经济体制（平新乔，2007），因此本文选择了Almeida（2015）提出的企业内部指标作为产品市场竞争在微观企业的具体测量，为已有研究提供了对比参考的结论。其次，尽管Aghion（2015）从理论上分析了知识产权保护和产品市场竞争两者对企业创新的共同影响，但相关的实证研究仍相对不足，本文聚焦知识产权保护的调节作用，探讨了在现有的知识产权保护环境下产品市场竞争将如何影响企业创新，进一步丰富了此类研究。最后，本文结合我国的特殊制度背景，探究了不同企业产权性质下产品市场竞争对企业创新的影响，丰富了产品市场竞争和企业创新关系的情境研究视角。

2. 理论分析与研究假设

2.1 产品市场竞争对企业创新的影响

企业为了获取更好的绩效，需要不断地进行创新。既有研究表明，产品市场竞争与企业创新有着密不可分的关系。然而，学者们关于产品市场竞争对企业创新的影响效果尚存在争议，主要有三种观点：（1）负向影响。根据熊彼特（Schumpeter）的"创造性破坏"理论，越趋于垄断的市场结构，越有利于企业创新。由于企业创新需要大量的资金投入，而竞争会减少企业可以获取的超额利润，因此垄断能增强企业创新的内在动力，即"熊彼特效应"（Schumpeter et al.，1942）。（2）正向影响。阿罗（Arrow）认为越趋于竞争的市场结构，越有利于企业创新。他指出，在完全竞争市场中技术创新的报酬率要高于垄断市场中的报酬率，即完全竞争市场中的企业将更有更高的创新意愿（Arrow，1962）。（3）倒U形影响。Aghion创造性地提出"逃离竞争效应"，即企业有通过创新来逃离当前行业激烈竞争态势的强烈意愿，并根据市场结构将行业分为NN（Neck and Neck）和LL（Leader-Laggard）两种类型。NN类型行业内企业之间技术差距较小且竞争比较激烈，而LL类型行业内企业之间技术差距较大，且行业领先企业的技术能力和竞争效率远优于行业中其他跟随企业(Aghion et al., 2005)。显然，LL 类型行业中的领先企业能比 NN 类型行业中的企业获得更多的利润。进一步来看，NN 类型行业中，为获得更多的利润，企业的逃离竞争效应优于熊彼特效应，由此竞争会促进企业创新；而在 LL 类型行业中，领先企业的熊彼特效应优于逃离竞争效应，由此竞争会抑制企业创新。复杂多变的行业环境以及此消彼长的企业相对竞争优势，逃离竞争效应和熊彼特效应两种力量的不断博弈，导致市场竞争和企业创新之间呈倒 U 形的关系(张杰等，2014)。

一定的产品市场竞争程度可以增强企业创新的动力。当企业面临一定的产品市场竞争时，为免于被市场淘汰，企业必须进行创新形成自己的竞争优势，凭借差异化或者低成本的产品获取市场份额，提升企业业绩。同时，企业业绩的提升使企业能获得更多的创新资源，打造更强的创新能力，收获更多的创新收益，形成较好的良性循环(朱恒鹏，2006)。并且不断积累和深化的企业创新可以帮助在位企业提高行业的进入壁垒，降低潜在进入者的威胁，确保企业自身的利润不受影响。然而，过度的产品市场竞争程度会削弱企业创新的动力。当产品市场竞争程度较高时，企业研发的风险容易被放大，出于自身绩效的考虑，高管更倾向于选择加强内部管理和降低运营成本，尤其是风险厌恶型的高管(何玉润等，2015)。同时，市场竞争越激烈，创新成果越容易被模仿或者替代，企业的创新收益减少，创新意愿降低。并且过度竞争的环境可能使得企业更注重于产品促销和价格战，导致部分企业的研发资金不足(李健等，2016)。

因此，本文提出

H1：产品市场竞争与企业创新之间存在倒 U 形关系。

2.2　知识产权保护的调节作用

根据制度理论，企业创新受到外部制度环境的影响。作为一种重要的正式制度，知识产权保护对于企业创新的影响已被多次探讨，然而结论并不一致。Helpman 认为，南北方国家技术差距大，南方国家更多采取模仿的方式进行技术创新，加强知识产权保护将增加南方国家的模仿成本，并进一步抑制其技术进步，从而导致全球整体创新速度的放缓(Helpman，1992)。而 Lai 则更加强调北方国家企业进入南方国家所产生的技术溢出效应，南方国家知识产权制度的完善是决定北方国家企业是否进入的重要条件，故加强知识产权保护将有利于南方国家的创新(Lai，1998)。近年来，学者们开始使用折中的观点来解释这一问题。知识产权保护程度太强或者太弱都不利于创新，知识产权保护和创新之间应该是复杂的非线性关系(倒 U 形关系)(李平等，2013；余长林等，2009)。

在已有的企业创新研究中，产品市场竞争和知识产权保护往往是被分开考虑的，鲜有研究结合两者探究其对创新的共同影响。根据内生增长模型(Endogenous Growth Model)的观点，知识产权保护程度的提升能增加创新收益从而有利于创新，而产品市场竞争的日趋激烈则降低了创新收益从而不利于创新。也有学者(Boldrin & Levine，2008)指出，产品市场竞争有利于创新，因为竞争能最大限度地激发创新者的创新潜能，而知识产权保护却不利于这一激发过程的实现。虽然以上两种观点的论述视角完全不同，甚至有点矛盾，但结论却是相同的，即知识产权保护和产品市场竞争对于创新的影响是互为抵消的。值得注意的是，这一结论是由简单的定性分析得到，尚待进一步验证。和内生增长模型的观点不同，Aghion(2015)利用经济学模型推导证明了知识产权保护和产品市场竞争对创新的互补作用。根据熊彼特增长模型(Schumpeterian Growth Model)的观点，企业决定是否创新与否取决于创新前后的收益差。产品市场竞争和知识产权保护都能增加创新前后的收益差，因此两者对于创新的影响是互补的。本文认同 Aghion(2015)的观点，为进一步验证 Aghion(2013;2015)的观点，同时考虑到本研究数据的特殊性，本文将知识产权保护作为调节变量，探讨知识产权保护是否调节产品市场竞争与企业创新之间的关系。

在面临一定的市场竞争程度时，企业需要通过创新(开发新技术或新产品)来获取竞争优势。然而，在开发新技术/产品或者改造现有产品时，容易面临创新成果被模仿或者窃取的威胁(Helpman，1992)，企业进行创新的积极性因此降低。知识产权保护制度以法律的形式保护企业的创新成果，在一定的时空范围内为企业提供较高的垄断利润(Cerqueti et al.，2016)，提升创新行为结果的可预测性(唐保庆等，2012)，增加企业的创新意愿。在面临激烈的市场竞争时，企业可能缺乏足够的研发资金，企业必须寻求外部融资。在知识产权程度较高时，企业能更加放心地向外部资金提供者披露研发项目的相关信息以及未来前景，从而缓解信息不对称问题，降低企业融资难度(吴超鹏等，2016)。因此，知识产权保护和产品市场竞争之间是互补关系而不是替代关系(Aghion et al.，2015)，在面临同样的产品市场竞争程度时，处于高知识产权保护环境的企业会比处于低知识产权保护环境的企业更愿意进行创新。

因此，本文提出

H2：知识产权保护正向调节产品市场竞争和企业创新之间的关系。

2.3　企业产权性质的调节作用

由于中国企业拥有特殊的产权制度背景，大多数对于中国企业创新行为的实证研究，都考虑了产权效应(聂辉华等，2008)。根据资源依赖理论，组织需要依赖来自环境的资源。国企拥有丰富的创新资源，巨大的组织网络有助于提升创新的可预见性，并可以通过政府干预减少研发溢出损失(曾铖等，2014)。同时，政府作为大量稀缺经济资源的分配者和产品市场的重要消费者，国企因天然的产权优势更容易获得原料、土地、资金和市场等资源，民企则处于资源配置格局的边缘地位(赵兴庐等，2014)。那么，这是不是意味着在面临同样的外部市场竞争环境时，国有企业会比民营企业进行更多的企业创新？

研究发现，国企对于市场竞争的感知低于民企，因市场竞争激发出的创新意愿同样低于民企(赵兴庐等，2014)。在面临激烈的外部市场竞争环境时，国企所拥有的诸多特权削弱了市场竞争对其的压力和刺激，政府成为国企背后强大的支持者，国企的创新动力有限(何玉润等，2015)。而民企由于产权背景的天然劣势，为了在激烈的市场竞争中获得一席之地，必须通过创新形成竞争优势。同时，国企特殊的产权背景意味着更多的责任和更高的使命。作为国家利益的代表，国企在追求经济目标的同时，更要顾及经济调控和社会目标的实现，而民企只以自身的生存和发展为主要目标(赵兴庐等，2014)。更为重要的是，国企缺乏有效的委托人监管，代理人的机会主义行为使得企业的资源配置趋向于低效和不公。因此，为了自身的职业晋升和经济利益，理性的代理人更倾向于选择投资时间短、见效快的政绩项目(曾铖等，2014)，缺乏创新动力。

因此，本文提出

H3：在既定的产品市场竞争程度下，相比国有企业，产品市场竞争对民营企业的技术创新具有更强的激励作用。

3. 研究设计

3.1 样本选择与数据来源

随着我国经济的快速发展，人民的生活水平日益提高，人们越来越关心自己的身体健康，医药制造业因此成为近年来发展速度最快的高技术产业之一。医药行业的特殊性决定了生物医药企业必须不断地进行创新研发，推出新药品以应对市场的变化和竞争对手的对抗。同时，医药制造业企业研究投入披露相对较多，因此本文基于国泰安数据库的行业分类标准，选取了医药制造业作为实证样本。因《国民经济行业分类》于 2011 年进行第三次修订并于 2012 年正式实施，故本文选取了 2012—2016 年的沪深两市医药制造业上市公司作为研究样本。按照如下原则进行筛选：(1)删除 ST、*ST、PT 等特殊处理以及退市的公司；(2)删除研发投入及其他信息缺失的公司；(3)删除当年上市的公司。本文最终得到 122 家上市公司的相关数据，共 610 个观测值，并对连续变量在 1% 和 99% 水平上进行 Winsorize 处理。公司财务数据来自国泰安数据库，企业研发投入数据通过手工收集整理获得。知识产权保护水平采用樊纲编著的"中国市场化指数"中"知识产权保护"进行度量，由于该数据只更新到 2014 年，考虑到不同地区的知识产权保护水平不会突变，且各省的知识产权保护相对水平发展比较稳定，故本文采用 2010—2014 年的知识产权保护指标来近似表征各省样本期间的知识产权保护水平。各省的 GDP 和教育经费数额等省际数据均来自国家统计局各年度的《中国统计年鉴》。

3.2 主要变量定义

产品市场竞争。已有研究通常采用市场集中度指数或者市场势力来衡量产品市场竞争。由于市场集中度指数假定处于同一行业中的所有企业面临同样的市场竞争程度，忽略了企业的个体差异性(聂辉华等，2008)，因此使用市场势力来度量企业面临的产品市场竞争会更加合适。市场势力一般使用勒纳指数进行度量，然而考虑到数据的可获得性，本文参考 Almeida(2015)的方法，本文用主营业务利润率来测量产品市场竞争程度。主营业务利润率某种程度上可被视为企业的"市场势力"，主营业务利润率越高，企业的市场势力越强，所面临的产品市场竞争程度就越低。为确保本文的实证解释更具有可行性，本文采用主营业务利润率的负值来度量产品市场竞争程度。其中，sale 为主营业务收入，tax 为主营业务税金及附加，cost 为主营业务成本。

$$\mathrm{Com} = -\frac{\mathrm{sale} - \mathrm{tax} - \mathrm{cost}}{\mathrm{sale}}$$

企业创新。在以往的研究中，学者们通常采用研发投入强度或者专利数量来衡量创新活动。然而，由于中国独特的技术和制度环境，使用专利数量来衡量企业的创新活动可能并不适宜，原因如下：(1)我国相关行业技术起步晚，和发达国家技术差距大且自主创新相对较弱，目前更多的是采取模仿创新方式，因此部分创新成果很难以专利的形式体现出来；(2)虽然我国一直在推进知识产权制度的建立健全和执行落实，但总的来说，我国的知识产权保护环境相对较差且各省之间的知识产权执法力度差异较大(吴超鹏等，2016)，因此部分企业会出于独占创新收益的目的而避免将创新成果申请专利；(3)中国的专利分为发明专利、外观设计和实用新型三种类型，其中发明专利的技术含量较高。然而仅以发明专利的数量或者所有专利的数量很难有效度量企业的创新能力，如何综合考虑专利的数量和质量目前尚未形成统一的观点。基于以上三点考虑，本文使用研发投入强度(RD)来衡量企业创新，研发投入强度用研发投入占当年主营业务收入的比率(%)来表示。

另外，知识产权保护水平(IPP)采用樊纲编著的"中国市场化指数"中"知识产权保护"进行度量，企业的产权性质(State)分为国有和民营(State 取 1 表示国有，取 0 表示民营)。此外，本文还控制了可能影响企业创新的企业层面变量和地区层面变量。控制变量包括：企业年龄(Age)，使用企业样本年份与企业注册成立年份之间的差额表示；企业规模，使用企业总资产的自然对数值表示；资产负债率(Debt)，使用企业负债总额和企业总资产的比率表示；净资产收益率(ROE)，使用企业净利润和企业所有者权益总额的比率表示，用以衡量企业的盈利能力；总资产增长率(Growth)，使用企业的总资产增长率表示，用以衡量企业的成长能力；各省国内生产总值(GDP)，用以控制地区经济发展程度对企业创新的影响；各省教育经费(Edufunds)，使用各省教育经费占各省国内生产总值的比率(%)表示，用以控制地区教育发展程度对企业创新的影响。

3.3 模型设计

为了验证提出的三个假设，本文设计了三个模型。因样本包含 122 家公司 5 年的数据，属于短面板数据。为了控制个体效应和缓解面板数据的异方差、截面相关及序列相关问题，并根据豪斯曼检验的结果，本文采用广义最小二乘法(GLS)固定效应回归模型。

首先，检验产品市场竞争对企业研发投入的影响，构建模型(1)：

$$\mathrm{RD}_{i,t} = \beta_0 + \beta_1 \mathrm{Com}^2_{i,t-1} + \beta_2 \mathrm{Com}_{i,t-1} + \beta_3 \mathrm{Controls}_{i,t-1} + \varepsilon_{i,t} \qquad (1)$$

其中，i 表示企业，t 表示年份，$\mathrm{RD}_{i,t}$ 表示企业 i 在 t 年的研发投入，$\mathrm{Com}_{i,t-1}$ 表示企业 i 在 $t-1$ 年面临的产品市场竞争，$\mathrm{Controls}_{i,t-1}$ 表示控制变量的集合。为缓解模型的内生性问题，各解释变量均滞后了一期。

为验证知识产权保护的调节作用，在模型(1)的基础上加入知识产权保护(IPP)、知识产权保护与产品市场竞争的交互项(Com×IPP)，以及知识产权保护与产品市场竞争平方项的交互项(Com²×IPP)，构建出模型(2)：

$$\mathrm{RD}_{i,t} = \beta_0 + \beta_1 \mathrm{Com}^2_{i,t-1} + \beta_2 \mathrm{Com}_{i,t-1} + \beta_3 \mathrm{IPP}_{i,t-1} + \beta_4 \mathrm{Com}^2_{i,t-1} * \mathrm{IPP}_{i,t-1} +$$
$$\beta_5 \mathrm{Com}_{i,t-1} * \mathrm{IPP}_{i,t-1} + \beta_6 \mathrm{Controls}_{i,t-1} + \varepsilon_{i,t} \qquad (2)$$

其中，IPP 表示企业注册地所在省份的知识产权保护水平，IPP 的值越大，表示该省的知识产权保护水平越高。加入的两个交叉项用于考察知识产权保护对于产品市场竞争与企业创新关系的调节作用，模型(2)中的控制变量和模型(1)一致。

同理，为验证企业产权性质的调节作用，在模型(1)的基础上加入企业产权性质(State)和企业产权性质与产品市场竞争的交互项(State×IPP)，构建出模型(3)：

$$RD_{i,\,t} = \beta_0 + \beta_1 Com^2_{i,\,t-1} + \beta_2 Com_{i,\,t-1} + \beta_3 State_{i,\,t-1} + \beta_4 Com^2_{i,\,t-1} * State_{i,\,t-1} +$$
$$\beta_5 Com_{i,\,t-1} * State_{i,\,t-1} + \beta_6 Controls_{i,\,t-1} + \varepsilon_{i,\,t} \tag{3}$$

其中，State 表示企业的产权性质，若取值为 1，则为国企，取值为 0 代表民企。企业产权性质与产品市场竞争的交互项用于考察企业产权性质对产品市场竞争与企业创新关系的调节作用，控制变量与模型(1)和模型(2)保持一致。

4. 实证分析

4.1 描述性统计与相关分析

表 1 为所有变量的描述性统计结果。其中，研发投入强度最小值为 0.166%，均值为 4.385%，标准差为 3.755%，这表明医药制造业整体的研发投入程度相对不高且差异明显。从产品市场竞争来看，最小值为 -0.945，最大值为 -0.0298，均值为 -0.481，说明企业整体面临的产品市场竞争程度为中等且不大。从各省的知识产权保护水平来看，最大值为 35.91，最小值为 0.00697，均值为 10.07，说明各省的知识产权保护程度相对不高且差异明显。从企业产权性质来看，在 122 家公司中，共 37 家国企(占比 30.3%)和 85 家民企(占比 69.7%)。从企业所处地区来看，122 家公司分布在除青海、宁夏和新疆以外的 28 个省市自治区，多分布经济较为发达的省份。控制变量方面，企业年龄均值为 15.3，企业规模均值为 21.88，各省 GDP 和教育经费占比差异明显。此外，样本公司之间在资产负债率、盈利能力和成长能力方面存在一定的差异。

表 1　　　　　　　　　　　　　**变量描述性统计量**

变量	变量含义	均值	标准差	最小值	最大值
Age	企业年龄	15.300	5.266	2	30
Size	企业规模	21.880	0.925	19.080	24.730
Debt	资产负债率	0.314	0.185	0.025	0.870
ROE	净资产收益率	0.096	0.087	-0.702	0.666
Growth	总资产增长率	0.250	0.508	-0.439	6.953
GDP	国内生产总值	30,734	21,119	701.0	79,512
Edufunds	教育经费	0.214	0.235	0.021	1.005
State	是否为国有企业	0.302	0.459	0	1

变量	变量含义	均值	标准差	最小值	最大值
Com	产品市场竞争	−0.481	0.194	−0.945	−0.030
RD	研发投入	4.385	3.755	0.166	52.610
IPP	知识产权保护	10.070	9.972	0.007	35.910

表 2 为所有变量的相关系数分析结果。从表中可以看出，多数控制变量与因变量之间在 0.01 水平上显著，这说明本文控制变量的选取具有合理性。此外，除因变量以外的其他变量之间多存在显著的相关关系，除了 GDP 和知识产权保护之间的相关系数大于 0.5 之外，其他变量之间的相关系数均小于 0.5，表明并不存在共线性问题。

表 2　　　　　　　　　　　　　　变量相关分析结果

变量	RD	Com	IPP	State	Age	Size	Debt	ROE	Growth	GDP	Edufunds
RD	1										
Com	−0.277***	1									
IPP	0.022	0.054	1								
State	−0.202***	0.359***	0.111***	1							
Age	−0.237***	0.130***	−0.042	0.270***	1						
Size	−0.083**	0.167***	0.143***	0.237***	0.243***	1					
Debt	−0.118***	0.463***	−0.022	0.308***	0.242***	0.335***	1				
ROE	−0.197***	−0.338***	0.047	−0.005	0.033	0.121***	−0.169***	1			
Growth	−0.070*	−0.06	0.067*	−0.115***	0.005	−0.130***	−0.035	0.054	1		
GDP	0.002	0.104**	0.545***	0.099**	0.016	0.095**	0	0.036	0.011	1	
Edufunds	−0.036	−0.078*	0.363***	0.219***	0.098**	0.083**	−0.045	0.107***	0.021	−0.165***	1

注：*、**和***分别表示 10%、5% 和 1% 的显著性水平。

4.2　回归分析与假设检验

表 3 为本研究的实证结果，用于检验前文提出的三个假设。其中，Model1 只放入了控制变量，结果表明，企业成立时间越长、资产负债率越高，企业倾向于进行更多的研发投入，这可能是因为企业创新需要投入大量资金。而企业规模越大、盈利能力越好、成长能力越强，企业倾向于进行更少的研发投入，这可能是因为企业满足于业绩现状而创新意愿较弱。此外，GDP 与企业研发投入呈显著负相关，教育经费占比则与企业研发投入呈显著正相关。

表3			固定效应模型回归结果			
RD	Model1	Model2	Model3	Model4	Model5	Model 6
Age	0.694***	0.694***	0.705***	0.724***	0.696***	0.695***
	(0.079)	(0.077)	(0.084)	(0.085)	(0.074)	(0.115)
Size	−1.416***	−1.472***	−1.481***	−1.469***	−1.469***	−1.457***
	(0.185)	(0.220)	(0.225)	(0.199)	(0.226)	(0.375)
Debt	2.055**	2.188**	2.159**	1.954**	2.217**	2.265**
	(0.667)	(0.623)	(0.612)	(0.652)	(0.612)	(1.128)
ROE	−7.660***	−8.593***	−8.631***	−8.488***	−8.576***	−8.574***
	(0.802)	(0.984)	(1.008)	(0.914)	(0.988)	(1.428)
Growth	−0.453***	−0.465***	−0.455***	−0.478***	−0.462***	−0.460**
	(0.044)	(0.061)	(0.057)	(0.047)	(0.064)	(0.206)
GDP	−0.000***	−0.000***	−0.000***	−0.000***	−0.000***	−0.000***
	(0.000)	(0.000)	(0.000)	(0.000)	(0.000)	(0.000)
Edufunds	3.799*	4.327*	3.866*	4.763*	4.165*	4.256*
	(1.480)	(1.779)	(1.586)	(2.161)	(1.716)	(1.551)
Com		12.863**	12.962**	16.656**	12.834**	12.89**
		(3.720)	(3.779)	(3.941)	(3.688)	(5.240)
Com^2		−12.063*	−12.178*	−17.870**	−12.048*	−12.47**
		(5.041)	(5.074)	(5.017)	(5.023)	(4.897)
IPP			−0.021	0.039		
			(0.014)	(0.021)		
IPP×Com				−0.589**		
				(0.158)		
IPP×Com^2				0.885**		
				(0.217)		
State					0.555	0.294
					(0.611)	(2.904)
State×Com						−4.976***
						(1.29)
State×Com^2						9.327
						(12.15)

RD	Model1	Model2	Model3	Model4	Model5	Model 6
Constant	26. 155 ***	24. 584 ***	24. 756 ***	23. 968 ***	24. 362 ***	24. 29 ***
	(3. 046)	(3. 969)	(4. 089)	(3. 523)	(4. 280)	(7. 134)
F value	138. 29 ***	8. 76 **	95. 59 ***	676. 74 ***	8. 98 **	7. 98 ***
Within-R^2	0. 150	0. 166	0. 166	0. 184	0. 166	0. 168
N	610	610	610	610	610	610

注：*、**和***分别表示10%、5%和1%的显著性水平，括号里为变量的标准误。

4.2.1　产品市场竞争与企业创新的倒 U 形关系检验

表 3 Model2 分析了产品市场竞争对企业创新的影响。结果显示，Model2 通过了 F 检验，且在 5% 的水平上显著，说明产品市场竞争对企业创新存在显著影响。具体来看，产品市场竞争的一次项对企业创新有显著正向影响（$\beta_2 = 12.863$，$p<0.05$），产品市场竞争的二次项对企业创新有显著负向影响（$\beta_1 = -12.063$，$p<0.1$），表明产品市场竞争与企业创新有显著的倒 U 形关系，假设 1 得到验证。此外，本文曾尝试将产品市场竞争的三次项放入模型，回归结果显示模型不显著且产品市场竞争的三次项系数不显著，进一步验证了假设 1，即产品市场竞争与企业创新呈倒 U 形关系。

假设 1 得到证实，表明一定的产品市场竞争可以促进企业创新，但这种促进作用边际递减。当超过某个临界值时，产品市场竞争反而会抑制企业创新，即产品市场竞争存在"过犹不及"效应。这可能是因为一方面，过度的产品市场竞争会放大研发潜在的风险，高管从自身利益出发更倾向于加强内部管理和降低营运成本，而非进行研发创新。另一方面，过度的产品市场竞争使企业面临更大的生存危机，此时企业通常会选择促销和价格战，导致缺乏足够的研发资金。Model2 进一步表明，所有企业均处于倒 U 形曲线的左侧，产品市场竞争促进企业创新，这和张杰等人(2014)、何玉润等人(2015)的研究结论一致。

4.2.2　知识产权保护的调节作用检验

表 3 Model3 和 Model4 分析了知识产权保护对产品市场竞争与企业创新关系的调节作用。结果显示，两个模型均通过了 F 检验，且在 1% 的水平上显著。Model3 在 Model2 的基础上加入知识产权保护(IPP)，模型显著但 IPP 并不显著，说明知识产权保护与研发投入之间并不存在主效应。Model4 加入了产品市场竞争与知识产权保护的交互项(显著为负，$\beta_5 = -0.589$，$p<0.05$)以及产品市场竞争平方项与知识产权保护的交互项(显著为正，$\beta_4 = 0.885$，$p<0.05$)，说明知识产权保护负向调节产品市场竞争与企业创新之间的倒 U 形关系，即知识产权保护弱化了产品市场竞争与企业创新之间的倒 U 形关系。知识产权保护水平越高，产品市场竞争与企业创新的倒 U 形曲线越平坦。假设 2 未得到验证，这可能是因为我国的医药制造业公司和国际领先公司技术差距大，创新能力和创新动力有限，大多以药品仿制为主。在一定的产品市场竞争环境中，加强知识产权保护在增加企业的研发收益、鼓励企业创新的同时，也增加了企业的研发成本，加大了企业的创新难度，因此加强知识产权保护在一定程度上弱化了市场竞争对企业创新的激励作用，使得高知识

产权保护水平下产品市场竞争与企业创新的倒 U 形曲线更平坦。知识产权保护的调节效应详见图 1。

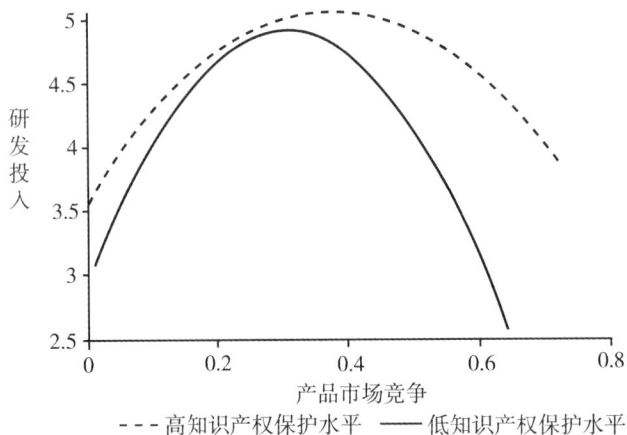

图 1 知识产权保护对产品市场竞争与企业创新关系的调节效应

图 1 表明,在面临同等程度的产品市场竞争时,处于高知识产权保护环境中的企业会比处于低知识产权保护环境的企业进行更多的研发投入。进一步来看,知识产权保护的激励作用先递减后递增,且知识产权保护在高产品市场竞争环境下的激励作用整体强于知识产权保护在低产品市场竞争环境下的激励作用。这可能是因为,当处于较低产品市场竞争环境中时,只有少数企业会选择进行创新,其余多数企业则倾向于模仿创新者的创新成果,此时加强知识产权保护能显著增强企业的创新意愿。当产品市场竞争逐渐增强,越来越多企业会选择进行创新,选择模仿创新成果的企业越来越少,此时加强知识产权保护也能显著增强企业的创新意愿,但激励效果有限。当处于激烈的产品市场竞争环境中时,同样只有少数企业会选择进行创新,同理加强知识产权保护能显著增强企业的创新意愿,因面临激烈的市场竞争,企业迫切需要一个完善的知识产权保护环境,此时激励效果最强。

4.2.3 企业产权性质的调节作用检验

表 3 Model5 和 Model6 分析了企业产权性质对产品市场竞争与企业创新关系的调节作用。结果显示,两个模型均通过了 F 检验,且分别在 5% 和 1% 的水平上显著。Model5 在 Model2 的基础上加入企业产权性质(State),模型显著但 State 并不显著,说明企业产权性质与研发投入之间并不存在主效应。Model6 加入产品市场竞争与企业产权性质的交互项(显著为负,$\beta_5 = -4.976$,$p<0.01$)以及产品市场竞争平方项与企业产权性质的交互项(不显著,$\beta_4 = 9.327$),表明当企业的产权性质为国有时,产品市场竞争增加一个单位,研发投入将下降 2.45%。假设 3 得到验证,即在既定的产品市场竞争程度下,相比国有企业,产品市场竞争对民营企业的技术创新具有更强的激励作用,民营企业会进行更多的研发创新。企业产权性质的调节效应详见图 2。

图 2 表明,在本文的样本区间内,在面临同样的产品市场竞争时,民营企业会比国有企业进行更多的研发投入。同时,所有样本企业均未达到倒 U 形曲线的拐点,产品市场

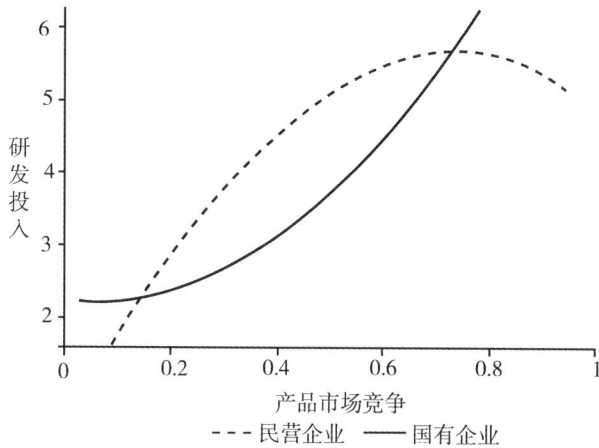

图 2　企业产权性质对产品市场竞争与企业创新关系的调节效应

竞争程度的增加促使企业进行更多的研发投入，这与表 3 的实证结果一致。进一步来看，在民营企业样本中产品市场竞争与企业创新之间呈显著的倒 U 形关系，而在国有企业样本中产品市场竞争和企业创新之间呈正相关关系。这可能是因为一方面，当前我国医药制造业的行业竞争相对充分，有较多的民营企业进入（122 家样本企业中，民营企业为 85家，占比达 69.7%），国有医药企业因面临较大的竞争压力而不断进行研发创新。另一方面，在"健康中国"的国家战略背景下，国有企业可能因其背负的特殊使命而必须进行较多的研发创新。从图 2 可以看出，随着产品市场竞争的不断提升，国有企业的研发投入最终会超过民营企业，这与我国当前的医药行业发展战略有一定的关系。

4.3　稳健性检验

为增强上述假设检验结果的稳健性，本文借鉴史宇鹏等人（2013）和聂辉华等人（2008）的做法：使用某省的专利侵权纠纷案件的结案比率（CR）来衡量该省的知识产权保护力度，CR 越大，说明知识产权保护力度越强；使用销售费用占主营业务收入的比率来衡量产品市场竞争（Coms），销售费用占比越高，说明企业面临的市场竞争越激烈。在稳健性检验中，除替换上述两个关键变量之外，研究样本及样本区间、自变量和控制变量均保持不变，稳健性检验结果见表 4。

表 4　　　　　　　　　　　　　　　稳健性检验结果

RD	Model7	Model8	Model9
Age	0.678***	0.685***	0.686***
	(0.081)	(0.077)	(0.114)
Size	−1.232***	−1.221***	−1.239***
	(0.201)	(0.190)	(0.368)

RD	Model7	Model8	Model9
Debt	2.029**	1.943**	2.030*
	(0.468)	(0.480)	(1.111)
ROE	−7.244***	−6.988***	−7.152***
	(0.740)	(0.643)	(1.330)
Growth	−0.451***	−0.467***	−0.450**
	(0.033)	(0.033)	(0.204)
GDP	−0.000***	−0.000***	−0.000***
	(0.000)	(0.000)	(0.000)
Edufunds	3.954*	4.349*	3.749*
	(1.678)	(1.680)	(2.130)
Coms	10.208***	−3.128	11.07**
	(1.866)	(4.248)	(4.556)
Coms^2	−7.776**	−8.917**	−8.539**
	(2.178)	(1.971)	(2.373)
CR		0.044***	
		(0.007)	
CR×Coms		−0.171**	
		(0.056)	
CR×Coms^2		0.666**	
		(0.237)	
State			2.893**
			(0.775)
State×Coms			−2.779*
			(1.10)
State×Coms^2			−7.795
			(31.65)
Constant	21.142***	24.067***	20.43***
	(3.408)	(3.781)	(7.227)
F value	259.47***	259.65***	259.55***
Within−R^2	0.172	0.177	0.174
N	610	610	610

注：﹡、﹡﹡和﹡﹡﹡分别表示 10%、5% 和 1% 的显著性水平，括号里为变量的标准误。

由表 4 可知，三个模型均通过了 F 检验，且在 1% 的水平上显著。结果显示，表 4 中多数变量的符号与表 3 一致，即本文的假设 1 和假设 3 再次得到验证，而假设 2 并未得到验证，进一步增强了本文实证结果的稳健性。值得注意的是，在 Model8（Model9）中，知识产权保护（企业产权性质）的主效应和调节效应均显著，与表 3 的结果存在差异，这可能是改变变量度量方式所产生的差异，对本文的结论影响不大。

5. 研究结论与讨论

5.1　研究结论

创新是影响国家经济增长的关键因素，企业作为创新的重要主体之一，大力推动企业创新对于建设创新型国家的重要意义不言而喻。本文以 2012—2016 年医药制造业上市公司为研究样本，实证检验了产品市场竞争对企业创新的影响，以及知识产权保护和企业产权性质对这一影响的调节作用。研究结果表明，产品市场竞争对企业创新存在倒 U 形的影响关系，即一定的产品市场竞争能促进企业创新，而过度的产品市场竞争会抑制企业创新。知识产权保护和企业产权性质均显著调节这一倒 U 形关系，其中知识产权保护负向调节产品市场竞争与企业创新的倒 U 形关系，即知识产权保护会弱化产品市场竞争与企业创新之间的倒 U 形关系，知识产权保护越强，产品市场竞争与企业创新的倒 U 形曲线越平坦；在既定的产品市场竞争程度下，相比国有企业，产品市场竞争对民营企业的技术创新具有更强的激励作用，民营企业会进行更多的研发创新。

5.2　实践启示

（1）完善市场竞争机制，规范市场竞争秩序。本文研究结果表明，过弱或者过强的产品市场竞争都不利于企业创新，因此制定合理有效的市场竞争政策和策略对于促进企业创新具有重要的现实意义。对于政府来说，应建立健全公平合理的市场竞争机制，规范市场竞争秩序，严厉打击恶性竞争，警惕市场垄断。对于企业来说，当面临激烈的市场竞争时，企业管理者应根据企业自身实际情况，积极提升企业的竞争能力，进一步强化产品市场竞争对企业创新的促进作用。当（垄断）企业面临较小市场竞争压力时，企业管理者应保持忧患意识，密切关注产品市场和技术市场的新动向，弱化市场垄断对企业创新的抑制作用。

（2）打破行政性垄断，推进市场化改革进程。先天的产权优势使国企更容易获得政府的各种资源，然而产品市场竞争对国有企业创新的激励作用却显著低于民营企业。在既定的产品市场竞争环境下，民营企业会比国有企业进行更多的研发创新。因此，政府应积极引入社会资本，进一步打破行政性垄断，增强国有企业的创新激励，释放国有企业的创新潜能，继续推进我国的市场化改革进程，提升整个行业的创新水平。

（3）完善知识产权制度，把握好"执法力度"。当企业面临越激烈的市场竞争环境时，企业的创新行为对于外部知识产权保护的变化会更加敏感。因此，相关部门应积极完善和落实现有的知识产权保护制度，为企业创造一个安全的知识产权环境，进一步激励企业进行创新，增强我国企业的整体实力。值得注意的是，当前我国医药制造业企业多以模仿创新为主，过强的知识产权保护反而可能抑制企业创新，因此相关部门把握好"执法力度"至关重要。

◎ 参考文献

[1]何玉润，林慧婷，王茂林.产品市场竞争、高管激励与企业创新——基于中国上市公司的经验证据[J].财贸经济，2015(2).

[2]李健，薛辉蓉，潘镇.制造业企业产品市场竞争、组织冗余与技术创新[J].中国经济问题，2016(2).

[3]李平，宫旭红，齐丹丹.中国最优知识产权保护区间研究——基于自主研发及国际技术引进的视角[J].南开经济研究，2013(3).

[4]聂辉华，谭松涛，王宇锋.创新、企业规模和市场竞争：基于中国企业层面的面板数据分析[J].世界经济，2008(7).

[5]平新乔，周艺艺.产品市场竞争度对企业研发的影响——基于中国制造业的实证分析[J].产业经济研究，2007(5).

[6]史宇鹏，顾全林.知识产权保护、异质性企业与创新：来自中国制造业的证据[J].金融研究，2013(8).

[7]孙巍，赵昊.市场结构对企业研发行为的影响研究——1996—2009年我国制造业数据实证分析[J].财经问题研究，2013(1).

[8]唐保庆，黄繁华，杨继军.服务贸易出口、知识产权保护与经济增长[J].经济学季刊，2012(11).

[9]吴超鹏，唐菂.知识产权保护执法力度、技术创新与企业绩效——来自中国上市公司的证据[J].经济研究，2016(11).

[10]余长林，王瑞芳.发展中国家的知识产权保护与技术创新：只是线性关系吗？[J].当代经济科学，2009(31).

[11]曾铖，郭兵.产权性质、组织形式与技术创新绩效——来自上海微观企业数据的经验研究[J].科学学与科学技术管理，2014(12).

[12]张杰，郑文平，翟福昕.竞争如何影响创新：中国情景的新检验[J].中国工业经济，2014(11).

[13]赵兴庐，刘衡，张建琦.市场化程度的感知、产权制度与企业创新精神：国有和民营企业的比较研究[J].南方经济，2014(5).

[14]朱恒鹏.企业规模、市场力量与民营企业创新行为[J].世界经济，2006(12).

[15]Aghion,P., Bloom, N., Blundell, R., et al. Competition and innovation：An inverted-u relationship[J]. *The Quarterly Journal of Economics*，2005，12(2).

[16]Aghion, P., Howitt, P., Prantl, S. Revisiting the relationship between competition, patenting and innovation [J]. 2013.

[17]Aghion, P., Howitt, P., Prantl, S. Patent rights, product market reforms, and

innovation [J]. *Journal of Economic Growth*, 2015, 20(3).

[18] Almeida, J., Dalmácio, Z. The effects of corporate governance and product market competition on analysts' forecasts: Evidence from the brazilian capital market [J]. *The International Journal of Accounting*, 2015, 50(3).

[19] Arrow, K . J. Economic welfare and the allocation of resources for invention [J]. *Nber Chapters*, 1962.

[20] Boldrin, M., Levine, D. K. Against intellectual monopoly [J]. *David Levine*, 2008(1).

[21] Cerqueti, R., Quaranta, G., Ventura, M. Innovation, imitation and policy inaction [J]. *Technological Forecasting and Social Change*, 2016, 111 (Supplement C).

[22] Helpman, E. Innovation, imitation and intellectual property rights [J]. *Econometrica*, 1992, 61 (6).

[23] Joseph, A., Thomas, K., Schumpeter, J. A., et al. Capitalism, socialism and democracy [J]. *Social Science Electronic Publishing*, 1942, 27 (4).

[24] Lai, C. International intellectual property rights protection and the rate of product innovation [J]. *Journal of Development Economics*, 1998, 55 (1).

The More Competitive the Market is, the More R&D Will be?
—The Moderate Effect of Protection of Intellectual Property Rights

Gong Hong[1,3]   Luo Jinjian[2]

(1, 2 Economics and Management School of Wuhan University, Wuhan, 430072;

3 Research Center for China Industry-University-Research Institute Collaboration

of Wuhan University, Wuhan, 430072)

Abstract: The paper investigates the relationship between product market competition (PMC) and corporate innovation (CI), especially focuses on if protection of intellectual property rights (IPP) and nature of property right (NPR) moderate the relationship between PMC and CI. By analyzing the select data of China medicine manufacturing industry in A-share listed company from 2012 to 2016, we find that: (1) there is an inverted-U shaped relationship between PMC and CI, which means modest PMC would encourage CI, but excessive PMC would restrain CI; (2) IPP plays a significant negative mediating effect on the inverted-U relationship, which means when IPP is higher the U relationship gets weaker; (3) the U relationship of state-owned enterprises is weaker than that of private enterprises, which means in the same PMC situation, private enterprises would invest more in R&D project than state-owned enterprises.

Key words: Product market competition; Protection of intellectual property rights; Corporate innovation; Nature of property right

专业主编：陈立敏

新生代农民工工作生活质量结构
及其对敬业度的影响机理研究 *

● 施　丹[1]　胡　翔[2]　陶祎祎[3]

(1, 3 华中农业大学经济管理学院　武汉　430070；

2 武汉大学社会学系　武汉　430072)

【摘　要】通过对 56 名来自不同行业新生代农民工的深度访谈资料的扎根理论分析，探究了新生代农民工工作生活质量的内容结构，构建了新生代农民工"工作生活质量—责任感知—敬业度"的理论模型。研究结果发现，生存型需要满足和发展型需要满足是新生代农民工富有时代特征的工作生活质量两方面，且在"80 后"、"90 后"农民工之间存在差异。生存型和发展型需要满足会引发新生代农民工对组织产生理性责任感知，进而影响该群体的组织敬业，发展型需要满足会引发其对直接上级产生感性责任感知，进而影响该群体的工作敬业。新生代农民工可能并存敬业和不敬业的角色。

【关键词】工作生活质量　责任感知　员工敬业度　新生代农民工　扎根理论

中图分类号：F270　　　　　文献标识码：A

1. 引言

员工敬业度一直是学者、企业家以及管理顾问关注的热门话题(Albrecht，2010)。研究显示，敬业的员工具有更高的组织承诺和工作积极性，主动地承担角色内和角色外的工作行为(Rich et al.，2010)，更少缺勤和离开组织(Schaufeli，2012)。提升和保持员工敬业度成为组织的重要议题(Halbesleben，2010)。在我国，从 2016 年至 2018 年，"工匠精神"四字三度写入国家政府工作报告，"工匠精神"的实质就是"爱岗敬业"。这一提法意味

---

* 基金项目：国家自然科学基金青年项目"差序氛围、工作价值观对新生代农民工敬业行为的跨层次作用机理研究"（项目批准号：71303086）；国家自然科学基金项目"高承诺人力资源管理对新生代员工产出的作用机制：基于工作要求—资源视角"（项目批准号：71372125）。

通讯作者：胡翔，E-mail：huxiang@ whu. edu. cn。

着员工敬业度的重要性被上升到国家战略层面。

新生代农民工是沐浴在改革开放春风里成长起来的年轻一代，为城市建设、产业发展做出了重要贡献。然而，该群体的工作状态不容乐观，突出体现为工作满意度低下（李超，郗希，2017）、职场偏差行为频发（王弘钰，王辉，2016）、与组织关系呈现"脱嵌"的疏离状态（孙中伟，杨肖锋，2012）。清华大学社会学系课题组（2013）的一项调查报告显示，"干不长、频跳槽、发展空间小、努力成效低"正成为当下新生代农民工的就业趋势。在当前企业面临经营成本居高不下和"招工难"、"用工荒"等双重压力下，提升新生代农民工敬业度不仅有利于企业培育"工匠精神"，而且对于我国传统产业的转型升级，乃至经济社会的可持续发展也具有重要意义。

工作生活质量反映了工作场所中组织提供的资源、活动与产出对个体不同需要的满足程度（Sirgy et al.，2001）。当组织为员工提供高水平的工作生活质量时，有助于提升组织形象、吸引和留住人才（Noor & Abdullah，2012）；反之，员工则更容易感受到压力、较低的幸福感并对工作绩效产生消极影响（Emadzadeh et al.，2012）。受到城乡二元结构以及"隐性户籍墙"的双重约束，大部分新生代农民处于工作层次较低、福利水平较差、社会保障不足的劳动状态，工作中的各类需求未能得到较好的满足。改善新生代农民工的工作生活质量成为提升其敬业度的重要途径。

综合目前文献，工作生活质量与新生代农民工敬业度的相关研究还存在以下空白需要进一步探索：第一，新生代农民工处在体制变革和社会转型的新阶段，其对工作生活质量的需求与主观感受既不同于普通员工，也异于第一代农民工，其工作生活质量结构还有待进一步研究；第二，新生代农民工群体内部正发生着代际分化，在网络时代和独生子女家庭环境下成长起来的"90后"农民工开始进入职场，他们与"80后"农民工的利益诉求与行为特征存在差异（韩长赋，2010），急需加强对这两类农民工的比较；第三，相关研究探讨了工作生活质量对员工敬业度产生的积极影响，但是针对新生代农民工的研究鲜见。需要基于中国情境寻找更多证据。

基于此，本文旨在通过扎根理论构建新生代农民工工作生活质量的结构体系，比较"80后"、"90后"农民工工作生活质量存在的差异，探究工作生活质量对新生代农民工敬业度的影响机理，以期为组织及管理者更好地了解其需求、有针对性地提升该群体的敬业度提供参考。

2. 文献回顾

2.1 工作生活质量结构的相关研究

工作生活质量结构研究一直伴随着这一概念内涵的演变而发展。早期学者将工作生活质量视为一系列改善员工工作生活条件的方案与措施。如 Walton（1975）提出，工作生活质量主要包括充足和公平的收入、健康和安全的环境、企业成长和工作安全、人力资本开发、工作家庭平衡等八个方面。后来的研究开始关注工作场所中影响员工满意度的一系列条件和环境。许多学者围绕工作条件(Huang et al.，2006)、技能多样性与挑战性(Lewis，2013)、工作安全感和工作压力(Saklani，2004)、管理与领导风格、工作特征、学习机会与同事关系(Wyatt & Wah，2001)等方面展开。也有学者认为，不能只关注工作中的有利一面，不利的工作内容与工作环境也会对员工的工作态度和绩效产生影响，因此也应该考虑其中(Trau & Härtel，2007)。

在此基础上，一些学者从关心工作内容与工作环境转向关心与工作内容、工作环境互动下的个体感受。Cohen 等人(2006)从工作满意度、成长需要满意度、社会需要满意度、群体满意度及组织承诺六个方面来衡量工作生活质量。Efraty 和 Sirgy(1990)将工作生活质量分为生存需要、社交需要、自尊需要和自我实现需要四维度，分别测量员工对目前感知到的组织资源和需要程度两个方面的评价，通过两者之间的差距来衡量工作生活质量。Sirgy 等人(2001)将需要-满意理论引入工作生活质量中，将工作生活质量的结构进一步划分为健康和安全需要满足、经济和家庭需要满足、社会需要满足、自尊需要满足、自我实现需要满足、学习需要满足、审美需要满足七类，通过直接的主观评价来测量员工知觉的工作生活质量。可以说，这一视角将工作内容、工作环境与员工需要有机结合起来，还考虑了个体生活涉及的一些组织之外的需要，将工作生活质量和个体一般生活质量有机结合起来，具有较强的实践意义。

2.2 员工敬业度的相关研究

员工敬业度是组织成员在工作情境中将自我与工作角色相结合，同时投入个体认知、情感和体力的程度(Kahn，1990)。个体从敬业到不敬业的过程反映出自我与角色之间的一种动态、可协调的关系。由于员工在工作场所主要扮演工作执行者和团队成员者的角色(Rothbard，1999)，因此，员工敬业度又可以细分为工作敬业和组织敬业两种形式(Saks，2006)。以往研究主要集中于工作敬业，对于组织敬业的研究鲜见(Juhdi et al.，2013)。

目前主要有三类比较有代表性的理论模型围绕员工敬业度的决定机制展开研究。第一类是关键心理状态模型。Kahn(1990)认为在工作中，员工根据对客观工作场所的认知会产生不同程度的心理体验(包括意义感、安全感和可用感)，进而调整自身敬业或不敬业的状态；第二类是工作要求-资源模型(Job Demand-Resource Model，以下简称 JD-R 模型)。该模型将工作中的各种要素分为工作要求和工作资源两类，这两类工作要素会对员工敬业度产生不同的心理影响过程(Demerouti et al.，2001；Schaufeli & Bakker，2003)。尽管以上两类模型揭示了工作因素和心理状态对员工敬业度的影响机理，但是它们却难以充分解释个体在面对上述情况时为什么会通过调整敬业度对组织进行回应。基于此，Saks(2006)从社会交换理论出发，将敬业度视为员工与组织互动的结果。员工根据感知和接受组织资源的多少来决定向组织回馈的努力程度。可以说，社会交换理论为分析员工敬业度的影响机理提供了新的思路，但目前这一视角的敬业度研究较少，尤其缺少对交换准则的定性和定量研究。

2.3　工作生活质量对员工敬业度影响的相关研究

工作生活质量包含了工作、工作环境中对员工工作感受产生影响的各种特征（Bagtasos，2011），反映出工作环境的整体氛围并对员工的幸福感和行为产生直接的影响。实证研究显示，工作生活质量对对员工的组织认同、工作满意度、工作卷入、组织公民行为、工作绩效等产生显著正向作用（Efraty & Sirgy，1990；Nair，2013），对员工的人际疏离感、离职意愿、离职率等产生显著负向作用（Almalki et al.，2012；Chan & Wyatt，2007）。近来研究发现，工作生活质量整体及其结构对员工敬业度也产生积极影响（Alqarni，2016；Kanten & Sadullah，2012）。

虽然学者们对工作生活质量结构及其对员工敬业度的影响关系进行了一些研究，但工作生活质量对员工敬业度的影响路径及其作用机理仍不明确，还有待探究。同时，由于他们的研究对象主要针对普通员工和教师，现有结论对于新生代农民工这一群体是否具有解释力，仍然需要进一步地加以探讨。

3.　研究设计与方法

3.1　研究方法

扎根理论是一种自上而下的归纳式质性研究方法，直接扎根于现实资料，从经验资料中抽象出新的概念和观点，发现新的互动与组织模式（Strauss & Corbin，1994）。本研究采用扎根理论的方法主要是基于如下两个方面的考虑：一方面，代际（新生代）和阶层（农民工）两个因素使得新生代农民工的工作生活质量具有特殊性，现有研究可能无法准确反映上述特征；另一方面，新生代农民工工作生活质量的理论基础还不完善，无法运用现有理论文献、通过量表和调查数据开展实证检验。因此，需要采用探索性研究的方式探讨新生代农民工工作生活质量结构及其对敬业度的影响。

3.2　研究设计

为了全面反映本研究问题的本质，本文在样本甄选时遵循以下原则：一是样本的有效性。本研究的新生代农民工主要是指出生于 1980 年以后，具有农业户籍，流动到城镇地区，从事非农职业，在基层和生产第一线工作的群体（李培林，田丰，2011）。根据出生时间进一步划分为 1980 年至 1990 年（不含 1990 年）间出生的"80 后"农民工和 1990 年及以后出生的"90 后"农民工。以"出生时间"、"户籍"、"工作岗位"这三个指标来确定目标主体；二是样本的代表性。"80 后"新生代农民工占 48.21%，"90 后"新生代农民工占 51.79%，有利于对两代新生代农民工进行比较；受访者来自餐饮、酒店、超市、制药、建筑、制衣和电池制造等多种行业，涵盖了我国新生代农民工集中的主要行业；三是实施的可行性。为了确保受访对象的可获得性和访谈的顺利开展，主要选择中部地区进行调研。最终甄选出 5 家企业的 56 名新生代农民工。受访者的基本信息见表 1 所示。

本研究采用半结构化的深度访谈收集数据。为了保证概念结构不偏离其真实内涵，主要基于 Sirgy 等(2001)的研究，从"需要-满意"的视角出发，围绕工作环境、工作内容与要求、人际关系、薪酬福利与培训晋升等管理制度四个方面展开，让受访者回忆工作中的真实体验与经历，并对上述体验与经历是否满足个人需要进行评价。在访谈过程中，通过追问受访者工作经历中的各种态度以及行为动机，把握其心理活动过程和相应的敬业度。最后得到 56 名受访者的 50 份有效访谈记录。将 50 份访谈记录随机分成 2 组，第 1 组 29 份(共 34 人)用于构建模型，余下 21 份(共 22 人)作为第 2 组用于检验模型。

检验研究资料的效度时采用三角检测法。在访谈新生代农民工之前对所在企业的网站、公司文件、内部资料进行查阅，对企业相关负责人进行访谈，了解公司管理政策和员工工作生活状态的基本情况。从管理者、新生代农民工和二手资料三个方面对获得的资料进行相互补充和相互印证。受访对象包括新生代农民工、企业高管、工会负责人、人力资源部门经理、一线管理者等多个主体，资料来源的多样性、观点的多元化基本保证了研究的效度。

表 1　　　　　　　　　　　受访者基本信息汇总($N=56$)

基本情况		人数	比例(%)
所在行业	建筑业	8	14.29
	制造业	23	41.07
	服务业	25	44.64
工作岗位	一般工人或服务人员	27	48.21
	技术工人	14	25.00
	班组长或领班	12	21.43
	行政管理人员	3	5.36
性别	男	28	50.00
	女	28	50.00
受教育情况	初中及以下	20	35.71
	高中及中专	19	33.93
	大专及以上	17	30.36
工龄	1 年以下	18	32.14
	1~3 年	20	35.71
	3~5 年	6	10.71
	5 年及以上	12	21.43
年龄	"80 后"	27	48.21
	"90 后"	29	51.79

4. 新生代农民工工作生活质量结构及其对敬业度影响模型的构建

4.1 开放式编码

本研究对第 1 组 34 个受访者的访谈回答进行编码，其中，建模回答的有 749 条。最终得到 9 个范畴，如表 2 所示。

表 2   开放式编码形成的概念及范畴

编号	主范畴	概念	原始语句(节选)
1	经济家庭需要满足	收入水平、收入稳定性、收入对日常生活的保障性、食宿条件、雇佣稳定性、工资发放及时性、照顾家庭、积攒存款、工资涨幅	N5-1 工资是一两千，说句不好听的，出去能干吗，你那房租啊水电啊刨出去就剩两三百块钱，你只能养活自己(收入水平) N1-8 如果说一个月那四千块钱都不能保障生活的话，那我不知道外面的环卫工人，一个月一千多块钱他能怎么活(收入对日常生活的保障性)
2	健康安全需要满足	劳动强度、安全防护、医疗保障	N11-8 对于我来说，(意外险)当然需要了。因为这个东西谁也说不准，东西在那里，等你需要的话自然就派上用场了(医疗保障) N28-5 我们要工作十几个小时，肯定累啊。一直在那站着在(劳动强度)
3	人际休闲需要满足	娱乐活动、同事关系、上下级关系、休闲时间	N12-5 在这个地方比在别的地方轻松一点吧，领导比较民主吧，我不喜欢别人把我管得死死的(上下级关系) N2-3 最大的不方便肯定就是全年上班，没有假期。倒班，三个星期才倒一次班，回一次家(休闲时间)
4	公平认可需要满足	回报与付出对等性、奖励认可、意见采纳、人际公平、调动岗位可能性、服务对象友善、亲戚朋友认可	N4-3 比方说吧，楼上卫生搞得好啊或是产量搞得好啊之类的，然后有个奖励嘛，就奖励 20、30 或是 50 啊，我们车间从来没有过(奖励认可) N10-6 这里上夜班老师比较体谅一点，不会走得很晚，有的时候 9 点多钟就走了，但在外面的客人指不定要闹到什么时候(服务对象友善)
5	学习成长需要满足	学习机会、晋升机会、工作挑战性、工作自主权、专业对口	N12-1 因为我觉得自己还小，还有很多地方可以去，我得出去看一看，在这个小超市里也不能学到什么(学习机会) N26-3 选了这个(单位)，主要当时还是考虑专业的话。到这里来的话专业就完全对口了(专业对口)

编号	主范畴	概念	原始语句(节选)
6	积极工作角色	自愿加班、主动学习、做事认真、做事主动、工作有活力、提出工作建议	N3-3 说是规定上午8点到下午5点上班,我7点半就过来了(自愿加班) N14-2 我要是不懂的话,我肯定是要咨询一下,问一下组长。要是组长不在的情况下就问一下店长,再加上我自己也不断地在摸索,上货很快就会了(主动学习)
7	消极工作角色	心情烦躁、工作缺乏热情、身心疲惫	N26-2 近期还是蛮累,也不是累,可能就是心累。心累带动身体累,一天下来乏得慌(身心疲惫) N28-1(熨衣服)有时候弄得蛮烦啊,上新款啊,有些东西没做过,不会搞啊,就要问这个问那个啰(心情烦躁)
8	积极组织成员角色	拥护组织政策、关心组织发展、对组织充满信心	N1-21 我们公司每年会做那个班组长述职报告,述职报告里会要求你们做了什么,哪些不足,哪些需要提高,如果说你后期想有所提升的话,这样是很有必要的(拥护组织政策) N2-18 现在公司要发展,上市了以后,他要求全方位的,不管你要动手要有实际操作能力,还要有写作能力。你的学历啊,包括各方面都要全部跟上(关心组织发展)
9	消极组织成员角色	对组织缺乏信心、临时过渡、徘徊观望	N29-8 社会单位有保证,服装行业起落太大了,一下子生意亏了,老板自己一个人跑了,钱都要不回(对组织缺乏信心) N28-7 我打算在这儿今年干到年底再说吧,觉得收入可以就在这儿;不可以就再找(徘徊观望)

4.2 主轴编码

主轴编码是为了将开放式编码中被分割的资料,通过聚类分析在不同范畴之间建立关联。通过主轴编码,本研究发现,这些样本和范畴之间存在一定的因果和逻辑推理关系。将这些因果关系和逻辑分析思路进行归类,本研究获得了6个能把其他范畴联系起来的主范畴,如表3所示。

表3 主轴式编码形成的主范畴

编号	主范畴	对应范畴	范畴内涵
1	生存型需要满足	经济家庭需要满足	收入稳定并发放及时,收入水平能够与工龄、物价水平等同步增长,除了能够保障日常生活之外还能积攒存款
		健康安全需要满足	工作中具有安全防护措施,及时购买医疗保险,劳动强度合理,能够按时上下班并享有固定休假,工作兼顾家庭

编号	主范畴	对应范畴	范畴内涵
2	发展型需要满足	人际休闲需要满足	简单融洽的人际关系，丰富的娱乐活动，开心的工作氛围
		公平认可需要满足	个人付出能够得到公平的回报，得到组织、直接上级的奖励与认可，得到顾客的尊重以及亲戚朋友的理解
		学习成长需要满足	工作中有学习和晋升的机会
3	理性责任感知	经济家庭需要满足	由于满足或未满足新生代农民工的经济家庭需要、健康安全需要和学习成长需要而产生的正向或负向回报组织的认知
		健康安全需要满足	
		学习成长需要满足	
4	感性责任感知	人际休闲需要满足	由于满足或未满足新生代农民工的人际休闲需要、公平认可需要而产生的正向或负向回报上级的认知
		公平认可需要满足	
5	工作敬业	积极工作角色	做事认真主动、提出工作建议、主动学习
		消极工作角色	对工作缺乏热情、身心疲惫、心情烦躁
6	组织敬业	积极组织成员角色	拥护组织政策、关心组织成长、对组织充满信心
		消极组织成员角色	临时过渡、徘徊观望、对组织缺乏信心

4.3 选择性编码

经过开放式编码、主轴编码及其相关分析，本文对范畴及其关系有了进一步的了解。接下来进行选择性编码。通过对资料、概念和范畴系统的分析、梳理，本文将各主范畴联结在一起，发现并建立主范畴之间的潜在逻辑关系，归纳出 3 类主范畴的典型关系结构，如表 4 所示。

表 4　　　　　　　　　　范畴的典型关系结构

典型关系结构	关系结构内涵	典型语句
代际——工作生活质量结构（代际影响工作生活质量结构）	新生代农民工的工作生活质量可以分为生存型和发展型两个方面，不同代际（"80后"、"90后"）的新生代农民工工作生活质量内容具有差异	N3-4 当时眼下嘛，家庭要顾及，我觉得稳打稳的比较好，不想我老婆孩子啊冒的风险太大（"80后"农民工理性务实的生存型需要） N8-6 像现在的年轻小孩，这边应聘的哦，一般最多一两天就走了。因为觉得劳动强度太大，他就受不了他就要走（"90后"农民工关注体面的生存型需要） N1-20 像我们的话从今年开始，公司所有人，补300块钱，去旅游。虽说你落不到那个钱，出去旅游还累，但是说出去很好啊（"80后"农民工人际休闲类发展型需要）

典型关系结构	关系结构内涵	典型语句
		N13-3 其实员工最在乎的，一个是休假，一个就是薪资待遇，如果这些东西你没有体现出来，员工在这里肯定没有什么激情啊（"90后"农民工公平认可类发展型需要） N21-2 我就写申请去参加考试考厨工。因为我觉得切菜嘛，等到了四五十岁年纪大了还是可以做，这样以后我也不用担心了，不用吃青春饭（"80后"农民工学习成长类发展型需要） N12-1 因为我觉得自己还小，我得出去看一看，在这个小超市里也不能学到什么手艺（"90后"农民工学习成长类发展型需要）
工作生活质量——责任感知（工作生活质量内容影响责任感知）	不同内容的工作生活质量可能导致新生代农民进行差异化的归因，进而产生不同类型的责任感知，即理性责任感知和感性责任感知，生存型和发展型需要满足影响理性责任感知，发展型需要满足影响感性责任感知	N1-2 你像我们厂，它的硬件设施应该要超过很多一部分（注：指其他工厂），除尘系统啊，包括污水处理系统啊，一些方面都做得比较到位。如果不是这样，谁愿意卖命呢？如果现在拿命挣钱，然后等到了一定岁数之后就会开始拿钱买命（健康安全需要满足——正向理性责任感知） N13-5 领导对下面员工还是关心不够，但是我就感觉怎么说呢，他们是高高在上……大家就不愿意干，你就带动不了下面的人（人际休闲需要不满足——负向感性责任感知）
责任感知——新生代农民工敬业度（责任感知影响新生代农民工敬业度）	新生代农民工与工作和组织角色是一种动态、可协调的关系，不同类型的责任感知可能会影响新生代农民工对不同角色的投入程度，即工作敬业和组织敬业。新生代农民可能并存敬业和不敬业的角色，感性责任感知影响工作敬业，理性责任感知影响组织敬业	N26-2 我是从环保的专业的角度考虑问题，我经常提出一些建议，但是和领导考虑的角度不一样，有了分歧之后我的意见可能是被采纳的几率不是很大。时间久了，包括对环境对工作对领导可能会有一定的抵触；N26-6 我觉得这个公司机会还是蛮大，我想在这里好好干。但是从我的方面最重要的还是考虑工作顺心，工作不顺心干什么都烦，当官也不行（正向理性责任感知、负向感性责任感知——高组织敬业、低工作敬业） N21-11 我就希望，在一个单位不中断，累计做了10年的话能够转成一个什么合同工或正式工。这样让人也能愿意在这里踏踏实实地干……上面呢觉得我做事还行，毕竟做这么多年，我说的要求领导也尽力会满足我，就是单位对我还是比较照顾的。所以这样的话你也不好意思不好好干，要不然以后怎么好意思向他开口？

典型关系结构	关系结构内涵	典型语句
		N21-15 不管任何事情，到任何一个岗位上我都把东西记着。我的本子上写的满满的，关于那些水啊，每杯奶茶怎么做出来我都会写在上面……但我一直感觉不安全，我现在是没办法在这儿做十年，干得没意思(负向理性责任感知、正向感性责任感知——→低组织敬业、高工作敬业)

经过逐步编码及其相关分析后，根据研究目的对范畴关系进行了不断的比较，并将研究的核心问题范畴化为"新生代农民工工作生活质量结构及其对敬业度的影响机理"，如图 1 所示。

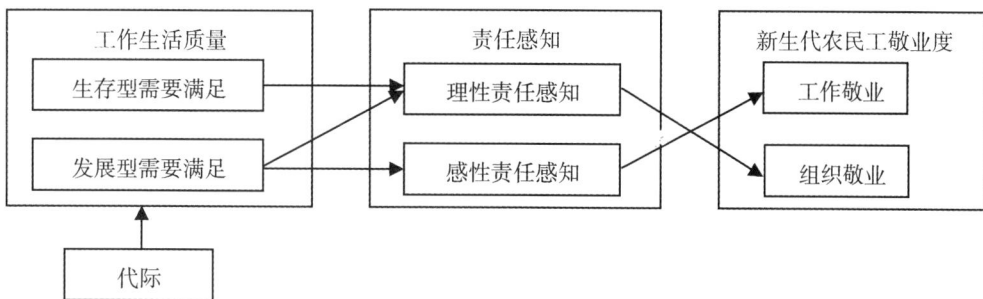

图 1 新生代农民工工作生活质量结构及其对敬业度的影响机理

4.4 理论饱和度检验

为了检验理论饱和度，本研究对预留的 21 份访谈记录加以编码和分析，没有形成新的概念和范畴，也没有形成新的关系。因此，可以认为本研究的理论模型是饱和的。以下列举 5 条典型的受访者回答作为佐证。

第一，生活倒还可以，以前做饭是我们自己的人，现在承包给别人了，都说做得不好，做得不中，因为都是工人，又不怎么会做，现在就承包给别人了，做得不好，一反映，公司立马就找你面谈了，就改善我们的生活了，现在基本上都改善了。(N31-3 "食宿条件" "意见采纳")；

第二，既然选这份工作，拿了人家这么高的工资，自己心里要有那个底。最起码维修设备你自己要懂点(N30-2 "经济家庭需要满足——→正向理性责任感知")；

第三，我们组长对我们都很关照的。就是理货上错了，她会给你说，也会给你指出来，然后返工，就是会帮你。所以我们也都不怎么偷懒，不会跟她对着来(N37-3 "人际休闲需要满足——→正向感性责任感知")；

第四，既然领导这么重视你，肯定感觉有挑战了，整天弄些书在看，有时用手机拍下来回家看，找人问，因为不问你都没法儿适应那份工作(N59-1 "正向感性责任感知——→高工作敬业"）；

第五，这里就是，做事就有钱拿，不做事就让你回家的那种，哪里还谈什么退休机会。所以做不开心的话，说不定明天或是后天就走了，这说不好。（N49-4"负向理性责任感知——→低组织敬业"）。

5. 讨论与分析

根据本研究构建的上述理论模型可以发现，新生代农民工的生存型需要在群体内部发生了代际分化。"80后"农民工已步入成家立业的年龄，在婚姻与生育的双重压力下，其生存型需要趋于理性和务实。不仅看重福利待遇的保障性，而且也关心工作与家庭平衡的实现。相对而言，"90后"农民工成长环境有了较大改善，该群体中相当一部分是独生子女，有些随父母到城市打工和定居，忍耐力和吃苦精神远不及"80后"农民工。该群体在生存型需要方面更关注工作的体面程度，即良好的食宿条件，适中的劳动强度，安全的工作环境。新生代农民工的发展型需要包括人际休闲、公平认可、学习成长三个方面。"80后"农民工关注人际休闲，融洽的人际关系、丰富的娱乐活动和充足的业余时间能够提升其幸福感。相对而言，"90后"新生代农民工公平意识和自尊心更强，看重工作场所付出与收获的公平性。餐饮、零售、酒店等服务行业的"90后"新生代农民工更容易遭受职业身份的"污名化"，难以接受"被歧视"，渴望得到顾客的尊重以及亲戚朋友的认可。"80后"、"90后"农民工均表达出学习成长需求，但是两代人追求职业成长的路径存在差异。"80后"农民工对组织依赖感更强，期望组织提供稳定工作和内部晋升机会。成长于网络时代的"90后"农民工容易接受新的事物和生活方式，对组织的忠诚度更低。该群体关注专业技能的提升，如果组织不能满足其需要，那么该群体愿意通过改变工作、去不同城市发展等跨组织、跨地域流动来实现目标。

其次，本研究构建的工作生活质量对新生代农民工敬业度的影响机理模型符合社会交换的框架。从这一视角来看，工作生活质量反映出新生代农民工在工作场所接收到的物质、社会情感资源的多少。其中，薪酬福利、工作内容、劳动保护措施、培训晋升等资源能够满足新生代农民工生存型和发展型需要，且具有制度化和非人格化特征，因此，新生代农民工更容易将组织视为资源提供者，高需要满足会激发其正向回报组织的认知；反之，则会激发其负向回报组织的认知，即理性责任感知；此外，人际休闲、公平认可是直接上级提供的重要资源，能够满足新生代农民工的发展型需要，激发他们正向回报上级的意识；反之，则会引起新生代农民工的反感和抵触，产生负向回报上级的意识，即感性责任感知；因此，根据回报对象和影响动因的不同，新生代农民工的责任感知可以分为理性责任感知和感性责任感知两个方面。生存型和发展型需要满足影响新生代农民工的理性责任感知，发展型需要满足影响其感性责任感知。

新生代农民工会根据理性责任感知和感性责任感知来调整对工作和组织的投入，即展现出积极或消极的工作角色和组织角色。积极的工作角色主要表现为做事认真主动、提出工作建议、主动学习等；消极的工作角色表现为缺乏热情、身心疲惫、心情烦躁等；积极和消极的工作角色构成了新生代农民工的工作敬业；积极的组织角色表现为拥护组织政策、关心组织成长、对组织充满信心等；消极的组织角色表现为临时过渡、徘徊观望、对组织缺乏信心等。积极和消极的组织角色构成了新生代农民工的组织敬业。因此，工作敬业和组织敬业构成了新生代农民工的敬业度。感性责任感知影响新生代农民工的工作敬业，理性责任感知影响其组织敬业。

在这一交换过程中，新生代农民工敬业度可视为该群体与组织及其代理人（直接上级）进行社会交换的结果。新生代农民工可能对不同交换主体、交换关系区分对待，分配不同程度的精力到不同角色中，进而并存敬业和不敬业的角色。组织—员工关系会影响新生代农民工的组织敬业，领导-成员交换关系影响其工作敬业。例如，当生存型需要未得到组织满足，发展型需要得到直接上级满足时，新生代农民工会产生负向理性责任感知和正向感性责任感知，进而展现出低组织敬业和高工作敬业。这可能是由于，当新生代农民工在福利待遇、晋升发展等方面遭遇组织不公平对待时，如果一线管理者对新生代农民工的诉求爱莫能助但表示理解时，尽管会影响新生代农民工与组织的交换关系，但并不会影响员工与上级的关系质量。因此，一方面，新生代农民工会从组织角色中逐步撤离，展现出低组织敬业；另一方面，仍会通过对工作的全情投入来回报上级。这种情形突出体现在组织规模大、集权程度高、一线管理者管理权限有限的企业中。类似地，当生存型需要得到组织满足、发展型需要未得到直接上级满足时，新生代农民工可能产生正向理性责任感知和负向感性责任感知，进而表现出高组织敬业和低工作敬业。这种情形突出体现在人力资源管理制度健全、薪酬福利具有竞争性，但一线管理者领导力水平有待提升的企业中。

6. 结论与启示

6.1 研究结论与贡献

本研究基于 56 名来自不同行业新生代农民工的深度访谈资料的扎根理论分析，总结出影响新生代农民工敬业度的"工作生活质量—责任感知—敬业度"的理论模型。主要研究发现和研究创新包含以下三个方面：

首先，本研究发现，生存型需要满足和发展型需要满足是新生代农民工工作生活质量的内容结构因素，且"80 后"和"90 后"农民工的需要存在差异。不仅印证了前期学者对新生代农民工群体需要的研究发现(王玉峰等，2015)，而且更从代际变迁的角度对"80 后"和"90 后"新生代农民工的需要进行了深入比较，丰富了工作生活质量领域的理论成果，对于企业根据新生代农民工的年龄差异实施个性化管理也具有启示。

其次，根据回报对象与影响动因的差异，本研究将现有责任感知的单一维度进一步区分为对理性责任感知和感性责任感知，揭示了不同责任感知在新生代农民工工作生活质量影响其敬业度过程中发挥的中介作用，诠释了新生代农民工敬业度的互惠动因，不仅符合社会交换理论的互惠法则(Blau，1964)，而且印证了在中国这样讲究"人情"的社会中"以德报德"思想的普遍性(Hwang，1987)，丰富了现有的责任感知与员工敬业度研究。

最后，本研究揭示了新生代农民工在工作和组织中同时展现敬业和不敬业两种角色的现象、成因及发生情境。从社会交换的视角来看，新生代农民工敬业度可视为该群体与组织及管理者进行物质与社会情感资源交换的结果。组织-员工关系影响新生代农民工的组织敬业，领导-成员交换关系影响其工作敬业。本研究基于 Saks（2006）的研究，对社会交换理论在员工敬业度中的应用进行了拓展，同时证实了区分工作敬业和组织敬业的意义。

6.2 研究的实践意义

本文具有重要的实践意义和应用启示。首先，密切关注新生代农民工的多元需要，改善其工作生活质量。具体而言，对于"80 后"农民工，不仅要关心其个人，为其提供稳定收入和工作，使其在组织中快乐工作，还应考虑其家庭，为其家人提供帮助与支持。对于"90 后"农民工，在改善食宿条件、工作环境等硬件设施同时，不能忽视人力资源管理政策等软环境的优化。如提高奖惩制度的公平性，对优秀员工进行个性化奖励与认可等。更重要的是，赋予"90 后"农民工更多工作自主权、工作挑战性以及学习机会。

其次，积极引导新生代农民工产生正向责任感知，避免负向责任感知对其敬业度产生消极影响。本研究显示，在工作生活质量影响新生代农民工敬业度的过程中，责任感知在其中担当了中介角色。这种责任感知既包括"知恩图报"的积极成分，也有"以牙还牙"的消极部分。因此，组织应该通过有针对性地改善该群体的工作生活质量，激发其正向责任感知的产生；反之，当该群体的诉求不能得到充分满足时，也应及时与其进行沟通和反馈，舒缓他们的不满情绪，争取他们的理解，避免负向责任感知的产生并传导到工作中。

最后，关注组织管理制度和一线管理者领导方式的改进，提升新生代农民工的工作敬业和组织敬业。本研究发现，组织-员工关系会影响新生代农民工的组织敬业，而领导-成员交换关系会影响其工作敬业。因此，在管理实践中，要引导新生代农民工"爱岗敬业"，应加强基层管理者领导力培训，改善与新生代农民工的关系。要引导该群体"爱厂如家"，则应关注对新生代农民工人事管理政策与激励制度的改进，以快速响应该群体不断变化的新需求。

6.3 研究的局限与未来研究方向

本研究也存在着一些局限性。首先，本研究通过中部地区五家企业 56 名员工的访谈资料来构建新生代农民工的工作生活质量结构。尽管在样本选择上涵盖了我国新生代农民工集中的主要行业，由于资源制约，并未对其他地区如珠江三角洲、长江三角洲等新生代农民工集中的地域进行调查。不同地域的新生代农民工工作生活质量结构是否具有差异？还有待进一步研究。其次，工作生活质量反映的是个体的主观感知，本研究中主要考虑了代际对新生代农民工工作生活质量造成的影响，暂时未把其他人口特征如性别、受教育程度、工龄等因素考虑进去。这些局限性有待于以后的研究工作中进行弥补和完善。最后，本研究运用探索性研究初步构建了新生代农民工工作生活质量结构对敬业度影响的理论模型，该模型的理论效度如何？后续可以在此基础上开发新生代农民工工作生活质量量表并进行大规模的实证检验，这也是未来研究的努力方向。

◎ **参考文献**

[1] 韩长赋. 谈 "90 后" 农民工 [J]. 农村·农业·农民(A 版), 2010(2).

[2] 李超, 郗希. 农民工工作满意度影响因素分析——基于新生代和老一代农民工的差异分析 [J]. 中国农业大学学报, 2017(2).

[3] 李培林, 田丰. 中国新生代农民工: 社会态度和行为选择 [J]. 社会, 2011, 31(3).

[4] 清华大学社会学系课题组. "短工化": 农民工就业趋势研究 [J]. 清华社会学评论, 2013(00).

[5] 孙中伟、杨肖锋. 脱嵌型雇佣关系与农民工离职意愿: 基于长三角和珠三角的问卷调查 [J]. 社会, 2012, 32(3).

[6] 王弘钰, 王辉. 农民工与城镇职工偏差行为的代际比较研究——基于雇佣不平等的分析视角 [J]. 农业技术经济, 2016(6).

[7] 王玉峰, 陈宗慧, 郭瑞英. 农民工工作价值观代际差异研究 [J]. 农业经济问题, 2015(12).

[8] Albrecht, S. L. Employee engagement: 10 key questions for research and practice [R]. *Handbook of Employee Engagement Perspectives*, 2010.

[9] Almalki, M. J., Gerry, F. G., Michele, C. The relationship between quality of work life and turnover intention of primary health care nurses in Saudi Arabia [J]. *BMC health services research*, 2012, 12(1).

[10] Alqarni, S. Quality of work life as a predictor of work engagement among the teaching faculty at King Abdulaziz University [J]. *International Journal of Humanities and Social Science*, 2016, 6(8).

[11] Bagtasos, M. R. Quality of work life: A review of literature [J]. *Dlsu Business & Economics Review*, 2011, 20(2).

[12] Blau, P. M. *Exchange and power in social life* [M]. New York: John Wiley and Sons, 1964.

[13] Chan, K. W., Wyatt, T. A. Quality of work life: A study of employees in Shanghai [J]. *Asia Pacific Business Review*, 2007, 13(4).

[14] Cohen, S. G., Chang, L., Jr, G. E. L. Hierarchical construct of self-management leadership and its relationship to quality of work life and perceived work group effectiveness [J]. *Personnel Psychology*, 2006, 50(2).

[15] Demerouti, E., Bakker, A. B., Nachreiner, F., et al. The job demands-resources model of burnout [J]. *Journal of Applied Psychology*, 2001, 86(3).

[16] Efraty, D., Sirgy, M. J. The effects of quality of working life (QWL) on employee behavioral responses [J]. *Social Indicators Research*, 1990, 22(1).

[17] Emadzadeh, M. K., Khorasani, M., Nematizadeh, F. Assessing the quality of work life of primary school teachers in Isfahan city [J]. *Interdisciplinary Journal of Contemporary*

Research in Business, 2012.

[18] Halbesleben, J. R. B. A meta-analysis of work engagement: Relationships with burnout, demands, resources, and consequences [J]. *Psychology Press*, 2010.

[19] Huang, C. T. , Lawler, J. , Lei, C. Y. The effects of quality of work life on commitment and turnover intention [J]. *Social Behavior & Personality An International Journal*, 2006, 35(6).

[20] Hwang, K. Face and favor: The Chinese power game [J]. *American Journal of Sociology*, 1987, 92(4).

[21] Juhdi, N. , Pa'Wan, F. , Hansaram, R. M. K. HR practices and turnover intention: The mediating roles of organizational commitment and organizational engagement in a selected region in Malaysia [J]. *The International Journal of Human Resource Management*, 2013, 24(15).

[22] Kahn, W. A. Psychological conditions of personal engagement and disengagement at work [J]. *Academy of Management Journal*, 1990, 33(4).

[23] Kanten, S. , Sadullah, O. An empirical research on relationship quality of work life and work engagement[J]. *Procedia-Social and Behavioral Sciences*, 2012(62).

[24] Lewis, D. , Brazil, K. , Krueger, P. , et al. Extrinsic and intrinsic determinants of quality of work life [J]. *Leadership in Health Services*, 2013, 14(2).

[25] Nair, G. A study on the effect of quality of work life on organizational citizenship behavior (OCB) with special reference to college teachers in Thrissur District, Kerala [J]. *Integral Review-A Journal of Management*, 2013, 6(1).

[26] Noor, S. M. , Abdullah, M. A. Quality work life among factory workers in Malaysia [J]. *Procedia-Social and Behavioral Sciences*, 2012, 35(4).

[27] Rich, B. L. , Lepine, J. A. , Crawford, E. R. Job engagement: Antecedents and effects on job performance [J]. *Academy of Management Journal*, 2010, 53(3).

[28] Rothbard, N. P. Enriching or depleting? The dynamics of engagement in work and family [J]. *Administrative Science Quarterly*, 1999, 46(4).

[29] Saklani, D. R. Quality of work life in the Indian context: An empirical investigation [J]. *Decision*, 2004, 31(2).

[30] Saks, A. M. Antecedents and consequences of employee engagement [J]. *Journal of Managerial Psychology*, 2006, 21(7).

[31] Schaufeli, W. B. , Bakker, A. B. Utrecht work engagement scale: Preliminary manual [J]. *Occupational Health Psychology Unit*, *Utrecht University*, 2003, 11.

[32] Schaufeli, W. Work engagement: An emerging psychological concept [J]. *Icoh*, 2012.

[33] Sirgy, M. J. , Efraty, D. , Siegel, P. , et al. A new measure of quality of work life (QWL) based on need satisfaction and spillover theories [J]. *Social Indicators Research*, 2001, 55(3).

[34] Strauss, A. L. , Corbin, J. Grounded theory methodology: An overview [R]. *Handbook*

of Qualitative Research, 1994.

[35]Trau, R. N. C., Härtel, C. E. J. Contextual factors affecting quality of work life and career attitudes of gay men [J]. *Employee Responsibilities & Rights Journal*, 2007, 19(3).

[36]Walton, R. E. Improving the quality of work life [J]. *Harvard Business Review*, 1975, 52 (3).

[37] Wyatt, T. A., Wah, C. Y. Perceptions of QWL: A study of Singaporean employees development [J]. *Research and Practice in Human Resource Management*, 2001, 9(2).

Structure of Quality of Work Life for New Generation of Migrant Workers and Impact on Migrant Workers' Engagement

Shi Dan[1]   Hu Xiang[2]   Tao Yiyi[3]

(1, 3 College of Economics & Management of Huazhong Agricultural University, Wuhan, 430070;

2 Department of Sociology of Wuhan University, Wuhan, 430072)

Abstract: The study aims to construct the structural features of the quality of work life from 56 new generation of migrant workers' interviews based on grounded theory. A theory model of "quality of work life, felt obligation and employee engagement" is built. Results show that needs satisfaction with survival and development consist of the characteristic structure of quality of work life for migrant workers. Post-80s and 90s migrant workers have different needs. Needs satisfaction with survival and development create rational obligations to organizations and thus to reciprocate in organizational engagement. Needs satisfaction with development create emotional obligations to immediate supervisors and thus to reciprocate in job engagement. Acting as an employee as well as an organization member, migrant workers may express a mixture of engagement and disengagement simultaneously.

Key words: Quality of work life; Felt obligation; Employee engagement; New generation of migrant workers; Grounded theory

专业主编：杜旌

追随者如何获得授权型领导的垂青：
一项混合策略研究*

● 李绍龙[1] 孙　芳[2] 朱　思[3]

(1, 3 武汉大学经济与管理学院 武汉 430072；
2 北京达沃时代科技股份有限公司 武汉 430070)

【摘　要】快速多变的商业环境使得领导无法仅凭自身的经验和能力来很好地实现组织目标，而授权型领导因为其能换取追随者全身心的投入而得到实践者和学者的广泛关注。目前，授权型领导能够对组织产生正面影响已经获得了较为一致的研究结论。然而，关于如何诱发授权型领导的前因变量研究却相当匮乏，更无研究从追随力的视角切入探究追随者如何获得领导的授权赋能。本研究基于扎根理论分析构建了追随者影响授权型领导的理论模型，并获得了问卷调查分析的验证。研究发现，追随者的领导部属关系、主动性和能力对授权型领导有显著的正向影响。进一步的优势分析发现，追随者的领导部属关系对于获得领导授权赋能最为重要，而主动性次之，能力相对而言影响最小。

【关键词】授权型领导　追随力　领导部属关系　主动性　能力

中图分类号：C93　　　　　文献标识码：A

1. 引言

随着商业环境的变化速度加快，管理者仅凭自身的知识、经验和技能已经无法保证团队和组织能够圆满实现日常的经营目标，更无法为组织获得持久竞争力提供新思想和新动能(Gao, Janssen & Shi, 2011；王永丽、邓静怡、任荣伟，2009；李绍龙、龙立荣、朱其权，2015)。因此，越来越多的管理者开始对下属进行授权来换取其全身心的投入，从而在激烈的商业环境中获得持续的竞争优势(张文慧、王辉，2009)。在这样的背景下，授

　　* 基金项目：国家自然科学基金青年科学基金项目"看关系还是看实力？一项团队情境中的领导授权策略研究(项目编号：71602147)"。

　　通讯作者：孙芳，E-mail：Sarahsun1027@163.com。

权型领导日益获得实践界和学界的关注(Li, Chiaburu & Kirkman, 2017; Li, He, Yam, et al., 2015)。目前,已经有较为广泛的研究证实授权型领导能够为组织带来诸多益处。例如,授权型领导有助于提升团队效能和组织绩效(Carmeli, Schaubroeck & Tishler, 2011; Lorinkova, Pearsall & Sims, 2013; Martin, Liao & Campbell, 2013; Srivastava, Bartol & Locke, 2006; Yun, Faraj & Sims, 2005;林晓敏等,2014;王永丽、邓静怡、任荣伟, 2009)。此外,部分学者发现授权型领导能够增加追随者的工作绩效(Ahearne, Mathieu & Rapp, 2005)、创造力(Zhang & Bartol, 2010)、组织公民行为(Li, Chiaburu & Kirkman, 2017;尹俊、王辉、黄鸣鹏,2012)等能够使得组织直接获益的行为表现。与此同时,近年来也有部分学者开始关注授权型领导对追随者自身的有益影响,并发现授权型领导能够减少追随者的玩世不恭(Lorinkova & Perry, 2017),增强追随者的职业效能和职业满意度(Biemann, Kearney & Marggraf, 2015),甚至能够提高追随者的家庭生活质量(易健、关浩光、杨自伟,2014)。

既然授权型领导可以为组织和追随者自身带来有益影响的结论已经获得了较为广泛的认可,那么探究如何增加领导的授权赋能行为就变得较为必要。然而,关于授权型领导的前因变量研究却相当匮乏,且全部集中在探究领导个体特征和自身认知因素对其授权赋能行为的影响,如领导的长期结果考量(张文慧、王辉,2009)、授权风险考量(杨英、龙立荣、周丽芳,2010)、领导工作负担(刘文兴、廖建桥、黄诗华,2012)、自我牺牲精神(张文慧、王辉,2009),以及不确定性规避(刘文兴、廖建桥、黄诗华,2012)等。由此可见,授权型领导的前因变量研究还停留在领导中心性的研究阶段。而随着以追随者为中心的领导研究的兴起(周文杰、宋继文、李浩澜,2015),当前授权型领导的前因变量研究很难为该领域的研究提供更多理论贡献。与此同时,由于授权型领导可以为追随者带来诸多好处,追随者本身也渴望获得领导更多的授权赋能行为,然而当前相关研究无法为追随者如何获得授权型领导的垂青提供实践方面的指导。因此,从追随力的视角切入,探究追随者的特征和行为表现如何影响授权型领导具备较强的理论价值和管理实践价值。

由于追随力研究尚处于起步阶段(周文杰、宋继文、李浩澜,2015),授权型领导的前因变量研究也很匮乏,目前并没有相应的理论框架从追随者的视角切入探究授权型领导的影响因素(Sharma & Kirkman, 2015)。Cooper 和 Emory (1995)指出当研究者对某些研究问题缺乏明确理论指导时,可以采用探索性研究。因此,根据克雷斯威尔(2007)的建议,本研究为了基于追随力的视角深入探索授权型领导的影响因素,欲采用混合研究范式中的顺序性探究策略,主要包括探索性的定性研究分析和定量研究分析两个部分,该研究策略已经获得了学界的广泛认可(Morgan, 1998; Morse, 1991)。

2. 扎根理论分析

2.1 扎根理论简介

扎根理论(Grounded Theory)是一种质性研究范式,被广泛运用于社会科学的研究中(陈向明,2000)。学者 Glaser 和 Strauss (1967)最先提出扎根理论研究范式,并强调扎根理论需要从研究参与者中产生研究问题，并根据研究参与者的说法和做法不断归纳和概括，从而提炼理论观点。经过数十年的发展，扎根理论分析已经形成了一套系统的理论归纳和分析方法，主要包括理论抽样、开放性编码、选择性编码和形成理论等主要环节（Glaser，1978；Glaser & Strauss，1967）。

2.2 理论抽样

与定量研究一般采取随机抽样的方式不同，扎根理论等定性研究范式一般采用理论抽样（Theoretical Sampling），即根据研究建构理论的需要有目的地选择研究样本（Glaser，1978），通过寻找和搜集相关的数据，来加工和完善研究中出现的类属，直至理论饱和。因此，扎根理论研究中一般选择最有助于研究者理解研究问题的研究样本。在理论抽样的过程中，研究者从所发生现象中的一个样本出发，一边搜集数据，一边进行编码，然后通过对编码和备忘录的分析进行下一步的数据搜集过程（Glaser，1998）。

根据理论抽样的典型性和一致性的原则（Corbin & Strauss，1990），本研究选取授权型领导及其追随者作为研究对象，探究追随者的特征和行为表现如何影响领导的授权赋能行为。遵循理论抽样的原则和扎根理论分析的基本程序，本研究同时进行数据收集、分析和编码，并进行比较和理论建构，数据收集和分析过程结束的标志是理论饱和。在此过程中，共选取了分布于四个工作团队或部门中的 4 名领导及其 11 名追随者进行半结构化访谈，团队或部门信息如表 1 所示，参与访谈人员的具体信息详见表 2。

表 1　　　　　　　　　　　　　被研究工作团队或部门的基本资料

编号	A
构成	领导 1 名，追随者 4 名
工作内容描述	1. 工作内容为软件开发； 2. 其中 1 名追随者负责同客户沟通，分析客户需求，对客户需求进行分析策划并产出产品需求文档，并同程序员、设计人员、测试人员评审需求、确定整个项目时间节点并把握整个项目进度，确认软件是否能交付给客户；1 名追随者负责根据产品需求文档进行图片设计；1 名追随者负责通过编程实现产品需求文档中描述的功能；1 名追随者根据产品需求文档负责对开发出的软件进行测试。
编号	B
构成	领导 1 名，追随者 5 名
工作内容描述	1. 工作内容为移动应用设计与运营； 2. 其中 3 名追随者为产品专员，主要负责不同客户端的市场调研、产品需求产出、项目进度把控以及确认产品能否交付；1 名追随者为设计专员，负责根据需求文档提供界面设计图片；1 名追随者为交互设计专员，负责根据产品需求文档进行应用的交互设计。
编号	C
构成	领导 1 名，追随者 6 名

工作内容描述	1. 工作内容为发动机工作实验； 2. 其中2名追随者为任务接收人员，负责接收实验任务，获取对应的输入物，从而判断有无完成条件；2名追随者为台架准备人员，负责发动机上台架，传感器布置等一系列准备工作；2名追随者为台架操作人员，负责整合协同其他实验人员完成台架试验。
编号	D
构成	领导1名，追随者4名
工作内容描述	1. 工作内容为发动机开发； 2. 其中1名追随者为项目联络人，负责发动机开发中试验项目的项目策划，推进与汇报；1名追随者为性能试验主管，主导性能试验工作，包括试验计划，试验资源确认，试验方案以及试验人员安排；1名追随者为耐久性试验主管，主导耐久性试验工作，包括试验计划，试验资源确认，试验方案以及试验人员安排；1名追随者为NVH试验主管，主导NVH试验工作，包括试验计划，试验资源确认，试验方案以及试验人员安排。

注：本表根据访谈内容整理而成。

表2　　　　　　　　　　　　　参与访谈人员基本信息

团队	编号	类别	年龄	学历	加入团队时间
A	A-1	领导	27	本科	2012.04
	A-2	追随者	26	本科	2013.05
	A-3	追随者	25	本科	2013.07
	A-4	追随者	25	本科	2013.02
B	B-1	领导	29	研究生	2013.01
	B-2	追随者	30	本科	2012.12
	B-3	追随者	27	研究生	2013.08
	B-4	追随者	27	研究生	2012.12
C	C-1	领导	40	大专	2009.11
	C-2	追随者	25	大专	2012.05
	C-3	追随者	25	大专	2013.01
D	D-1	领导	46	本科	2011.05
	D-2	追随者	27	本科	2010.09
	D-3	追随者	29	本科	2008.09
	D-4	追随者	26	本科	2014.05

注：本表根据访谈内容整理而成。

2.3 数据收集

深度访谈是扎根理论研究中非常重要的数据收集方式(卡麦兹,2009),每次针对领导的深度访谈耗时 1~3 个小时,而每次针对追随者的深度访谈耗时 0.5~1 个小时,整个数据收集过程历时 2 周。为了提高研究结论的真实性和可靠性,减少参与者的顾虑,研究人员在访谈开始之前向其阐述了研究的目的,并告诉参与者他们的回答只会用于研究中,而不会被第三方的人员所知晓。

2.4 编码分析

扎根理论编码至少包含两个主要阶段,即开放式初始编码阶段和聚焦编码阶段(卡麦兹,2009)。有些研究为了探究聚焦编码过程中所获得的代码的相互联系,还存在理论编码阶段(卡麦兹,2009)。本研究作为一项初始性探索性研究,仅包含了开放式初始编码阶段和聚焦编码阶段。

2.4.1 开放式编码

扎根理论分析的第一步是初始编码(Initial Coding),这一环节强调对数据中识别的任何理论保持开放性(Glaser,1982)。并且根据理论抽样的原则,在这一阶段要同时进行数据收集、数据分析和开放式编码。在本研究中,根据扎根理论分析"契合"和"相关"的标准,本研究在初始编码环节严格立足和深入所有收集的材料,进行逐词编码、逐行编码和逐个事件编码,并尽量使用原始代码来反映被研究对象自己表达出的独特词语,以更加有助于反映领导和追随者对关于授权型领导的真实想法。为了更好地展示开放性初始编码过程,本研究以表 3 展现了对被研究对象 B-2 的开放性初始编码示例,以表 4 展现了对被研究对象 B-4 的开放性初始编码示例。

表3　　　　　　　　　被研究对象 **B-2** 的开放性初始编码示例

原始资料	开放式编码
	初始概念
这个东西就是跟他平时处的关系很有关系啊,私人和工作中的关系都会有。还有就是我们平时开会的时候,这个人可能相对于团队里面其他人来说表现得比较活跃,然后他的口才啊、演讲的能力啊、说话的逻辑啊,各方面都表现得比其他人强一些,那么领导就会觉得这个人不错。另外,团队里面有些人表现得比较积极,领导就会觉得这个人做事很积极啊,然后就会经常用他,对他产生信任,这样团队里面的领导和成员的信任关系也不太一样。	B-2-1 平时处的关系 B-2-2 私人和工作关系 B-2-3 比较活跃 B-2-4 口头表达能力 B-2-5 能力比别人强 B-2-6 领导觉得这人不错 B-2-7 表现积极 B-2-8 产生信任 B-2-9 领导-成员信任关系

注:本表根据访谈内容整合和分析而成。

表4　　　　　　　　　　**被研究对象 B-4 的开放性初始编码示例**

原始资料	开放式编码
	初始代码
为了实现整个团队的目标，我们领导是会面向团队成员进行授权的，因为他自己一个人搞不定啊（笑）。但是他对每个人授权的授权程度不太一样，有些人可能和他关系好一些吧，他的授权可能就多一些，就像我们团队有的人，和领导之前是同事，那肯定就关系好啊，对他授权也多一些。还有些人在领导面前表现地很积极，领导说什么，他就说："领导，您说的是。"所以领导也对他授权很多啊。	B-4-1 实现团队目标 B-4-2 向团队成员授权 B-4-3 授权程度不太一样 B-4-4 和领导关系的差异 B-4-5 同事关系 B-4-6 表现的积极程度差异 B-4-7 迎合领导 B-4-8 授权更多

注：本表根据访谈内容整理和分析而成。

2.4.2 聚焦编码

聚焦编码（Focused Coding）是编码的第二个主要阶段，而这一阶段的编码相较于第一阶段的开放式初始编码，具有更强的选择性、概念性和指向性（Glaser，1978）。根据卡麦兹（2009）的阐释，聚焦编码"意味着使用最重要或出现最频繁的初始代码，用大量的数据来筛选代码"，从而提取出核心类属。为了保证扎根理论分析的开放性，核心类属的提炼是在开放式初始编码中"自然涌现"的，需要具备"关联重要性"和"频繁重现性"两个主要特征。

基于"关联重要性"和"频繁重现性"两个重要特征，本研究将在开放式初始编码过程中提取的初始代码进行比较，从数据中萃取出与"追随者如何影响授权型领导"有关的核心概念。通过理论抽样和分析，对开放式初始编码中涌现的 697 个概念进行循环往复地比较、合并、分类，本研究形成了较为稳定的核心类属，详见表5。

表5　　　　　　　　　　**追随者如何影响授权型领导的聚焦编码结果**

核心类属	对初始代码的筛选与分类示例
领导部属关系	A-1-22 相互信任；A-2-26 同学关系；A-3-22 校友关系；B-2-1 平时处的关系；B-2-9 领导-成员信任关系；B-4-4 和领导关系的差异；B-4-7 迎合领导；C-1-35 师徒关系；D-2-20 拍领导马屁……
追随者能力	A-1-26 存在经验差异；A-1-36 技术牛人；A-2-33 更为专业；A-2-38 表现差异；A-3-30 可靠性；B-2-4 口头表达能力；B-2-5 能力比别人强；B-3-20 工作年限差异；C-1-40 技术存在差异；D-1-30 一点就通；D-1-40 更能干事；D-3-20 能力有差异；D-4-15 能够胜任……
追随者主动性	A-1-30 经常主动加班；A-2-30 喜欢揽事；B-1-30 有一颗积极进取的心；B-2-3 比较活跃；B-2-7 表现积极；B-3-30 不够上进；B-4-20 有野心；C-1-38 敢于出头；D-1-29 有担当；D-2-33 事业心很强；D-3-15 积极性问题……

注：本表根据访谈内容整理和分析而成。

在经过了开放式初始编码和聚焦编码之后，并对抽取的代码进行进一步的比较、合并和分析，同时通过整理和分析备忘录，本研究形成了以下 3 个假设：

H1：领导部属关系会正向影响授权型领导，即领导部属关系越好，领导对追随者的授权赋能行为越多；

H2：追随者主动性会正向影响授权型领导，即追随者主动性越强，领导对追随者的授权赋能行为越多；

H3：追随者能力会正向影响授权型领导，即追随者能力越强，领导对追随者的授权赋能行为越多。

为了更清晰地描绘扎根理论分析所获得的构思模型，本研究绘制图 1。

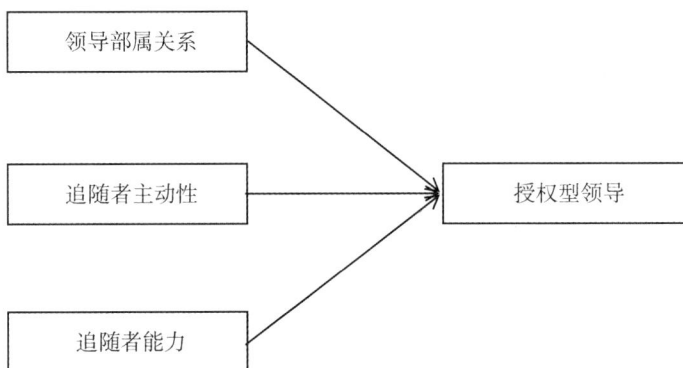

图 1　基于扎根理论分析建构的追随者影响授权型领导的因素模型

3. 问卷调查分析

基于扎根理论的定性研究分析采用的是理论抽样的方式，因此较难将其研究结论进行扩展。为了进一步对定性研究阶段浮现的理论模型进行检验，同时向其他样本推广扎根理论分析的研究构思（Morgan，1998），本研究采用问卷调查分析来进一步验证追随者的特征和行为表现如何影响授权型领导。

3.1　研究方法

3.1.1　研究样本

本研究选取了中部某重点高校商学院的在职 MBA 学员及其直接上司作为调研对象。调研分两阶段进行，第一阶段请 MBA 学员将本研究团队所设计的调查问卷带给其直接上级，由其直接上级评价该 MBA 学员的主动性、绩效，以及领导部属关系；第二阶段在间隔一个月之后进行，研究者在课堂上请 MBA 学员评价了直接上级的授权型领导，同时填答了基本信息。本研究第一阶段共计发放直接领导填答问卷 268 份，回收有效问卷 203

份，回收率为 75.75%；第二阶段发放追随者填答问卷 203 份，回收有效问卷 199 份，回收率为 98.03%；两阶段合并回收率为 74.25%。在 199 名追随者样本中，平均年龄为 30.23 岁(标准差 = 4.85)，平均工龄为 6.35 年(标准差 = 5.61)，男性占 59.80%，且 100% 的样本具有大专及以上学历。而在 199 名领导样本中，平均年龄为 36.79 岁(标准差 = 7.18)，本岗位任职的平均时间为 3.19 年(标准差 = 2.31)，男性占 64.80%，95% 的样本具有大专及以上学历。

3.1.2 变量的测量

本研究所使用的量表均由英文原版量表翻译而成。研究人员根据 Brislin (1980) 的翻译—回译步骤将英文量表翻译成中文量表，以确保中文量表能够准确地反映原英文量表的含义。本研究所使用的变量除授权型领导采用李克特 7 点制量表计分(1 = 非常不同意，4 = 不确定，7 = 非常同意)外，其余变量均采用李克特 5 点制量表计分(1 = 很不同意，3 = 不确定，5 = 很同意)。

授权型领导。本研究中授权型领导的测量采用了 Ahearne(2005)等人开发的授权型领导量表，该量表已经成功运用于中国情境的研究中(如 Zhang & Bartol，2010)。该量表具有 12 个题项，代表题项为"我的领导和我共同制定很多决策"。该量表在本研究中的 Cronbach α 系数为 0.91。

领导部属关系。本研究中领导部属关系的测量采用了 Scandura 和 Graen (1984) 开发的领导部属关系量表，并将题项作适当修改。该量表共有 7 个题项，代表题项为"我和该下属很合拍"。该量表在本研究中的 Cronbach α 系数为 0.88。

追随者主动性。在本研究中，追随者的主动性测量采用了 Bateman 和 Crant (1993) 开发的包含 4 个题项的主动性量表，并将题项作适当修改。代表题项为"该下属只要坚持一件事，不管有什么困难，他/她都会实现它"。该量表在本研究中的 Cronbach α 系数为 0.78。

追随者能力。为了反映追随者的能力，本研究选择了个体绩效作为衡量指标，而个体绩效的测量采用了 Farh，Hackett 和 Liang (2007) 所使用的 3 个题项的个体绩效量表。代表题项为"该下属的工作质量很优异"。该量表在本研究中的 Cronbach α 系数为 0.90。

3.2 分析结果

3.2.1 变量区分效度的验证性因子分析

本研究首先运用 Amos 20.0 软件对授权型领导、领导部属关系、主动性和个体绩效的区分效度进行检验。与以往的研究一致(如 Zhang & Bartol，2010)，在进行验证性因子分析之前，我们将授权型领导按四个维度(即增强工作的意义感、增加参与决策的机会、向团队成员表达能够取得高绩效的信心以及增强工作自主性)进行打包(Packing)。结果如表 6 所示，从表 6 中我们可以看出，四因子模型相较于其他几个备择模型，对于数据的拟合效果较好，说明本研究的变量之间区分效度良好。

表 6 　　　　　　　　　　　　验证性因子分析结果（$N=199$）

模型	χ^2	df	χ^2/df	CFI	TLI	RMSEA
零模型	2010.26	153				
四因子模型	252.18	129	1.96	0.93	0.92	0.07
三因子模型	330.50	132	2.50	0.89	0.88	0.09
两因子模型	454.87	134	3.40	0.83	0.80	0.11
单因子模型	829.33	135	6.14	0.63	0.58	0.16

注：四因子模型：授权型领导，领导部属关系，主动性，个体绩效；

　　三因子模型：授权型领导+领导部属关系，主动性，个体绩效；

　　两因子模型：授权型领导+领导部属关系+主动性，个体绩效；

　　单因子模型：授权型领导+领导部属关系+主动性+个体绩效。

3.2.2 相关分析

本研究进行了相关分析，详见表 7。从表 7 中可以看出，领导部属关系（$r=0.72$，$p<0.01$）、追随者主动性（$r=0.45$，$p<0.01$）和追随者能力（$r=0.20$，$p<0.01$）均与授权型领导存在显著的正相关关系。

表 7　　　　　　　　　　　　相关分析结果（$N=199$）

变量	平均值	标准差	1	2	3	4
1 领导部属关系	3.71	0.55	(0.88)			
2 追随者主动性	3.38	0.65	0.41**	(0.78)		
3 追随者能力	3.84	0.62	0.09	0.12	(0.90)	
4 授权型领导	3.78	0.51	0.72**	0.45**	0.20**	(0.91)

注：＊表示 $p<0.05$，＊＊表示 $p<0.01$；括号内为相应变量的信度。

3.2.3 回归分析

为了进一步检验基于扎根理论分析建构的影响因素模型，本研究进行了线性回归分析，详见表 8。从表 8 中的模型 1 可以看出，线性回归分析和相关分析的结果一致，领导部属关系（$\beta=0.33$，$p<0.001$）、追随者主动性（$\beta=0.09$，$p<0.001$）和追随者能力（$\beta=0.06$，$p<0.05$）均对授权型领导存在显著的正向影响。

表 8　　　　　　　　　　　　回归分析结果（$N=199$）

变量	授权型领导
	模型 1
截距项	3.78

变量	授权型领导
	模型 1
领导部属关系	0.33***
追随者主动性	0.09***
追随者能力	0.06*
R^2	0.55

注：*表示 $p<0.05$，***表示 $p<0.001$。

3.2.4 优势分析

为了更好地指导追随者如何获得授权型领导更多的垂青，本研究在扎根理论析出和回归分析检验追随者的领导部属关系、主动性和能力对授权型领导影响效果的基础上，期望进一步通过优势分析探讨上述追随者的特征和行为表现哪一项对获得领导授权赋能行为更重要。优势分析在组织行为学的研究中已经获得了广泛的认可（Budescu，1993；李超平、时勘，2005；谢宝国、龙立荣，2006），具体分析过程可以见 Budescu（1993）以及谢宝国和龙立荣（2006），本文受篇幅限制不再赘述。本研究的优势分析如表 9 所示。

表 9　　　　　　　　　　优势分析：各预测变量的增值贡献

模型中的预测变量	R^2	增值贡献（ΔR^2）		
		X_1	X_2	X_3
空集或当 $K=0$ 时，平均贡献	0	0.51	0.20	0.04
领导部属关系（X_1）	0.51	—	0.03	0.02
追随者主动性（X_2）	0.20	0.34	—	0.02
追随者能力（X_3）	0.04	0.49	0.18	—
$K=1$ 时，平均贡献	—	0.42	0.11	0.02
领导部属关系（X_1）+追随者主动性（X_2）	0.54	—	—	0.01
领导部属关系（X_1）+追随者能力（X_3）	0.53	—	0.02	—
追随者主动性（X_2）+追随者能力（X_3）	0.22	0.33	—	—
$K=2$ 时，平均贡献	—	0.33	0.02	0.01
领导部属关系（X_1）+追随者主动性（X_2）+追随者能力（X_3）	0.55	—	—	—
总平均贡献	—	0.42	0.11	0.02

注：K 为进入回归方程中的预测变量个数。

从表 9 中可以发现，领导部属关系完全优势于追随者主动性和追随者能力，而追随者主动性完全优势于追随者能力，因此可以进一步进行优势定量分析。根据优势定量分析，领导部属关系占已知方差的 76.36%，追随者主动性占已知方差的 20%，而追随者能力只占已知方差的 3.64%。这一结果直观地表明，在预测授权型领导时，领导部属关系最重要，其次为追随者主动性，再次为追随者能力。

4. 研究结果与讨论

本研究基于扎根理论分析和问卷调查分析，相互配合、互为补充地深入探索了追随者的特征和行为表现如何影响授权型领导。研究结果显示追随者与领导的关系（领导部属关系）、追随者的主动性和能力均会正向影响授权型领导，其中，领导部属关系影响作用最大，追随者主动性次之，追随者能力的影响相对较小。

4.1 理论贡献

本研究对现有文献存在两个方面的理论贡献。首先，本研究扩展了授权型领导的前因变量研究。以往研究已经广泛证实授权型领导对团队、组织绩效以及个体态度与行为存在正面影响（Ahearne et al.，2005；Carmeli et al.，2011；Lorinkova et al.，2013；Martin et al.，2013；Srivastava et al.，2006；Yun et al.，2005；林晓敏等，2014；王永丽等，2009；Lorinkova & Perry，2017；Biemann et al.，2015；易健等，2014），然而现有研究却较少探讨影响授权型领导的因素。在为数不多探讨授权型领导前因变量的研究中，研究者主要关注从领导者自身的认知（张文慧、王辉，2009；杨英等，2010）、价值观（张文慧、王辉，2009；刘文兴等，2012）和工作特征（刘文兴等，2012）等角度切入探讨领导为何要授权，而尚无研究从追随者的特征和行为表现切入探究追随者如何赢得领导更多的授权赋能行为。鉴于此，本研究响应 Sharma 和 Kirkman（2015）进一步开展授权型领导前因变量研究的呼吁，深入探究了追随者自身的特征和行为表现是否会影响授权型领导。研究结果发现追随者的领导部属关系、主动性和能力均会影响领导的授权赋能行为，且领导部属关系的影响最重要，而追随者主动性和能力的影响效果相对较小。上述研究发现丰富了授权型领导的前因变量研究。

其次，本研究扩展了追随力的相关研究。以往领导力的文献主要关注于领导中心性的研究，长期以来将追随者置于从属、被动和消极的地位，忽略了追随者在领导过程中发挥的主动作用（Gilbert & Matviuk，2008）。目前，已经有越来越多的学者呼吁开展追随力的研究（Bjugstad，Thach，Thompson，et al.，2006；Wee，Liao，Liu，et al.，2017），然而目前相关研究还比较匮乏，且多数研究主要停留在思辨水平，相应的实证研究尚不丰富（原涛、凌文辁，2010）。本研究响应相关学者的呼吁，从追随者自身特征和行为表现的角度切入探讨其如何影响领导的授权赋能行为，丰富了授权型领导领域追随力方面的研究，并为今后其他领导理论进行追随力研究提供了范式和借鉴。

4.2 实践建议

本研究发现追随者的领导部属关系、主动性和能力均会正向影响领导的授权赋能行为。据此，本研究对追随者有以下四点实践建议：首先，如果追随者期望获得授权型领导的青睐，则应该加强和领导的交换关系。具体而言，从领导和追随者形成部属关系之后，追随者就应该尽全力完成领导交办的任务和工作，其中，第一项任务和工作尤为重要。根据领导部属关系理论，第一项任务和工作的结果会影响领导今后对追随者提供更多的任务和工作机会。而在一系列的工作和任务完成之后，领导会根据完成情况与追随者形成内外有别、亲疏各异的领导部属关系。而追随者如果能够与领导建立良好的领导部属关系，则可以获得领导更多的授权赋能。其次，追随者应该提高个人的主动性，而不应仅仅做一个被动响应者。具体而言，追随者可以更多地主动承担任务，在工作任务中更多地提供自己的意见和建议，多向领导寻求其工作成效的反馈和改进建议。当领导感知到了追随者的主动性之后，就可能会给予其更多授权赋能。再次，追随者应该提升自身的能力。具体而言，追随者可以加强自己的业务素养、专业技能、领域知识，让领导觉得可以对其进行授权赋能。最后，通过优势分析发现，上述影响因素中，领导部属关系的影响最重要，追随者的主动性次之，追随者的能力相对而言影响最小。因此，"酒香还怕巷子深"，追随者在提升自身能力的同时，更关键的是要在领导面前主动展现，与领导建立良好的交换关系，这样才更有可能获得授权型领导的垂青。

4.3 研究局限与展望

本研究虽然分两个时间点、两个来源收集了相应变量的数据，然而仍旧不能解决变量之间因果性的问题。不过本研究基于扎根理论详尽和扎实的分析之后所得出的理论模型一定程度上能够避免因果关系倒置的情况。未来希望相关研究能够采用纵向研究设计或实验研究设计来进一步验证本研究的结论。

◎ 参考文献

[1]陈向明. 质的研究方法与社会科学研究 [M]. 北京：教育科学出版社，2000.

[2]克雷斯威尔. 研究设计与写作指导：定性，定量与混合研究的路径 [M]. 重庆：重庆大学出版社，2007.

[3]卡麦兹. 建构扎根理论：质性研究实践指南 [M]. 重庆：重庆大学出版社，2009.

[4]李超平，时勘. 变革型领导的结构与测量 [J]. 心理学报，2005，37(6).

[5]李绍龙，龙立荣，朱其权. 同心求变：参与型领导对员工主动变革行为的影响机制研究[J]. 预测，2015，34(3).

[6]刘文兴，廖建桥，黄诗华. 不确定性规避，工作负担与领导授权行为：控制愿望与管理层级的调节作用 [J]. 南开管理评论，2012(5).

[7]林晓敏，林琳，王永丽，等. 授权型领导与团队绩效：交互记忆系统的中介作用 [J]. 管理评论，2014，26(1).

[8]王永丽，邓静怡，任荣伟. 授权型领导，团队沟通对团队绩效的影响 [J]. 管理世界，2009 (4).

[9]谢宝国，龙立荣. 优势分析方法及其应用 [J]. 心理科学，2006，29(4).

[10]易健，关浩光，杨自伟. 授权型领导对员工家庭生活质量的影响 [J]. 外国经济与管

理，2014，36(9).

[11]尹俊，王辉，黄鸣鹏. 授权赋能领导行为对员工内部人身份感知的影响：基于组织的自尊的调节作用 [J]. 心理学报，2012，44(10).

[12]原涛，凌文辁. 追随力研究述评与展望 [J]. 心理科学进展，2010，18(5).

[13]杨英，龙立荣，周丽芳. 授权风险考量与授权行为：领导—成员交换和集权度的作用 [J]. 心理学报，2010，42(8).

[14]张文慧，王辉. 长期结果考量，自我牺牲精神与领导授权赋能行为：环境不确定性的调节作用 [J]. 管理世界，2009(6).

[15]周文杰，宋继文，李浩澜. 中国情境下追随力的内涵，结构与测量 [J]. 管理学报，2015，12(3).

[16]Ahearne，M.，Mathieu，J.，Rapp，A. To empower or not to empower your sales force？An empirical examination of the influence of leadership empowerment behavior on customer satisfaction and performance [J]. *Journal of Applied Psychology*，2005，90(5).

[17] Bateman，T. S.，Crant，J. M. The proactive component of organizational behavior：A measure and correlates [J]. *Journal of Organizational Behavior*，1993，14(2).

[18] Biemann，T.，Kearney，E.，Marggraf，K. Empowering leadership and managers' career perceptions：Examining effects at both the individual and the team level [J]. *The Leadership Quarterly*，2015，26(5).

[19]Bjugstad，K.，Thach，E. C.，Thompson，K. J.，et al. A fresh look at followership：A model for matching followership and leadership styles [J]. *Journal of Behavioral and Applied Management*，2006，7(3).

[20] Brislin，R. W. Translation and content analysis of oral and written materials [A]. In Triandis，H. C.，Berry，J. W. Eds. *Handbook of Crosscultural Psychology* [C]. 1980.

[21] Budescu，D. V. Dominance analysis：A new approach to the problem of relative importance of predictors in multiple regression [J]. *Psychological Bulletin*，1993，114(3).

[22]Carmeli，A.，Schaubroeck，J.，Tishler，A. How CEO empowering leadership shapes top management team processes：Implications for firm performance [J]. *The Leadership Quarterly*，2011，22(2).

[23] Cooper，D. R.，Emory，C. W. *Business Research Methods* [M]. Chicago：Richard，D. Irwin. Inc，1995.

[24] Corbin，J. M.，Strauss，A. Grounded theory research：Procedures，canons，and evaluative criteria [J]. *Qualitative Sociology*，1990，13(1).

[25]Farh，J. L.，Hackett，R. D.，Liang，J. Individual-level cultural values as moderators of perceived organizational support-employee outcome relationships in China：Comparing the effects of power distance and traditionality[J]. *Academy of Management Journal*，2007，50(3).

[26]Gao，L.，Janssen，O.，Shi，K. Leader trust and employee voice：The moderating role of empowering leader behaviors [J]. *The Leadership Quarterly*，2011，22(4).

[27] Gilbert, J. , Matviuk, S. The symbiotic nature of the leader-follower relationship and its impact on organizational effectiveness [J]. *Academic Leadership Journal*, 2008, 6(4).

[28] Glaser, B. G. *Theoretical sensitivity*: *Advances in the methodology of grounded theory* [M]. Sociology Press, 1978.

[29] Glaser, B. G. *Doing grounded theory*: *Issues and discussions* [M]. Sociology Press, 1998.

[30] Glaser, B. G. , Strauss, A. *The discovery of grounded theory*: *Strategies for qualitative research* [M]. Chicago: Aldine, 1967.

[31] Glaser, R. Instructional psychology: Past, present, and future [J]. *American Psychologist*, 1982, 37(3).

[32] Li, N. , Chiaburu, D. S. , Kirkman, B. L. Cross-level influences of empowering leadership on citizenship behavior: Organizational support climate as a double-edged sword [J]. *Journal of Management*, 2017, 43(4).

[33] Li, S. L. , He, W. , Yam, K. C. , et al. When and why empowering leadership increases followers' taking charge: A multilevel examination in China [J]. *Asia Pacific Journal of Management*, 2015, 32(3).

[34] Lorinkova, N. M. , Pearsall, M. J. , Sims, H. P. Examining the differential longitudinal performance of directive versus empowering leadership in teams [J]. *Academy of Management Journal*, 2013, 56(2).

[35] Lorinkova, N. M. , Perry, S. J. When is empowerment effective? The role of leader-leader exchange in empowering leadership, cynicism, and time theft [J]. *Journal of Management*, 2017, 43(5).

[36] Martin, S. L. , Liao, H. , Campbell, E. M. Directive versus empowering leadership: A field experiment comparing impacts on task proficiency and proactivity [J]. *Academy of Management Journal*, 2013, 56(5).

[37] Morgan, D. L. Practical strategies for combining qualitative and quantitative methods: Applications to health research [J]. *Qualitative Health Research*, 1998, 8(3).

[38] Morse, J. M. Approaches to qualitative-quantitative methodological triangulation [J]. *Nursing Research*, 1991, 40(2).

[39] Scandura, T. A. , Graen, G. B. Moderating effects of initial leader-member exchange status on the effects of a leadership intervention [J]. *Journal of Applied Psychology*, 1984, 69(3).

[40] Sharma, P. N. , Kirkman, B. L. Leveraging leaders: A literature review and future lines of inquiry for empowering leadership research [J]. *Group & Organization Management*, 2015, 40(2).

[41] Srivastava, A. , Bartol, K. M. , Locke, E. A. Empowering leadership in management teams: Effects on knowledge sharing, efficacy, and performance [J]. *Academy of Management Journal*, 2006, 49(6).

[42] Wee, E. X. M. , Liao, H. , Liu, D. , et al. Moving from abuse to reconciliation: A

power-dependency perspective on when and how a follower can break the spiral of abuse [J]. *Academy of Management Journal*, 2017.

[43] Yun, S., Faraj, S., Sims, H. P. Contingent leadership and effectiveness of trauma resuscitation teams [J]. *Journal of Applied Psychology*, 2005, 90(6).

[44] Zhang, X., Bartol, K. M. Linking empowering leadership and employee creativity: The influence of psychological empowerment, intrinsic motivation, and creative process engagement [J]. *Academy of Management Journal*, 2010, 53(1).

How Do Followers Get More Empowerment from Supervisors: A Mixed Methods Study

Li Shaolong[1]   Sun Fang[2]   Zhu Si[3]

(1, 3 Economics and Management School of Wuhan University, Wuhan, 430072;

2 BeiJing DaoWoo Technology Co., Ltd, Wuhan, 430070)

Abstract: The rapidly changing business environment makes it impossible for leaders to achieve organizational goals simply by his or her own experience and ability. Hence, empowering leadership has received tremendous attention from practitioners and scholars because it can induce the devotion of followers. Although the positive influences of empowering leadership on followers and organizations have been widely testified, the extant literature of empowering leadership's antecedents is limited. And no research has explored the role of followership in promoting empowering leadership. Based on grounded theory analysis, this research has built a model to investigate the relationship between followership and empowering leadership, which has also been verified by another survey study of this research. The results showed that the follower's leader-member exchange, proactivity, and ability was influential to empowering leadership. In addition, dominance analysis has found that the follower's leader-member exchange was the most important for attaining more empowerment, while follower's proactivity and ability was less important.

Key words: Empowering leadership; Followership; Leader-member exchange; Proactivity; Ability

专业主编：陈立敏

精神型领导对知识共享的影响：
内部人身份感知的中介作用[*]

● 王华强[1]　丁志慧[2]　刘文兴[3]

（1 长江大学管理学院　荆州　434023；
2 中南财经政法大学公共管理学院　武汉　430073；
3 中南财经政法大学工商管理学院　武汉　430073）

【摘　要】虽然有不少学者关注领导风格对员工知识共享的影响，但对精神型领导如何影响员工知识共享还缺乏充分认识。本研究基于精神型领导因果模型构建了精神型领导与知识共享关系的模型框架，通过 204 套员工与主管配对样本的问卷调查，探讨精神型领导与知识共享的关系以及两者之间的中介变量。研究结果表明：精神型领导的愿景、希望/信念、利他之爱三维度正向影响知识共享；内部人身份感知部分中介精神型领导的利他之爱维度与知识共享的关系。

【关键词】精神型领导　知识共享　内部人身份感知

中图分类号：F271.4　　　　文献标识码：A

1. 问题提出

自 2008 年金融危机爆发以来，全球经济陷入低谷，大量企业产能过剩，竞争活力下降，因此，企业必须增强竞争优势，提高组织绩效以应对当前的挑战。与此同时，我国正全面推进建设创新型国家，企业面临转型升级，管理者必须突破传统思维，推动组织创新。因此，如何提高组织绩效和创新能力，获取竞争优势已成为当前形势下管理者需要思考的关键问题。著名管理学家彼得·德鲁克指出，知识已经成为一个支配性因素和关键性的经济资源，或许也是唯一的比较优势的来源（彼得·德鲁克，1995）。伴随着信息技术的发展和知识经济时代的到来，知识共享是提高组织绩效（Gloet&Terziovski，2004；Collins &Smith，2006；顾琴轩，傅一士，2009；李圭泉等，2014）和创新能力（张鹏程等，2011；Lu et al.，2006）、获取竞争优势（赵书松，2013；Lu et al.，2006）的重要途径。因此，管理者必须努力消除知识共享的障碍，采取积极有效的领导方式，促进员工分享所拥有的知识、经验和技术，降低组织成员获取知识的成本，提高组织竞争力。

---

* 通讯作者：王华强，yangtzejz@ 163. com。

关于知识共享的定义，Bartol 等学者（2009）认为，知识共享是以实现组织目标为目的的组织成员间知识交流和知识转移的过程，同时也是整合组织知识和他人知识的过程。通过对过去文献的梳理与回顾，学者们尝试从不同的视角探讨知识共享的影响因素，主要归纳为知识共享主体、知识共享客体、知识共享手段及知识共享情境等因素（曹兴等，2010）。事实上，员工作为知识共享主体，其知识共享行为更易受到员工内心的意愿和动机的影响（Baldwin & Ford，1988；Hendriks，1999），而管理者在组织中拥有较多的话语权和资源支配权，在与员工的互动中占据支配地位，其领导风格和行为方式对员工知识共享的意愿和动机会产生较大的影响（李锐等，2014）。因此，领导因素作为一种重要的组织情景因素，学者们尤其关注其对员工知识共享行为带来的影响。

近几年的学者探讨了领导风格如魅力型领导（张鹏程等，2011）、变革型领导（李圭泉等，2014）、自我牺牲型领导（李锐等，2014）等对知识共享的影响，然而，随着组织环境的巨大变化和领导理论的发展，工作场所领导的精神信念和价值观对员工的角色外行为的影响也引发了学者们的极大关注。精神型领导是美国学者 Fry 提出的新领导理论，该理论把领导力（Leadership）、精神性（Spirituality）及意义感（Meaning of life）联系在一起，认为上级领导应通过满足下属对于获得生命意义感、精神性存在等方面的需求来实现领导的有效性（Fry，2003；Fry，Krige，Wo，2005）。学者 Bento 指出，精神型领导风格不仅可以激发员工的创造力及内在动力，还可以使员工在遇到困难时表现得更有韧性（Bento，1994）。学者们的研究还发现，精神型领导对员工的生产率（Fry et al.，2009）、职业发展（杨付等，2014）及主观幸福（Fry et al.，2008）会产生积极影响，甚至有学者断言，精神型领导是领导者和组织成功的唯一路径（Cacioppe，2000）。尽管目前学术界对精神型领导给员工带来的积极效应进行了一些有益的探索，但仍然是以理论探讨为主（杨付等，2014；唐铮等，2014），缺乏相应的实证研究（张军成，凌文辁，2011；邓志华，2016），尤其是中国情境下的实证研究比较欠缺。因此，在中国改革创新、多元开放的社会转型时期，精神型领导会不会激发员工的知识共享行为，以及如何激发员工的知识共享行为，仍然是一个有待研究的问题。

基于精神型领导的三维度因果模型（Fry，2003），我们知道，精神型领导是一种独特而有效的领导方式，该领导方式是通过愿景、信念的激励，使下属能产生使命感和成员身份感知而获得精神存在感的一种领导方式，管理者通过激发下属产生组织成员感、归属感、使命感的认知（Fry，2003；邓志华，2016），从而产生更强的能动性和积极性，最终取得对组织有益的工作结果。因此，本文根据精神型领导的因果模型，选取内部人身份感知为中介，探讨精神型领导对员工知识共享的影响机制，研究模型如图 1 所示。

2. 研究假设

2.1 精神型领导与员工知识共享

员工与组织内其他成员分享、交流关于工作方面的经验、想法、建议等行为被学者称为知识共享行为（Srivastava et al.，2006）。研究表明，精神型领导会以自身的价值观、态

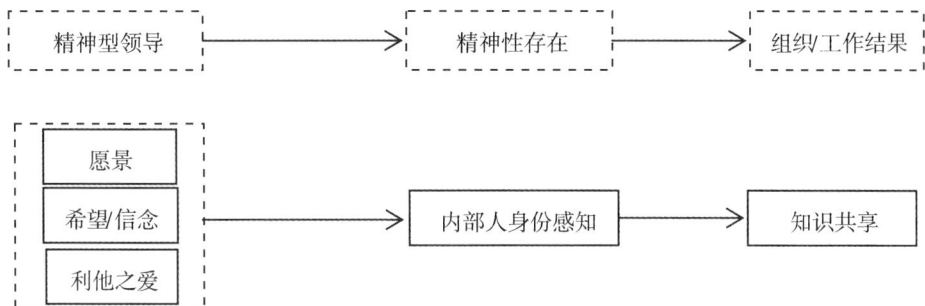

图 1　研究模型

度和行为激发员工的工作热情,对员工的行为产生积极的影响(Fry, Krige, Wo, 2005)。我们认为,精神型领导的三个维度"愿景"、"希望/信念"和"利他之爱"(Fry, 2003)都有助于激发员工的知识共享行为。第一,对愿景的认同会促进员工的知识共享行为。精神型领导善于通过描绘企业的美好前景来激励员工,关于企业的明确规划可以给员工提供可识别的、富有想象力的未来远景。基于目标导向理论,我们认为,当上级领导给员工树立的目标是富有激情且十分明确的目标时,愿景目标就会激发员工的积极心态和较强的行为动机,也会对自己在组织中的工作目标更加认同,下属便会依据上级确立的目标向前推进,因此,员工会在组织中奉献自己的知识给团队的其他成员,以便更好的实现组织目标。第二,积极的信念或希望会促进员工的知识共享行为。精神型领导可以利用积极的信念帮助下属树立对自己未来发展及对组织发展的信心,因而员工会备受鼓舞,精神振奋,内心充满力量,进而产生对生活及工作的积极意义(Chin-Yi et al., 2012),因此,员工更乐意在充满希望的组织中分享自己的经验和想法。第三,上级领导的关爱会激发员工的知识共享行为。精神型领导无私的给予下属关怀和照顾,员工会感受到自己在组织中的归属感和存在价值感(Fry, 2003)。根据社会学习理论的观点,我们认为上级主管给予他人关爱的行为给员工做出了表率,因而会引发下属的积极效仿,从而激发员工的奉献精神。由于知识共享属于角色外行为(赵书松、廖建桥,2013),具有奉献精神的员工更愿意分享知识给他人。研究表明,精神型领导能够显著预测员工角色内绩效、角色外绩效(Chin-Yi et al., 2012)和主动行为(杨振芳等,2016)。根据上面的论述,我们提出如下假设:

H1a:精神型领导的"愿景"维度显著正向影响知识共享。

H1b:精神型领导的"希望/信念"维度显著正向影响知识共享。

H1c:精神型领导的"利他之爱"维度显著正向影响知识共享。

2.2　精神型领导与员工内部人身份感知

内部人身份感知作为衡量组织与成员关系的一个新的角度,是 Stamper 和 Masterson 在 2002 年首先提出的一个概念,它描述了员工在多大程度上认为自己是组织的内部人。事实上,内部人身份感知是员工从自我感受的角度去判断他在该组织中相对而言的地位,并不是指员工获得的正式职位，更多的是对非正式地位的感知。作为员工的一种心理状态和在组织中的可靠情感，内部人身份意味着自己在组织中的影响力、威望以及是否受组织支持。过去的研究表明，员工的内部人身份感知的产生与上下级互动质量及领导的支持密切相关（尹俊等，2012；汪林等，2009）。在组织情景中，员工往往从组织环境以及与他人互动中获得信息，而上级领导是组织中能对员工产生影响的重要他人。尹俊等人（2012）认为领导的信任和认可也会增加员工的内部人身份感知。因此，领导的行为方式、价值观及与员工的互动在一定程度上会影响员工的内部人身份感知。

我们认为，精神型领导作为一种能使他人认同使命和成员身份且以自身的价值观、态度和行为来影响员工的领导方式（Fry，2003），会对员工的内部人身份感知产生积极正向的影响。首先，精神型领导通常会结合组织实际情况，规划并制定积极的、可行的组织愿景，并清晰的描绘给组织成员，使下属能明白其工作意义所在，并邀请下属作为组织中的一员积极参与其中，承担起实现组织愿景的使命。当下属感知到能为组织做有意义的工作时，会产生更高水平的内部人身份感知（Armstrong & Schlosser，2011）。其次，精神型领导在带领大家实现组织愿景的过程中，对目标坚定不移的信念传达的是对组织的一种信心和实现愿景的一种把握，可以激发员工的士气，使员工积极参与到实现组织愿景的工作中来，形成领导和员工打成一片的工作氛围，而领导代表着组织利益，也即意味着员工和组织相互依靠，紧密相连。因此，员工会感知到自己是完全融入组织的"内部人"。最后，精神型领导的利他之爱能增加员工的内部人身份感知。一方面，精神型领导对组织成员的亲近、关切、扶助等利他之爱，能使员工感受到来自领导的尊重、理解和重视，员工在被关怀和重视的氛围中，会产生对组织的归属感和认同感（汪林等，2009），即产生内部人身份感知；另一方面，精神型领导的利他行为也会提升与下属的互动质量，这种高质量的上下级关系实际上会向下级传递很多积极的信息，如上级（或组织）对下属的能力和价值很认可、对下级的表现很满意等（Gardner et al.，2004；Pierce & Gardner，2004），员工随之也会产生积极的认知，会认为自己不仅是组织的一个普通个体，而且更是与组织利益和命运密切相关的内部人。由此，我们可以得到如下假设：

H2a：精神型领导的"愿景"维度显著正向影响员工的内部人身份感知。

H2b：精神型领导的"希望/信念"维度显著正向影响员工的内部人身份感知。

H2c：精神型领导的"利他之爱"维度显著正向影响员工的内部人身份感知。

2.3 内部人身份感知的中介作用

过去的学者关于领导风格/行为对员工行为的影响机制研究表明，领导风格/行为并不直接作用于下属的行为，而是通过影响下属的认知、动机和态度等方式间接作用于下属的行为（汪林等，2009；Wang et al.，2005）。有研究指出，内部人身份感知对员工工作行为的影响主要表现在员工的角色外行为（丁道韧等，2017；王永跃等，2015），这类行为主观性较强，属于员工自主决策的行为，易受员工个人想法变化的影响，因而我们推断内部地位感知在精神型领导和知识共享之间起中介作用。精神型领导向员工表达了共同的使命、价值观、信任、关怀和认可，满足了员工的情感和精神性需要，会激发员工的内部人身份感知，而员工一旦感知到组织的"内部人"身份，就会把这种感知内化到自我概念中，形成一种"主人翁"的自我认知。美国心理学家 W. J. 麦克盖尔提出的认知相符理论认为，一个理性的人在生活、学习和工作中总是自觉不自觉地把自己的外部行为和内部状态维持一致，以达到逻辑上的和谐统一，并用这种一致性来维护自己的理性形象。根据认知相符理论，我们认为如果员工感知到了自己的组织"内部人"身份，那么这种认知将使员工倾向以符合"内部人"身份的状态投入组织工作，将维护组织的有效运作和推动组织的发展视为己任，而知识共享行为正是员工承担"主人翁"责任的一种具体的表现。实证研究表明，当员工将自己定义为组织的一分子时，将表现出更多的集体行为和利他行为(王雁飞等，2014)，如积极配合其他组织成员的工作(Armstrong & Schlosser，2011；Fankhraddin，2014)，主动分享自己的经验和想法(Hendriks，1999；俞明传等，2014)等。屠兴勇等人(2017)也指出，员工一旦感知到自己是组织的内部人，就会产生强烈的归属感，因而更乐意为组织主动付出。李燕萍等人(2017)通过实证研究表明，内部人身份感知对员工的建言行为具有正向影响。Hendriks(1999)的研究表明，工作责任、被认可等动机会直接促进个体的知识共享行为。由此，我们提出如下假设：

H3a：内部人身份感知在精神型领导的"愿景"与知识共享之间起中介作用。

H3b：内部人身份感知在精神型领导的"希望/信念"与知识共享之间起中介作用。

H3c：内部人身份感知在精神型领导的"利他之爱"与知识共享之间起中介作用。

3. 研究方法

3.1 样本说明

由于本文研究精神型领导对员工知识共享行为的影响，因此，将知识型员工确定为主要研究对象，选择在荆州、武汉两地的 16 家高新技术企业发放问卷，涉及汽车、化工、能源、IT 等行业。首先，通过拜访荆州、武汉两地的高新技术开发区管理委员会获取企业的名单及企业接洽人的联系方式；随后，我们与调研企业进行联系，介绍本次调研的目的，并对调研方式进行协商和沟通。最后，获得负责人的同意和支持后，确定调研的具体时间、地点和问卷填写的要求以及问卷回收的时间。

为了确保数据的真实性和有效性，本研究通过主管—员工匹配的方式来获取数据，其中精神型领导和内部人身份感知由员工进行报告(员工问卷)；下属的知识共享行为由主管来完成评价(主管问卷)。本研究的工作人员通过对员工问卷和主管问卷进行对应编码的方式发放问卷，以方便在后面的问卷收集时明确上下级配对关系。本调查历时 20 天，从 2016 年 4 月 5 日开始，4 月 25 日结束，我们一共发放了 282 套问卷，最终收回了 235 套问卷，因主管问卷失效或员工问卷失效导致匹配失败的问卷为 31 套，最终有效问卷为 204 套，所有问卷的有效回收率为 72.3%。在被调查员工中，男性员工占 54.9%，女性员工占 45.1%；文化教育程度方面，大专以下学历所占比例为 4.9%，大专学历占 10.3%，本科学历占 40.7%，研究生及以上占 44.1%，比较符合知识型员工高学历的特征；从年龄方面来看，21～25 岁的员工占 19.6%，26～30 岁占 29.9%，31～35 岁 26.5%，36～40 岁占 18.1%，40 岁以上占 5.9%，可以看出，被调查员工基本上以中青年为主。

3.2 研究工具

本研究中涉及的三个变量的测量量表来自于西方文献，这些量表均得到了中国组织情景下的反复使用和检验。为了使中文版和英文版的表达一致，进一步确定量表内容的准确性，研究者按严格的翻译和回译流程对英文题项进行翻译和审核。问卷中的每个测量题项都采用 Likert 5 点计分法，1 到 5 分别表示为"非常不同意"到"同意"。

精神型领导。本研究中精神型领导的测量采用 Fry 等人（2005）开发的 17 个题项的测量量表，该量表已得到杨付等人（2014）、邓志华（2016）在中国组织情景下的验证，具有较好的信效度和适应性。该量表由愿景、希望或信念、利他之爱三个维度构成，在本研究中愿景、希望或信念、利他之爱的 Cronbach α 系数分别为 0.795、0.812、0.745。示例题项为"对下属很友善和体贴"、"对组织构建的愿景充满信心"等。

内部人身份感知。本研究采用 Stamper 和 Masterson 在 2002 年开发的测量量表，包括六个题项。示例题项如"我的组织使我感觉到我是属于这个组织的"等，该量表的 Cronbach α 系数为 0.862。

知识共享。本研究采用 Lin 在 2007 年编制的量表测量员工知识共享行为，该量表共包含 5 个题项，示例题项如"当我的同事需要我的经验和工作技巧时，我会与他们分享"等，该量表的 Cronbach α 系数为 0.831。

控制变量。根据以往相关研究的做法，我们把员工的年龄、性别、受教育程度、工龄等影响个体知识共享行为的变量列为控制变量。在本研究中，我们把员工的年龄分为 5 个类别，分别是 25 岁及以下、26～30 岁、31～35 岁、36～40 岁、41 岁及以；关于性别，男性员工用"0"来表示、女性员工用"1"来表示；工龄用具体数字表示；教育程度分为 4 个类别，分别是：大专以下表示为"1"，大专为"2"，本科为"3"，研究生及以上为"4"。

4. 数据分析

4.1 变量区分效度的验证因子分析

本研究采用 AMOS19.0 进行验证性因子分析，分析结果如表 1 所示，五因素模型的各项拟合指数（$X^2/df = 2.511$；NFI = 0.904；CFI = 0.917；TLI = 0.910；RMSEA = 0.064）明显优于其他四种模型。其他四种模型的情况：一因素模型是将利他之爱、愿景、希望/信念、知识共享以及内部人身份感知融合成一个因素；二因素模型是将利他之爱、愿景、希望/信念融合成一个因素，而知识共享以及内部人身份感知融合成一个因素；三因素模型是把利他之爱、愿景、希望/信念融合成一个因素；四因素模型把识共享与内部人身份感知融合成一个因素；从综合拟合指数的结果来看，五因素即愿景、希望/信念、利他之爱、内部人身份感知和知识共享的区分效度最佳。

表 1 概念区分效度的验证性因子分析结果

检验模型	χ^2	df	χ^2/df	NFI	CFI	TLI	RMSEA
单因子模型：YJ+HF+LA+IN+KS	984.2	121	8.134	0.469	0.578	0.619	0.332
二因子模型：YJ+HF+LA；IN+KS	1121.8	136	7.631	0.625	0.664	0.641	0.214
三因子模型：YJ+HF+LA；IN；KS	558.4	115	4.855	0.723	0.813	0.784	0.152
四因子模型：YJ；HF；LA；IN+KS	411.3	112	3.672	0.828	0.821	0.803	0.123
五因子模型：YJ；HF；LA；IN；KS	243.6	97	2.511	0.904	0.917	0.910	0.064

注：YJ 为愿景，HF 为希望/信念，LA 为利他之爱，KS 为知识共享，IN 为内部人身份感知，+表示融合。

4.2 本研究各变量的相关性分析

研究者对本研究中的变量进行了相关性分析，各个变量的平均值、标准差及相关系数如表 2 所示。结果表明愿景（$r=0.26$，$p<0.01$）、希望/信念（$r=0.19$，$p<0.01$）、利他之爱（$r=0.27$，$p<0.01$）与知识共享显著正相关；利他之爱与内部人身份感知显著正相关（$r=0.38$，$p<0.01$），愿景（$r=0.14$，$p>0.05$）、希望/信念（$r=0.11$，$p>0.05$）与内部人身份感知则没有显著相关性；内部人身份感知与知识共享呈显著正相关（$r=0.39$，$p<0.01$），研究假设 H1a、H1b、H1c、H2c 均得到了初步验证。

表 2 各变量的描述性统计和相关系数

因子	Mean	SD	1	2	3	4	5	6	7	8
1. 性别	0.45	0.47								
2. 年龄	1.82	0.68	-0.02							
3. 工龄	5.06	3.81	-0.02	0.53**						
4. 教育程度	3.24	0.87	-0.02	0.15	-0.32*					
5. 愿景	2.98	2.39	0.11	-0.03	0.06	0.09				
6. 希望/信念	3.11	1.85	0.03	-0.04	0.07	0.14	0.42**			
7. 利他之爱	3.05	2.13	0.05	-0.02	-0.02	0.08	0.46**	0.43**		
8. 内部人身份感知	3.19	2.08	0.02	0.07	0.15*	0.03	0.14	0.11	0.38**	
9. 知识共享	3.41	1.02	-0.04	0.05	0.07	-0.08	0.26**	0.19**	0.27**	0.39**

注：* 表示 $p<0.05$，** 表示 $p<0.01$。

4.3 内部人身份感知的中介效应检验

本研究采用 Baron 和 Kenny（1986）提出的建议，采用三步中介回归分析法来检验内部人身份感知在精神型领导三维度与知识共享之间的中介效应。第一，检验精神型领导三维度对知识共享是否存在显著影响；第二，检验精神型领导三维度对内部人身份感知是否存在显著影响；第三，把检验精神型领导三维度及内部人身份感知同时放入对知识共享的回归方程中，检验自变量及中介变量的显著性变化，如果中介变量(内部人身份感知)的效应显著而自变量(精神型领导三维度)的效应消失或减弱，则说明中介效应明显。以上的检验步骤都是把人口统计学变量(性别、年龄、教育程度、工龄)控制后进行的。

根据以上要求，在控制了人口统计学变量(性别、年龄、教育程度、工龄)后，内部人身份感知在精神型领导三维度与知识共享之间的中介效应检验过程和结果见表3、表4及表5。在表3中，愿景对知识共享($\beta=0.269$，$p<0.01$)有显著影响，H1a 得到进一步验证，但愿景对内部人身份感知($\beta=0.143$，$p>0.05$)无显著影响，H2a 没有得到验证，不符合中介检验的第二条件，因此，H3a 未能得到验证，表明愿景并不是通过内部人身份感知的中介作用于知识共享。在表4中，希望/信念对知识共享($\beta=0.142$，$p<0.01$)有显著影响，H1b 得到进一步验证。希望/信念对内部人身份感知($\beta=0.113$，$p>0.05$)并无显著影响，H2b 没有得到验证，不符合中介检验的第二条件，因此，H3b 未能得到验证，表明希望/信念并不是通过内部人身份感知的中介作用于知识共享。在表5中，利他之爱对知识共享($\beta=0.254$，$p<0.001$)和内部人身份感知($\beta=0.327$，$p<0.001$)均有显著影响，H1c 和 H2c 得到进一步验证。当带入中介变量(内部人身份感知)之后，内部人身份感知对知识共享的影响显著($\beta=0.242$，$p<0.001$)，而利他之爱对知识共享的影响减弱($\beta=0.127$，$p<0.05$)，表明内部人身份感知部分中介利他之爱与知识共享的关系，H3c 得到支持。

表3   愿景为自变量的中介效应检验

变量	内部人身份感知		知识共享	
	M1	M2	M3	M4
性别	0.003	0.003	−0.006	−0.009
年龄	0.008	0.007	0.005	0.007
工龄	0.141	0.136	0.009	0.012
教育程度	0.005	0.004	−0.011	−0.008
愿景		0.143		0.269**
F	7.254	6.893	5.036	7.826**
R^2	0.168	0.175	0.05	0.103
ΔR^2		0.007		0.053**

注：$N=204$，＊表示 $p<0.05$，＊＊表示 $p<0.01$，＊＊＊表示 $p<0.001$（双尾检验）。

表 4 希望/信念为自变量的中介效应检验

变量	内部人身份感知		知识共享	
	M1	M2	M3	M4
性别	0.004	0.004	−0.008	−0.008
年龄	0.008	0.007	0.007	0.011
工龄	0.142	0.138	0.011	0.013
教育程度	0.005	0.004	−0.007	−0.006
希望/信念		0.113		0.142**
F	7.424	6.012	4.528	8.173**
R^2	0.138	0.160	0.07	0.101
ΔR^2		0.031		0.031**

注：$N=204$，＊表示 $p<0.05$，＊＊表示 $p<0.01$，＊＊＊表示 $p<0.001$（双尾检验）。

表 5 利他之爱为自变量的中介效应检验

变量	内部人身份感知		知识共享		
	M1	M2	M3	M4	M5
性别	0.004	0.002	−0.007	−0.008	−0.008
年龄	0.006	0.006	0.005	0.006	0.007
工龄	0.128	0.133	0.010	0.011	0.012
教育程度	0.004	0.006	−0.007	−0.005	−0.007
利他之爱		0.327***		0.254***	0.127*
内部人身份感知					0.242***
F	6.746	8.234***	3.174	2.876***	7.263***
R^2	0.108	0.112	0.041	0.07	0.108
ΔR^2		0.004***		0.029***	0.038***

注：$N=204$，＊表示 $p<0.05$，＊＊表示 $p<0.01$，＊＊＊表示 $p<0.001$（双尾检验）。

5. 结论与讨论

5.1 研究结论

本文基于精神型领导因果模型(Fry，2003)，构建了精神型领导与知识共享的关系模型，通过实证检验，得到了以下结论：

5.1.1 精神型领导：员工知识共享行为的又一激发因素

本研究提出的假设 1 描述了精神型领导与员工知识共享行为之间的关系。实证检验支持了假设 H1a、H1b、H1c，表明精神型领导显著影响了员工知识共享行为的发生。这与过去许多学者的研究结论相呼应，很多学者认为精神型领导对员工态度、行为等方面具有显著的正向影响(Fry et al.，2005；俞明传等，2014)，如精神型领导正向影响员工的组织承诺(Fry& Matherly，2006)、情感承诺(王明辉等，2015)、工作投入(邓志华，2016)、绩效(Fry et al.，2011)、主动行为(杨振芳等，2016)及创新行为(盛宇华等，2017)等。精神型领导方式可以满足下属的精神性存在的需要，下属会产生积极的认知和情感，如生命的意义感，被组织或领导欣赏或认可，相信能为世界创造更多精彩，这种卓越的精神体验会进一步促进员工更乐意与同事分享所拥有的知识、经验和技巧。由此可以推论，精神型领导是激发员工知识共享行为的又一组织情景因素。

5.1.2 内部人身份感知：员工知识共享行为形成的"精神性驱动力"

现有的研究表明，精神型领导通过内在地激励自己和他人以便他们能够基于使命和成员身份拥有一种精神存在感，这种精神上的满足将促进员工发挥更强的积极性和能动性，从而产生有益于组织的结果(Fry，2003；Fry & Matherly，2006；张军成、凌文辁，2011)。因此，本文选取"内部人身份感知"为中介研究精神型领导对员工知识共享行为的影响。假设 H2a、H2b、H2c、H3a、H3b、H3c 描述了精神型领导三维度、内部人身份感知与员工知识共享行为之间的关系。从实证结果来看，只有假设 H2c、H3c 获得了统计检验的支持，这表明精神型领导的利他之爱对员工知识共享行为的影响是通过内部人身份感知的中介作用来传递的，愿景、希望/信念对对员工知识共享行为的影响并不是通过内部人身份感知的中介作用来传递的，而是通过其他途径，这与许多学者的研究结论呈现出一致性。Fry 等学者(2006)研究指出，领导者主要是通过愿景来激发下属的意义/使命感来获得有益于组织的结果，而精神型领导的利他之爱是通过激发员工的成员身份来促进员工的工作主动性和积极性(Fry，2003；Fry et al.，2011)，也有学者认为，领导的希望/信念可以激发员工的工作效能感(Chin-Yi et al.，2012)。因此，工作场所的领导精神性对下属及组织都具有积极的意义(Milliman et al.，2003)，可以满足下属的精神性需要，而作为精神性存在关键维度的内部成员身份(Fry，2003)，则是促进员工知识共享行为的"精神性驱动力"。

5.2 理论与实践意义

本研究旨在探讨精神型领导的愿景、希望/信念及利他之爱对知识共享的影响，并且探讨内部人身份感知在愿景、希望/信念及利他之爱与员工知识共享行为之间的中介作用。本研究的深入探讨产生了以下两个理论贡献：

其一，本文探讨了精神型领导对员工知识共享行为的影响，丰富了知识共享的前因变量研究。理论界一致认为领导行为会对员工的工作行为产生重要影响，如不同的领导风格对知识共享的影响(李圭泉等，2014；李锐等，2014；张鹏程等，2011)，但忽略了工作场所中领导的精神性对知识共享的影响。因此，我们选取精神型领导这一积极领导方式作为本研究的研究对象，分别探讨了精神型领导的三个维度对知识共享的影响机制，进一步丰富了知识共享的前因变量研究。

其二，本文选取内部人身份感知为中介变量来研究精神型领导如何影响员工知识共享的过程，丰富了领导对知识共享影响的研究视角。以往研究领导风格与员工知识共享行为之间中介机制，更多的是从员工心理安全(张鹏程等，2011)、上下级互动(李锐等，2014)、知识共享氛围(李圭泉等，2014)等视角进行研究，很少有研究从下属内在动机的角度进行探讨。因此，本研究选取员工的内在精神需求——内部人身份感知为中介来探讨精神型领导对知识共享的影响机制，增加了关于领导风格影响员工知识共享行为研究的新的视角。

本研究的研究结论给管理实践也带来了有益的启示：

其一，研究结论对如何促进员工知识共享有重要启示。在充满不确定性的经济环境下，企业已把知识视作组织发展与竞争的最重要的经济资源。因此，企业应从多方面采取措施促进组织内成员的知识共享，最终达到提高组织绩效和创新能力的目标。首先，对于企业而言，应重视管理者工作场所精神性的积极作用，对管理者的精神型领导行为予以肯定和认可，同时，在选拔管理者时对候选人的信念、价值观及利他倾向进行考察，优先录用精神型领导者；其次，对管理者而言，应当给组织成员描绘出鼓舞人心的愿景，通过具体、明确的愿景激励员工，利用自身的信念来感染员工，尤其是给予员工充分的精神关怀和无私的关爱，尊重员工的存在价值和主体地位。

其二，本文的研究结论对如何更好地激发员工的工作积极性和能动性、提高员工幸福感和满意度有重要启示。随着当今社会的竞争越来越激烈，员工处于紧张的生活节奏和过度的工作压力中，对精神性的需求更为迫切，因此，管理者必须由"领导者中心"逐步转向"员工中心"，重视员工的精神性需求，给予员工无私关爱和强大的精神力量，提升员工对其内部人身份的认同感，激发员工的工作积极性和能动性，提高员工幸福感和满意度，从而提高领导的有效性。

5.3 研究局限以及未来研究方向

本研究也有一定的局限，具体如下：(1)研究设计方面。本研究是采用横截面数据来研究精神型领导对知识共享的影响，这使得我们不能严格地评估变量之间的因果关系。虽然本研究采用主管与员工配对的方式采集数据，可以在一定程度避免同源误差的影响，但采集的只是静态数据，并没有采用动态数据采集方式，因此，未来的研究可以采用纵贯设计，采集多时点数据来验证各变量之间的关系。(2)精神型领导对知识共享的影响或许存在一定的边界条件，然而，本研究只是检验了内部人身份感知对两者的中介作用，忽略了对两者关系边界条件的探讨。

未来关于精神型领导与知识共享的研究可以尝试从以下两个方面来进行：(1)本研究证实了内部人身份感知在精神型领导与知识共享之间起部分中介作用，这表明还存在其他中介机制，因此，可以讨论组织承诺或组织自尊可能产生的中介作用。(2)领导风格对员工行为的影响会受员工个体差异的调节，因此，未来的研究可以尝试进行精神型领导影响知识共享的边界条件的研究，如探讨员工的个人特质如合群性、调节焦点等对精神型领导与知识共享关系的影响。

◎ 参考文献

[1]彼得·德鲁克.大变革时代的管理[M].上海:上海译文出版社,1995.

[2]曹兴,刘芳,邬陈锋.知识共享理论的研究述评[J].软科学,2010,24(9).

[3]丁道韧,陈万明,蔡瑞林.内部人身份认知对员工前摄行为的影响研究——基于心理资本的中介作用与包容型领导的调节作用[J].中央财经大学学报,2017(4).

[4]邓志华.精神型领导对员工工作投入的影响[J].经济管理,2016(4).

[5]顾琴轩,傅一士.知识共享与组织绩效:知识驱动的人力资源管理实践作用研究[J].南开管理评论,2009,12(2).

[6]李圭泉,席酉民,刘海鑫.变革型领导对知识共享的影响机制研究[J].科学学与科学技术管理,2014,35(9).

[7]李锐、田晓明、孙建群.自我牺牲型领导对员工知识共享的作用机制[J].南开管理评论,2014,17(4).

[8]李燕萍,郑馨怡,刘宗华.基于资源保存理论的内部人身份感知对员工建言行为的影响机制研究[J].管理学报,2017,14(2).

[9]盛宇华,蒋舒阳,杜鹏程.精神型领导与员工创新行为——基于团队间跨层次的被调节中介模型[J].软科学,2017,31(3).

[10]屠兴勇,张琪,王泽英,何欣.信任氛围、内部人身份认知与员工角色内绩效:中介的调节效应[J].心理学报,2017,49(1).

[11]唐铮,张华,赵娟娟,王明辉.精神型领导问卷的修订及信效度检验[J].心理研究,2014,7(2).

[12]汪林,储小平,倪婧.领导-部属交换、内部人身份认知与组织公民行为——基于本土家族企业视角的经验研究[J].管理世界,2009(1).

[13]王明辉等.精神型领导对员工情感承诺的影响:主观支持感的调节效应[J].心理与行为研究,2015,13(3).

[14]王雁飞,蔡如茵,林星驰.内部人身份认知与创新行为的关系:一个有调节的中介效应模型研究[J].外国经济与管理,2014,36,(10).

[15]王永跃,王慧娟,王晓辰.内部人身份感知对员工创新行为的影响——创新自我效能感和遵从权威的作用[J].心理科学,2015(4).

[16]杨付,刘军,张丽华.精神型领导、战略共识与员工职业发展:战略柔性的调节作用[J].管理世界,2014(10).

[17]尹俊,王辉,黄鸣鹏.授权赋能领导行为对员工内部人身份感知的影响:基于组织的自尊的调节作用[J].心理学报,2012,44(10).

[18]俞明传,顾琴轩,朱爱武.员工实际介入与组织关系视角下的内部人身份感知对创新行为的影响研究[J].管理学报,2014,11(6).

[19]杨振芳,陈庆文,朱瑜,曾柏森.精神型领导是员工主动性行为的驱动因素吗?——一个多重中介效应模型的检验[J].管理评论,2016,28(11).

[20]张军成,凌文辁.国外精神型领导研究述评[J].外国经济与管理,2011,33(8).

［21］张鹏程，刘文兴，廖建桥．魅力型领导对员工创造力的影响机制：仅有心理安全足够吗？［J］．管理世界，2011，（10）．

［22］赵书松．中国文化背景下员工知识共享的动机模型研究［J］．南开管理评论，2013，16（5）．

［23］赵书松，廖建桥．关系绩效考核对员工知识共享行为影响的实证研究［J］．管理学报，2013，10（9）．

［24］Armstrong-Stassen, M. , Schlosser, F. Perceived organizational membership and the retention of older workers［J］. *Journal of Organizational Behavior*, 2011, 32(2).

［25］Baldwin, T. T. , Ford, J. K. Transfer of training：A review and directions for future research［J］. *Personnel Psychology*, 1988, 41(1).

［26］Baron, R. M. , Kenny, D. A. The moderator-mediator variable distinction in social psychological research：Conceptual, strategic, and statistical considerations［J］. *Journal of Personality and Social Psychology*, 1986, 51(6).

［27］Bartol, K. , Srivastava, A. Encouraging knowledge sharing：The role of organizational rewards［J］. *Journal of Leadership & Organizational Studies*, 2002, 9(1).

［28］Bento, R. When the show of must go on［J］. *Journal of Managerial Psychology*, 1994, 9(6).

［29］Cacioppe, R. Creating spirit at work：Revisioning organization development and leadership［J］. *Leadership& Organization Development Journal*, 2000, 21(1).

［30］Chin-Yi. , Chen Chin-Yuan. , Yang Chun-I Li. Spiritual leadership, follower mediators, and organizational outcomes：Evidence from three industries across two major Chinese societies［J］. *Journnl of AppLied Social Psychology*, 2012, 42 (4).

［31］Collins, C. J. , Smith, K. G. knowledge exchange and combination the role of human resource practices in the performance of high-technology firms［J］. *Academy of Management Journal*, 2006, 49(3).

［32］Fankhraddin, M. Survey mediation role of perceived insider position and the controlling role of supervisors' traditionality［J］. *Journal of Applied Sciences*, 2014, 14 (5).

［33］Fry,L. W. , Hannah, S. T. , Noel, M. , Walumbwa, F. O. Impact of spiritual leadership on unit performance［J］. *Leadership Quarterly*, 2011, 22(2) .

［34］Fry, L. W. , Kriger, M. , Wo, Y. Towards a theory of being-centered leadership：Multiple levels of being as context for effective leadership［J］. *Human Relations*, 2009, 62(11).

［35］Fry, L. W. , Matherly, L. L. Spiritual leadership and organizational peformance：An exploratory study［R］. *Paper presented at the Academy of Management*, Atlanta, Georgia, 2006.

［36］Fry, L. W. , Slocum, Jr. , J. W. Maximizing the triple bottom line through spiritual leaderships［J］. *Organizational Dynamics*, 2008, 37(1).

［37］Fry, L. W. Toward a theory of spiritual leaderships［J］. *Leadership Quarterly*, 2003, 14(6).

[38] Fry, L. W., Vitucci, S., Cedillo, M. Spiritual leadership and army transformation: Theory, measurement and establishing a baseline [J]. *Leadership Quarterly*, 2005, 16 (5).

[39] Gardner, D. G., Dyne, L. V., Pierce, J. L. The effects of pay level on organization-based self-esteem and performance: A field study [J]. *Journal of Occupational and Organizational Psychology*, 2004, 77(3).

[40] Gloet, M., Terziovski, M. Exploring the relationship between knowledge management practices and innovation performance [J]. *Journal of Manufacturing Technology Management*, 2004, 15(5).

[41] Hendriks, P. Why share knowledge? The influence of ICT on the motivation for knowledge sharing [J]. *Knowledge & Process Management*, 1999, 6(2).

[42] Lin, H. F. Knowledge sharing and firm innovation capability: An empirical study [J]. *International Journal of Manpower*, 2007, 28(3/4).

[43] Lu, L., Leung, K., Koch, P. T. Managerial knowledge sharing: The role of individual, interpersonal, and organizational factors [J]. *Management and Organization Review*, 2006, 2(1).

[44] Milliman, J., Czaplewski, A. J., Ferguson, J. Workplace spirituality and employee work attitudes [J]. *Journal of Organizational Change Management*, 2003, 16(4).

[45] Pierce, J. L., Gardner, D. G. Self-esteem within the work and organizational context: A review of the organization-based self-esteem literature [J]. *Journal of Management*, 2004, 30(5).

[46] Stamper, C. L., Masterson, S. S. Insider or outsider? How employee perceptions of insider status affect their work behavior [J]. *Journal of Organizational Behavior*, 2002, 23(8).

[47] Srivastava, A. Bartol, K., Locke, E. A. Empowering leadership in management teams: Effects on knowledge sharing, efficacy, and performance [J]. *Academy of Management Journal*, 2006, 49(6).

[48] Wang, H., Law, K. S., Hackett, R. D., Wang, D., Chen, Z., X. Leader-member exchange as a mediator of the relationship between transformational leadership and followers' performance and organizational citizenship behavior [J]. *Academy of Management Journal*, 2005, 48(3).

The Impact of Spiritual Leadership on Knowledge Sharing:
The Mediating Role of Perceived Insider Status

Wang Huaqiang[1] Ding Zhihui[2] Liu Wenxing[3]

(1 School of Management, Yangtze University, Jingzhou, 434023;

2 School of Public Administration, Zhongnan University of Economics and Law, Wuhan, 430073;

3 School of Business Administration, Zhongnan University of Economics and Law, Wuhan, 430073)

Abstract: Although increasing attentions have been paid on the impact of leadership style on knowledge sharing, it still obscures how spiritual leadership makes influences on employee knowledge sharing. Based on causal model of spiritual leadership, we develop a research framework on the relationship between spiritual leadership and knowledge sharing. Through the questionnaire survey of 204 paired supervisor and subordinate, we discuss the relationship between spiritual leadership and knowledge sharing, and the mediating role of perceived insider status . The results show that：（1）The three dimensions of spiritual leadership, vision, hope/belief, altruistic love, have positive impact on knowledge sharing. （2）Perceived insider status plays partial mediating role between altruistic love of spiritual leadership and knowledge sharing.

Key words：Spiritual leadership；Knowledge sharing；Perceived insider status

专业主编：杜旌

所有权结构、利率管制放松与企业投资[*]
——基于我国非金融类上市公司的经验证据

● 杨 筝[1] 刘 放[2] 胡文佳[3]

(1 武汉纺织大学管理学院 武汉 430200；

2 武汉市武昌区国有资产监督管理办公室 武汉 430060；

3 湖北经济学院工商管理学院 武汉 430205)

【摘 要】在以银行占据主导的金融体系中，银行信贷在中国企业融资结构中占据非常重要的位置，而以利率管制放松为代表的市场化改革有效推进了信贷市场的市场化进程，这对于完善资本价格的形成机制、改善资本配置与企业投资效率具有重要意义。本文选择2003年至2015年我国A股上市公司为研究样本，研究利率管制放松如何影响企业投资行为及其经济后果。研究发现：利率管制放松显著提升企业投资与投资机会之间的敏感性，即企业投资效率得到提升；相比国有企业，利率管制放松抑制非国有企业的非效率投资行为(包括过度投资和投资不足)更显著；经济后果发现利率管制放松显著促进了公司投资价值的提升。拓展性检验还发现，利率管制放松对投资效率的促进作用在地区市场化进程较低的地区更显著。本文研究拓展了我国利率市场化的研究视野，揭示了利率市场化对企业投资行为的积极作用，同时对我国供给侧结构性改革也具有一定的借鉴意义。

【关键词】所有权结构 利率管制放松 企业投资 价值效应

中图分类号：F275.5；F822.1 文献标识码：A

1. 引言

随着宏观经济逐步进入新时代，我国经济运行呈现出杠杆率高、产能过剩与资金紧缺、投资率下滑等并存现象，成为当前政府宏观调控、金融风险防范以及企业投融资效率

* 基金项目：湖北金融发展与金融安全研究中心2018年重点课题"利率市场化对我国实体企业投资结构选择影响研究"(项目编号：2018Z002)；武汉市人民政府博士资助经费资助(2018—2020年度)。

通讯作者：刘放，E-mail：280938561@qq.com。

提升的重要挑战①。Jensen（1986）提出的投资过度现象，在我国表现为杠杆过高的企业享有低廉的信贷资源而出现过度投资，而微观企业的长期过度投资行为必然会导致产能过剩，产生缓解产能过剩和防范金融风险的双重困境。Myers（1977）认为融资约束困境致使企业时常不得不放弃诸多净现值为正的项目，从而导致其投资不足，这些企业在我国主要是融资成本较高、信贷资源不足的民营企业。不论是投资过度还是投资不足，在我国现有的经济制度环境下，主要是因为要素市场改革相对滞后，即以利率市场化为代表的资本要素价格机制并没有完全形成，致使信贷资源存在严重错配，加剧了我国企业投融资效率双低对宏观经济的不利影响。

根据"金融抑制理论"和"金融深化理论"，利率管制会导致实际利率偏离市场均衡利率水平，从而扭曲企业投融资行为。利率管制放松是指以利率市场化为重要表征与最终目的，而所谓利率市场化是指以中央银行指定的基础利率为基础，由金融机构根据市场资金供求关系及资金松紧程度自主决定存贷款利率水平的利率定价机制。Agénor 和 Khan（1996）、Abiad 和 Mody（2005）指出，利率管制放松不仅有助于消除信贷歧视，而且可以使贷款风险与贷款利率相匹配，改善企业面临的债务融资环境。改革开放以来，我国利率管制放松依照"先外币后本币、先贷款后存款、先长期后短期、先大额后小额"的步骤推进②。自 1996 年 6 月 1 日起放开银行间同业拆借利率，此后中国人民银行先后多次通过扩大贷款利率的浮动空间来推进利率的市场化进程，直至 2015 年 10 月 24 日，人民银行宣布完全放开存款利率上限区间，银行对存贷款利率开始根据市场的供求关系拥有了自主定价权。至此，我国制度层面上的利率市场化已经完成。

从理论上来看，政府利率管制放松会通过改善信贷资源配置影响企业投资行为，即从宏观层面优化融资结构进而提升微观企业的投资决策。然而，目前在理论界，较少有文献从实证视角评估我国逐步利率管制放松并不断渐进式推进利率市场化改革如何影响企业投资效率。鉴于此，本文选择非金融类上市公司为样本，研究利率管制放松如何影响企业投资行为及其经济后果。研究发现：利率管制放松显著提升企业投资与投资机会之间的敏感性，即企业投资效率得到提升；相比国有企业，利率管制放松抑制非国有企业的非效率投资行为（包括过度投资和投资不足）更显著；经济后果发现利率管制放松显著促进了公司投资价值的提升。拓展性检验还发现，利率管制放松对投资效率的促进作用在地区市场化进程较低的地区更显著。本文研究拓展了我国利率管制放松的研究视野，证实了利率管制放松对企业投资行为的积极作用，同时对我国供给侧结构性改革具有一定的借鉴意义。

本文研究的学术贡献可以归结为以下几点：第一，一直以来理论界关于"政府与市

①　李萍，冯梦黎. 利率市场化对我国经济增长质量的影响：一个新的解释思路[J]. 经济评论，2016（2）：74-85.
②　易纲. 中国改革开放三十年的利率市场化进程[J]. 金融研究，2009（1）：1-14.

场"关系争论不断①②③④,一方面,如黎文靖和郑曼妮(2016)、余明桂(2016)等学者认为以产业政策为代表的政府调控行为能引导新兴产业发展、抑制企业投资的潮涌现象;另一方面,如杨瑞龙等人(2013)、侯青川等人(2015)针对由于国家代理问题以及政府的有限理性致使政府出台的产业政策干预了微观企业正常经营行为、扭曲了资源配置效率的现象进行了科学论证。本文则从利率管制放松为切入点,重点考察了作为要素市场化的代表,利率市场化如何通过完善市场机制来调节信贷资金的供求关系对微观企业投资效率的影响,从而有助于从要素市场配置效率视角进一步澄清"政府与市场"关系的争论。第二,王东静和张祥建(2007)、李萍和冯梦黎(2016)等文献重点考察了利率市场化对促进地区经济增长以及企业融资决策的重要作用。本文则以我国利率管制放松为制度背景,从非效率投资视角考察了利率市场化对微观企业投资决策的影响,这不仅有助于在理论上揭示我国产能过剩与产能不足的形成机理,而且有助于深化对利率管制放松产生经济后果的认识。第三,企业投资决策内生于其面临的外部融资环境,程新生等人(2012)、喻坤等人(2014)认为在长期要素市场化程度较低的情况下,我国企业投资行为时常被扭曲,表现为投资效率低下。本文证实了利率管制放松对企业投资效率的积极作用,从而一方面从制度层面揭示了我国企业投资效率不佳的制度诱因,同时也进一步拓展并深化了关于投资效率的研究。第四,去产能是供给侧结构性改革的关键步骤,而产能过剩在微观企业则表现为长期的过度投资行为,本文研究表明利率管制放松通过利率调节机制有助于抑制企业过度投资,从而为如何利用利率工具等金融方法化解产能过剩,推进我国供给侧结构性改革提供了经验依据。

2. 文献回顾、理论分析与研究假设

利率的决定方式是资本定价的重要机制,国家层面的利率管制逐渐放松,并推行市场化的利率决定机制如何影响宏观经济增长和微观企业行为,一直都是金融发展领域十分关注的研究问题,而著名的"金融抑制理论"和"金融深化理论"为后续研究提供了理论基础。当前我国正处于经济转型阶段,特有的渐进式改革模式也决定了利率形成机制改革处于并将长期处于缓慢推进中,这为研究利率管制放松如何影响微观企业投资决策行为提供了合适的研究场景。

2.1 文献回顾

西方大量文献从以下不同角度展开企业投资效率的研究。Biddle,Hilary 和 Verdi

---

① 夏立军,方轶强.政府控制、治理环境与公司价值——来自中国证券市场的经验证据[J].经济研究,2005(5):40-51.

② 林毅夫.产业政策与国家发展:新结构经济学视角[J].比较,2016(6):163-173.

③ 张维迎.我为什么反对产业政策——与林毅夫辩[J].比较,2016(6):174-202.

④ 江飞涛,李晓萍.产业政策中的市场与政府——从林毅夫与张维迎产业政策之争说起[J].财经问题研究,2018(1):33-42.

（2009）、Chen 等人（2011）、Gomariz 和 Ballesta（2014）从会计信息质量角度对企业投资效率展开研究，认为会计信息质量有利于企业投资效率的提升。Baker，Gompers 和 Hart（2000）、Johnson，La，Lopez-de-Silanes 和 Shleifer（2000），Stein（2003）则从委托代理问题角度出发，对企业投资效率进行研究；Bertrand 和 Mullainathan（2003）、Aggarwal 和 Samwick（2006）认为代理问题影响公司的投资支出水平，从而导致投资不足或过度投资。还有一部分学者 Zheka（2005）、Lin，Ma 和 Su（2009），Azim（2012）等人从所有权结构和公司治理视角展开对企业投资效率的研究。如 Zheka（2005）以乌克兰上市公司为研究样本考察不同的股权结构和公司治理质量对公司效率的影响，研究发现集中的所有权有利于提高公司效率，公司治理质量对内资企业效率有正向影响。

而国内文献则在西方文献研究的基础上发展而来，李青原（2009）、钟马和徐光华（2017）同样研究发现会计信息质量的提升有利于我国企业投资效率的提升。罗付岩（2013）、肖珉和任春艳（2014）等学者研究发现由于信息不对称造成的信贷配给问题是影响企业投资效率的重要因素之一。除此之外，我国学者研究发现企业投资效率主要受以下几个方面的影响。连玉君和苏治（2009）、韩东平和张鹏（2015）、张新民等人（2017）以我国企业的数据实证了企业面临的融资约束会直接影响企业的投资效率。赵静和郝颖（2014）、覃家琦和邵新建（2016）、付强和刘星（2017）等学者结合了中国的制度背景与中国情境研究发现政府政策干预会直接或间接影响企业的投资效率。花贵如等人（2014）、何熙琼等人（2016）针对企业外部的宏观政策、经济环境展开研究，如申慧慧等人（2012）发现环境不确定性越高，相对于非国有控股公司来说，国有控股公司投资不足程度更低，投资过度程度更高。再如，喻坤等人（2014）研究发现货币政策冲击会强化国有企业与非国有企业融资约束差异，并显著影响两者的投资效率差距，货币紧缩时差距增大，货币宽松时差距缩小。然而，以上文献较少关注要素市场化程度，特别是资本价格形成机制如何影响企业投资决策行为。

国外学者相比国内学者更早对利率市场化与企业投资行为的关系进行深入研究，主要从企业融资约束、企业融资结构及银行效率等视角出发研究利率市场化及其经济后果。金融抑制理论认为，管制造成的低利率不仅会引致过度资金需求，而且会给政府带来沉重的管制成本。Obstfeld（1994）、Harris 等人（1994），Gelos 和 Werner（2002）实证研究发现利率市场化不仅可以抑制管制带来的社会福利的无谓损失，而且增加了金融机构的定价权，有助于金融机构参与企业项目风险分担，增加对风险项目的信贷，进而缓解企业融资约束问题。Laeven（2003）利用 13 个发展中国家 1989—1998 年的企业数据，通过估计企业投资模型发现：总体来看，利率自由化对企业融资约束的影响不显著；但是具体来看，小企业在利率自由化前有明显的融资约束，之后则明显改善，大企业在利率自由化前几乎没有融资约束，之后则出现融资困难。Koo 和 Shin（2004）、Eshun 等人（2014）利用企业数据研究发现，利率市场化改革有效缓解了企业的融资约束，极大降低了现金流量对投资支出的影响。另外，Rancière 和 Tornell（2016）等学者考察了利率市场化如何影响企业融资结构决策与银行运营效率。如 Siregar（1992），Ameer（2003）研究发现利率市场化有助于企业资本结构趋于最优状态，表现为小企业财务杠杆增加，而大企业杠杆会有所降低。Hennessy 等人（2007）通过建立融资约束条件下的投资理论，研究发行股票并持有大量债务的公司的投资较低，且相比债务融资而言，企业越依赖股权融资，其融资边际成本越高，投资机会反应敏感度越低，企业投资意愿和实际投资越低。银行运营效率方面，Maghyereh（2004）以苏丹银行为样本，研究发现利率市场化加强了银行间的竞争程度，从而提高了银行效率，Ataullah 等人（2004），Ali 等人（2004），Meso 和 Kaino（2008），Niels 和 Vu（2010）的研究也发现了类似的结果。

相比国外而言，我国利率管制放松和实行渐进式的利率市场化改革的时间相对较晚，加之对利率市场化测度本身较为困难，我国对利率市场化和企业投资行为相互作用机理的研究文献相对较少。如李萍和冯梦黎（2016）发现金融市场利率水平的提升有助于改善扭曲的金融体系结构，减少非正规金融规模，并且提高投资效率。王东静和张祥建（2007）也发现贷款利率取消后，企业债务融资数量得以显著提升，企业融资结构也逐步趋于合理，企业融资约束得到了显著缓解。

综上所述，对于利率管制放松如何影响企业投资决策行为及其由此产生的经济后果，目前研究文献较少。因此，本文将对此展开研究，不仅有助于探讨我国企业非效率投资的形成机制，而且对进一步推进我国利率市场化改革乃至整个资本要素市场的改革具有一定的现实意义。

2.2 理论分析与研究假设

根据资本逐利规律，投资机会是指引企业投资的主要决策信息，当面临好的投资机会时，企业应选择追加投资规模；反之，则应缩减投资规模。因此在完全竞争的市场条件下，企业投资活动会以价值最大化为目标，力图通过高效的投资活动驱动长期发展。但是由于融资活动产生交易成本的存在，企业投资活动经常处于非效率状态。诸多研究文献发现，导致企业非效率投资主要有两个重要的原因：一个方面是信息不对称导致的委托代理问题，而另一方面则是金融体系不完善而产生的金融资源配置的扭曲。刘瑞明（2011）、罗付岩（2013）、肖珉和任春艳（2014）研究发现中国企业的非效率投资主要表现为对非国有企业的信贷抑制，而大部分信贷资源流向了政策偏好的国有企业。罗党论等人（2012）发现在利率管制时期，宏观层面信贷资源与部门利用效率的错配，是导致微观企业低效率投资的核心原因。这不仅降低了微观企业投资效率，而且严重违背市场经济规律，同时也导致了巨大的宏观效率损失。

Wurgler（2000）研究认为金融市场摩擦会增大企业资本调整成本的大小，从而抑制了企业投资效率的提升，利率管制无疑加剧了企业的外部融资摩擦。李萍和冯梦黎（2016）认为随着利率管制的逐步放开，使得存贷款利差被逐步放开，作为资本的价格——利率逐渐开始反映资本的供求结构和风险状况。具体来说，对于存在过度投资的企业，当利率管制逐步放开以后，因较高的经营风险、较低的偿债能力及较差的投资机会，会提高新增信贷融资的成本，从而促使企业必须放弃一些原来可以投资，但回报率低于新增融资成本的项目，从而使得该类企业被迫缩减投资规模，抑制了过度投资。对于存在投资不足的企业，当利率逐步放开以后，因面临较好的投资机会，可以通过提高借款利率来获得新增信贷资本，获得新增信贷资本后可以对原来放弃但净现值大于零的项目进行重新投资，从而促使该类企业选择扩大投资规模，有助于缓解投资不足。基于此，本文提出研究假设1：

H1：利率管制放松会导致企业投资效率提升，表现为企业投资与投资机会间敏感性上升。

大量文献研究表明，以银行为主导的中国金融体系决定了银行信贷是企业资金最重要的来源，但信贷资源配置的所有制歧视致使非国有企业具有明显的融资约束，同时在政府的频繁干预背景下，刘瑞明（2011）、孙晓华和李明珊（2016）发现国有企业普遍出现投资过度的现象，而刘星等人（2014）、曲进和高升好（2015）则发现非国有企业普遍出现投资不足现象。因此，国有与非国有这两类产权属性不同的企业，不仅在融资便利方面存在显著差异，而且在投资效率方面也有较大差异。其中，融资便利性方面，李广子和刘力（2009）、罗党论等人（2012）、赵静和郝颖（2014）、陆正飞等人（2015）均认为信贷歧视使得我国非国有企业普遍面临更为严重的融资约束问题，从而致使非国有企业表现为比较严重的投资不足，而在政府干预与政治激励条件下国有企业普遍存在投资过度。

因此，利率管制放松对国有与非国有这两类性质不同企业投资效率的影响，可以结合融资约束与投资效率两个方面来分析。在利率管制时期，由于信贷歧视的存在，国有企业可以以更低的融资成本获得更多的信贷资源，而利率放开仅仅存贷款价格管制的放开，因此放松利率管制对不同性质的企业投资效率的影响依赖于信贷歧视情况。

若信贷歧视得以根本扭转，则利率管制放开以后，由于利率可以根据单笔贷款风险进行调整，过度投资的国有企业债务融资成本会上升，必须放弃一些投资项目，国有企业融资成本的上升会使得部分项目的净现值由正变为负，降低国有企业的投资规模，因而会抑制国有企业过度投资；而对于非国有企业，随着利率管制的放开，可以通过提高利率水平获得更多的信贷资金支持，从而有助于缓解投资不足。反之，若信贷歧视未得以根本消除，则放松利率管制会无法通过调整利率水平来抑制国有企业高风险的过度投资行为，但可以通过提高贷款利率缓解非国有企业投资不足，同时抑制非国有企业高风险的过度投资。基于此，本文提出研究假设2：

H2a：若信贷歧视不存在，则利率管制放松后会显著抑制国有企业投资过度，缓解非国有企业投资不足。

H2b：若信贷歧视存在，则利率管制放松后会显著抑制非国有企业投资过度，缓解国有企业投资不足。

McConnell 和 Muscarella（1985）认为投资作为企业价值创造的唯一源泉，而企业投资效率的提高将有利于企业价值的持续增长。根据资本逐利规律，价值增长驱动是企业不断探索高效率投资路径的主要原因，靳庆鲁（2012）研究发现当企业面临较大投资机会时，往往会扩大投资规模，当企业投资面临较少的投资机会时，会缩小投资规模。由于利率管制产生的信贷市场摩擦会使得企业投资偏离最优规模，从而损害了公司价值。然而，随着存贷款利率限制的逐步放开，资本价格即利率更能准确反映资本的稀缺性与市场中资本的供求关系，消除信贷摩擦及抑制信贷歧视，促进了企业投资效率的提升，抑制了企业投资的偏离，最终表现为提升了投资的价值效应。基于此，本文提出研究假设3：

H3：利率管制放松后，企业投资的价值效应获得提升。

3. 研究设计、样本选择与描述性统计

3.1 研究设计

为了对上述研究假设进行检验，本文借鉴靳庆鲁等人（2012）、李焰等人（2011）的研究，采用如下模型进行回归：

$$\text{IE}_{it} = \beta_0 + \beta_1 \text{Interest}_{it} + \sum \beta_j \text{Control} + \varepsilon_{it} \qquad (1)$$

$$\text{IE}_{it} = \beta_0 + \beta_1 \text{Interest}_{it} + \beta_2 \text{Soe}_{it} + \beta_3 \text{Soe}_{it} \times \text{Interest}_{it} + \sum \beta_{j+3} \text{Control} + \varepsilon_{it} \qquad (2)$$

上述模型（1）中，IE_{it} 为度量投资效率的变量，本文借鉴 Biddle et al.（2009）、Richardson（2006）对投资效率的测量模型，同时借鉴申慧慧等人（2012）和万良勇（2013）对以上模型的修正方法，使用以下模型来估计企业当期最佳投资规模，用实际投资规模减去最佳投资规模，当残差大于 0 时表示过度投资，而当残差小于 0 时表示投资不足，残差部分的绝对值即企业非效率投资水平，若该值越大，则表示投资效率越低。其具体模型如下：

$$\text{Cap}x_{it+1} = \beta_0 + \beta_1 \text{Cap}x_{it} + \sum \beta_j \text{Control}_{it} \qquad (3)$$

上述模型（3）中，因变量为企业下一期投资规模（$\text{Cap}x_{it+1}$，等于构建固定资产、无形资产等支付的现金除以期末总资产），Control_{it} 为影响企业投资规模的全部控制变量，包括企业年龄的自然对数（Lnage_{it}，等于当年减去成立年加 1 后取自然对数）、公司规模（Size_{it}，等于期末总资产的自然对数）、当期投资规模（$\text{Cap}x_{it}$）、主营业务收入增长率（Growth_{it}，等于主营业务收入增长额除上一期主营业务收入）、财务杠杆率（Lev_{it}，等于期末总负债除以总资产）、股票收益率（Ret_{it}，等于股票年回报率）及经营活动净现金流（CFO_{it}，等于经营活动产生的净现金流除以期末总资产）等，同时并分别控制了行业效应与年度效应。

上述模型（1）中，Interest 是解释变量，即利率管制放松，分别参考李萍和冯梦黎（2016）、顾海兵等人（2013）两种方法来测度我国年度利率放开程度，其中前者是基于显性层面与隐性层面加权后得到的利率管制放松程度，这不仅反映了显性信贷市场的利率决定形式，而且在一定程度上反映了民间借贷情况，因而能够同时从"利率放松管制程度"与"信贷歧视"这两个维度反映利率管制放松水平，将该方法定义为"权重法"。后者则是根据实际利率水平、利率决定方式及利率浮动的幅度和范围进行合成，更多地表现为利率的市场化决定方式，该值越大，利率与风险的匹配程度越好。以上两种算法指标越大，均表示年度利率管制放松程度越高，将该方法定义为"合成法"。

根据假设 1，模型（1）中的 β_1 为待检验系数，预期显著为负，表示利率管制放松会显著提升企业效率投资。上述模型（2）中，Soe 则表示国有企业，根据最终控制人性质，当为国有企业时，取值为 1；否则，为 0。根据假设 2，β_3 为待检验系数，表示利率管制放松对促进非国有企业与国有企业之间投资效率的差异。

$Control_{it}$ 为影响企业投资效率的系列控制变量，本文借鉴申慧慧等人（2012）和万良勇（2013）的模型设计，控制了独立董事占比（Indep）、董事会规模（Board）、股利支付率（Div）、管理层持股（M_share）、董事长与 CEO 两职合一（Dual）以及货币政策（Monetary）等，并控制了行业效应与年度效应。以上变量的详细定义见表 1。

表 1 变量定义表

变量类型	变量名称	变量具体定义
因变量	IE	表示投资效率，基于 Richardson（2006）估算的残差取绝对值作为投资效率指标，残差小于 0 则表示投资不足，而残差大于 0 表示过度投资
	公司价值	Tobin's Q 的自然对数
自变量	Interest	表示利率管制放松，分别借鉴顾海兵等人（2013）、李萍和冯梦黎（2016）两种方法测度的年度利率管制放松指标，第一种为权重法，第二种为合成法
控制变量	Soe	表示产权属性，根据实际控制人性质，当为国有企业时，取值为 1，当为非国有企业时则取值为 0
	Indep	表示独立董事占比，使用独立董事数量与董事规模之比
	Board	表示董事会规模，使用董事会董事数量取自然对数
	Div	表示股利支付率，使用股利占净收益的比重
	M_share	表示管理层持股比例，使用管理层持股量占总股数量之比
	Dual	表示两职合一，当董事长与总经理两职合一时取值为 1，否则取值为 0
	Monetary	表示货币政策，借鉴祝继高和陆正飞（2009）、何捷等人（2017）文献，以广义货币 M2 的增长率来表示
	Ind_dummy	表示行业虚拟变量，当为该行业时取值为 1，否则取值为 0，以控制行业效应
	Year_dummy	表示年度虚拟变量，当为该年度时取值为 1，否则取值为 0，以控制年度效应

3.2 样本选择

本文以 2003—2015 年 A 股上市公司为样本，数据来源于 CSMAR 数据库。同时，为了对因变量进行测算的需要，本文对部分变量进行滞后一期处理，因此本文的实际样本期间为 2002—2015 年。本文按照企业投资效率相关文献样本处理方式，分别对相关原始数据进行如下处理：第一，剔除金融保险类上市公司；第二，剔除观测值缺失的样本；第三，剔除产权性质不明的样本。本文最终对 17118 个观测值进行回归，为了消除极端值的影响，本文剔除了 0~1% 和 99%~100% 之间极端值的样本。

3.3　描述性统计

表 2 列示了主要变量的描述性统计结果。从表 2 可以看出，样本公司投资效率的均值大于中位数，从样本投资规模的平均值来看，约占总资产的 5.8% 左右，而非效率投资为 2.7%，表明我国不同上市公司之间的投资效率存在较大差异。使用两种方法测度的利率管制放松指数最大值与最小值之间均具有较大变异，因而可以较完整地观测利率管制放松的整个变化过程，且两者呈现比较一致的变化趋势，其相关系数也高达 0.78。样本公司中有 53.4% 为国有企业性质。独立董事占比与董事会规模均呈现正态分布，股利支付率均值为 6.6%，表明样本中 6.6% 的企业支付了股利，管理层持股均值为 1.8%，两职合一的样本均值为 18.9%。

表 2　　　　　　　　　　　　　　描述性统计

变量名称	样本量	均值	标准误	1/4Q	中位数	3/4Q
IE	17 118	0.027	0.028	0.009	0.019	0.034
Interest$_1$	17 118	0.526	0.123	0.467	0.491	0.619
Interest$_2$	17 118	2.294	0.293	2.071	2.238	2.643
Soe	17 105	0.534	0.499	0	1	1
Indep	17 118	0.365	0.052	0.333	0.333	0.385
Board	17 118	2.180	0.203	2.079	2.197	2.197
Div	17 118	0.227	0.294	0	0.144	0.338
M_share	17 118	0.066	0.154	0	0.000	0.006
Dual	17 118	0.189	0.392	0	0	0
Monetary	17 118	0.168	0.034	0.143	0.167	0.176

4. 实证检验结果

4.1　利率管制放松与企业投资行为

表 3 报告了假设(1)的结果，其中被解释变量为投资效率(IE_{it})。从全样本结果来看，利率管制放松(Interest)系数显著为负，表明利率管制放松后企业非效率投资出现显著下降，而投资效率得到显著提升。为了区分利率管制放松对不同类型投资效率的影响，将根据 IE_{it} 将全样本分为投资不足和投资过度两个子样本进行检验。在投资过度与投资不足的子样本中的结果显示，利率管制放松(Interest)系数均 1% 统计水平上显著为负，表明利率管制放松后不仅显著抑制了过度投资，而且显著缓解了投资不足。综合以上检验结果支持了研究假设 1，即利率管制放松通过完善资本价格形成机制，有助于促进企业投资效率的

提升，达到改变资源配置效率的作用。控制变量的估计系数结果显示，董事会规模与两职合一促进了企业投资效率的提升，而管理层持股则显著抑制了企业投资效率的提升。

表3 利率管制放松与投资效率

	（1）	（2）	（3）	（4）	（5）	（6）
	权重法			合成法		
	全样本	过度投资	投资不足	全样本	过度投资	投资不足
Interest	**−0.031***	**−0.041***	**−0.025***	**−0.012***	**−0.016***	**−0.010***
	（−15.60）	**（−9.52）**	**（−14.94）**	**（−15.41）**	**（−9.46）**	**（−15.17）**
Indep	0.000	0.000	−0.001	−0.005	−0.008	−0.005
	（0.03）	（0.00）	（−0.33）	（−1.12）	（−0.77）	（−1.35）
Board	−0.001	−0.003	−0.002**	−0.001	−0.003	−0.002**
	（−0.78）	（−1.17）	（−2.43）	（−0.66）	（−1.20）	（−2.20）
Div	−0.001	−0.003**	0.000	−0.000	−0.003*	0.000
	（−0.80）	（−2.02）	（0.48）	（−0.52）	（−1.80）	（0.68）
M_share	0.011***	0.009***	0.011***	0.010***	0.007**	0.010***
	（7.48）	（2.91）	（7.52）	（6.86）	（2.45）	（7.03）
Dual	−0.001**	−0.002*	−0.001	−0.001**	−0.002*	−0.001
	（−2.51）	（−1.66）	（−1.15）	（−2.48）	（−1.72）	（−1.05）
Monetary	0.000	0.009	−0.003	−0.002	0.005	−0.004
	（0.01）	（0.64）	（−0.58）	（−0.30）	（0.38）	（−0.77）
_cons	0.049***	0.068***	0.042***	0.063***	0.088***	0.053***
	（11.59）	（7.27）	（12.03）	（13.53）	（8.49）	（13.70）
Ind_dummy	YES	YES	YES	YES	YES	YES
Year Adjust R^2	YES 0.049	YES 0.044	YES 0.079	YES 0.048	YES 0.042	YES 0.077
F 值	38.525	15.172	36.294	38.577	15.842	37.599
N	17 118	6 452	10 666	17 118	6 452	10 666

注：表中括号内为经 Robust 之后的稳健性 T 值；***、**、*分别表示在1%、5%、10%统计意义显著。

4.2 产权性质、利率管制放松与投资效率

祝继高和陆正飞(2009)、韩东平和张鹏(2015)发现，由于面临政府干预与企业领导

人具有政治晋升的动机,我国国有企业普遍存在较为严重的过度投资行为,而非国有企业则投资不足问题更严重。本文用产权性质的虚拟变量与利率管制放松进行交乘(Soe×Interest),以检验不同产权性质条件下利率管制放松与投资效率之间的关系。表4报告了研究假设2的回归结果,其中被解释变量为投资效率。

从全样本检验结果发现,利率管制放松(Interest)均显著为负,而产权性质和利率管制放松的交互项(Soe× Interest)系数也显著为正,这表明利率管制放松对提升非国有企业投资效率更显著。而在过度投资和投资不足的子样本中的结果可以发现,利率管制放松(Interest)均显著为负,而产权性质与利率管制放松的交互项(Soe× Interest)系数在过度投资样本组中显著为正,而在投资不足样本组中不显著,这表明利率管制放松对抑制非国有企业投资过度更显著,但对于缓解投资不足,国有企业与非国有企业之间并不存在显著差异。以上结论部分支持了研究假设2,利率管制放松有助于缓解企业融资约束,从而致使企业投资不足得到削弱,但对于抑制国有企业过度投资作用并不显著,说明放松利率管制并不能从根本上扭曲信贷歧视,进而改善国有企业投资效率。

表4　　　　　　　　　　产权性质、利率管制放松与非效率投资

	(1)	(2)	(3)	(4)	(5)	(6)
	权重法			合成法		
	全样本	过度投资	投资不足	全样本	过度投资	投资不足
Interest	**−0.037*****	**−0.051*****	**−0.028*****	**−0.015*****	**−0.021*****	**−0.011*****
	(−15.58)	**(−9.75)**	**(−13.76)**	**(−15.21)**	**(−9.28)**	**(−14.13)**
Soe	−0.004**	−0.007	−0.000	−0.009***	−0.014*	−0.003
	(−2.05)	(−1.61)	(−0.13)	(−2.74)	(−1.87)	(−1.09)
Soe× Interest	**0.013*****	**0.021*****	**0.004**	**0.005*****	**0.007****	**0.002**
	(3.53)	**(2.59)**	**(1.25)**	**(3.52)**	**(2.37)**	**(1.53)**
Indep	0.001	0.002	−0.001	−0.004	−0.006	−0.005
	(0.31)	(0.24)	(−0.21)	(−0.99)	(−0.66)	(−1.29)
Board	0.000	−0.002	−0.002*	0.000	−0.002	−0.002
	(0.06)	(−0.63)	(−1.76)	(0.06)	(−0.76)	(−1.59)
Div	−0.001	−0.003**	0.000	−0.000	−0.003*	0.000
	(−1.00)	(−2.19)	(0.46)	(−0.58)	(−1.84)	(0.69)
M_share	0.008***	0.004	0.008***	0.007***	0.003	0.008***
	(4.49)	(1.12)	(5.32)	(4.20)	(0.94)	(4.97)
Dual	−0.001*	−0.001	−0.000	−0.001*	−0.002	−0.000
	(−1.66)	(−1.05)	(−0.57)	(−1.78)	(−1.24)	(−0.53)

	（1）	（2）	（3）	（4）	（5）	（6）
	权重法			合成法		
	全样本	过度投资	投资不足	全样本	过度投资	投资不足
Monetary	0.002	0.013	−0.002	−0.001	0.008	−0.003
	（0.31）	（0.90）	（−0.45）	（−0.12）	（0.52）	（−0.67）
_cons	0.047***	0.066***	0.040***	0.065***	0.092***	0.053***
	（10.91）	（6.82）	（11.29）	（13.28）	（8.31）	（13.07）
Ind_dummy	YES	YES	YES	YES	YES	YES
Year_dummy	YES	YES	YES	YES	YES	YES
Adjust R^2	0.051	0.046	0.081	0.049	0.044	0.078
F 值	38.718	15.150	35.612	38.780	15.581	37.534
N	17 105	6 449	10 656	17 105	6 449	10 656

注：表中括号内为经 Robust 之后的稳健性 T 值；***、**、*分别表示在 1%、5%、10%统计意义显著。

4.3 利率管制放松与公司价值

本文参考李焰等人（2011）和万良勇（2013）的方法，使用 Tobin's Q 的自然对数作为因变量来表示公司价值，而将本期利率管制放松与上一期投资规模的交互项作为自变量，来检验研究假设 3，即利率管制放松如何影响企业投资的价值效应。

$$Lntq_{it} = \beta_0 + \beta_1 Capx_{it-1} + \beta_2 Interest_{it-1} + \beta_3 Interest_{it-1} \times Capx_{it-1} + \sum \beta_{j+3} Control_{it-1} + \varepsilon_{it}$$

（4）

上述模型（4）中，β_3 为待检验系数，并预期其显著为正，表明利率管制放松会显著提升企业投资的价值效率。

表 5 报告了研究假设 3 的回归结果，其中被解释变量为投资价值效应。从检验结果来看，只有在合成法下，利率管制放松与投资规模交互项（Capx×Interest）在投资过度样本组中显著为正，而在投资不足的样本组中没有显著性影响。结果表明整体上利率管制放松会显著强化过度投资治理的价值效应，从而证实了利率管制放松主要抑制过度投资，这对于我国当前实施供给侧改革，进一步提出如何化解产能过剩的政策措施具有重要的实践意义。

表 5　　　　　　　　　　　利率管制放松与投资价值效应

	（1）	（2）	（3）	（4）	（5）	（6）
	权重法			合成法		
	全样本	过度投资	投资不足	全样本	过度投资	投资不足
$Capx_{t-1}$	−0.865**	−0.589	−0.230	−2.525***	−3.663***	−0.051
	（−2.17）	（−1.09）	（−0.37）	（−3.31）	（−3.15）	（−0.05）
Interest	1.038***	0.345***	1.746***	0.343***	0.106***	0.519***
	（15.41）	（3.78）	（17.36）	（12.06）	（2.62）	（13.29）
$Capx_{t-1}×$ Interest	**0.490**	**1.745**	**−1.497**	**0.599***	**1.041***	**−0.474**
	（0.63）	**（1.53）**	**（−1.33）**	**（1.77）**	**（1.95）**	**（−1.08）**
Indep	−0.627***	−0.858***	−0.026	−0.476***	−0.820***	0.093
	（−5.28）	（−5.36）	（−0.15）	（−4.01）	（−5.19）	（0.54）
Board	−0.585***	−0.461***	−0.437***	−0.590***	−0.461***	−0.461***
	（−19.00）	（−11.38）	（−9.28）	（−19.18）	（−11.38）	（−9.76）
Div	−0.019	0.047*	−0.112***	−0.020	0.043	−0.086***
	（−1.05）	（1.69）	（−5.02）	（−1.13）	（1.58）	（−3.82）
M_share	0.748***	2.414***	0.352***	0.802***	2.421***	0.434***
	（24.50）	（6.30）	（10.58）	（26.68）	（6.29）	（13.00）
Dual	−0.129***	−0.036	−0.087***	−0.131***	−0.035	−0.101***
	（−9.37）	（−1.43）	（−5.48）	（−9.54）	（−1.38）	（−6.26）
_cons	1.716***	1.602***	0.871***	1.426***	1.517***	0.621***
	（16.23）	（11.49）	（5.33）	（11.82）	（9.38）	（3.42）
Ind_dummy	YES	YES	YES	YES	YES	YES
Year	YES	YES	YES	YES	YES	YES
Adjust R^2	0.206	0.122	0.207	0.203	0.124	0.189
F 值	216.196***	55.969***	108.890***	213.847***	57.286***	96.976***
N	19 115	9 587	9 514	19 115	9 587	9 514

注：表中括号内为经 Robust 之后的稳健性 T 值；***、**、* 分别表示在 1%、5%、10% 统计意义显著。

5. 拓展性分析

5.1 利率管制放松、银行信贷与非效率投资

利率管制放松是通过什么途径促进企业提升企业投资效率的？对于此问题的探究有助于深化我们对利率管制放松改善宏观融资效率与微观投资效率进而提升企业价值的作用的整体认识。本文将从消除信贷歧视与风险和利率的匹配这两个视角进行分析，本文认为消除信贷歧视有助于缓解融资约束，降低企业投资不足，而利率与风险匹配不仅有助于抑制过度投资，而且可以缓解投资不足。

信贷歧视消除视角主要基于利率管制放松是否有助于增加银行信贷这一模型进行检验，其中因变量为总银行借款的变化额、短期银行借款变化额及长期借款变化额，使用期末总资产进行标准化，模型对利率管制放松与国有企业的交互项进行回归。表6报告了利率管制放松如何影响企业新增银行信贷的检验结果。检验结果显示，国有企业与利率管制放松的交互项（Soe×Interest）系数显著为负，而利率管制放松的单项系数显著为正，这表明利率管制放松会促使非国有企业增加更多地银行贷款，对国有企业作用非常有限，从而间接证明利率管制放松虽然显著缓解了非国有企业融资约束，但对于扭曲信贷歧视的作用仍然非常有限，这与表4中利率管制放松缓解非国有企业投资不足的研究结论相一致。

表6　　　　　　　　　　产权性质、利率管制放松与新增银行信贷

	（1）	（2）	（3）	（4）	（5）	（6）
	新增银行信贷		新增长期信贷		新增短期信贷	
	权重法	合成法	权重法	合成法	权重法	合成法
Interest	**0.021***	**0.019***	**0.022***	**0.015***	**−0.001**	**0.004***
	(2.90)	**(6.79)**	**(5.22)**	**(9.30)**	**(−0.08)**	**(1.70)**
Soe	0.023***	0.044***	0.013***	0.022***	0.009**	0.023***
	(4.88)	(5.25)	(4.84)	(4.35)	(2.19)	(3.23)
Soe× Interest	**−0.045***	**−0.019***	**−0.024***	**−0.009***	**−0.020***	**−0.010***
	(−5.21)	**(−5.22)**	**(−4.74)**	**(−4.15)**	**(−2.61)**	**(−3.34)**
Size	0.001**	0.001	−0.000	−0.000	0.001***	0.001**
	(2.25)	(1.26)	(−0.71)	(−1.57)	(2.79)	(2.22)
Lev	0.027***	0.028***	0.006***	0.007***	0.019***	0.020***
	(5.50)	(5.87)	(3.77)	(4.30)	(4.49)	(4.69)
Roa	−0.120***	−0.117***	−0.010	−0.008	−0.100***	−0.099***
	(−8.23)	(−7.99)	(−1.61)	(−1.26)	(−7.71)	(−7.62)

	（1）	（2）	（3）	（4）	（5）	（6）
	新增银行信贷		新增长期信贷		新增短期信贷	
	权重法	合成法	权重法	合成法	权重法	合成法
Growth	0.006***	0.006***	0.004***	0.005***	0.001	0.001
	(3.68)	(3.81)	(5.11)	(5.23)	(0.91)	(0.97)
CFO	−0.251***	−0.252***	−0.070***	−0.072***	−0.175***	−0.174***
	(−26.32)	(−26.39)	(−13.46)	(−13.77)	(−21.40)	(−21.30)
Cashholding	0.034***	0.034***	0.010***	0.011***	0.021***	0.020***
	(7.01)	(7.16)	(4.33)	(4.95)	(5.01)	(4.86)
Capx	0.276***	0.281***	0.140***	0.144***	0.125***	0.126***
	(23.08)	(23.45)	(17.23)	(17.69)	(12.57)	(12.62)
Lnage	−0.008***	−0.011***	0.001	0.000	−0.009***	−0.011***
	(−5.52)	(−7.85)	(1.46)	(0.40)	(−7.18)	(−8.99)
Monetary	−0.026	−0.004	0.082***	0.096***	−0.112***	−0.106***
	(−1.62)	(−0.26)	(7.50)	(8.79)	(−7.84)	(−7.37)
_cons	−0.038***	−0.056***	−0.036***	−0.054***	0.003	0.003
	(−2.82)	(−4.04)	(−4.78)	(−6.86)	(0.26)	(0.22)
Ind_dummy	YES	YES	YES	YES	YES	YES
Year Adjust R^2	YES 0.107	YES 0.108	YES 0.040	YES 0.042	YES 0.075	YES 0.074
F 值	52.389	52.658	16.993	18.342	36.668	36.603
N	21 962	21 962	21 962	21 962	21 962	21 962

注：表中括号内为经 Robust 之后的稳健性 T 值；***、**、*分别表示在 1%、5%、10%统计意上显著。

5.2 利率管制放松、市场化进程与非效率投资

处于转型经济阶段的中国，地区市场化进程不平衡是企业面临的重要背景。前文检验结果已经发现，利率管制放松可以通过抑制过度投资与缓解投资不足来实现投资效率的提升，利率管制放松作为要素市场市场化的一个重要维度，其对企业投资效率的影响必然受到经营所在地市场化进程的影响。市场化进程越高的地区，不仅要素市场更加发达，而且市场竞争更加激烈，其资本配置效率本身就比较高；相反，市场化进程较低的地区，由于产品市场与要素市场发育不成熟，投资效率更低，因而利率管制放松的推进可能显得更为

重要。其中市场化进程使用樊纲披露的各地区指数，并按照中位数进行分组设置虚拟变量，大于中位数取值为1，小于中位数则取值为0，然后与利率管制放松指标构成交互项，表7则报告了对上述问题的检验结果。

从表7中不难发现：利率管制放松(Interest)系数均显著为负，而地区市场化进程与利率管制放松的交互项(Market×Interest)系数显著为正(其中权重法的过度投资组边际显著，投资不足组不显著)，该结果表明在市场化进程越低的地区，利率管制放松对投资效率的促进作用更显著，相反在地区市场化进程较高的地区，作用则不明显，从而说明利率管制放松对地区市场化进程较低的地区去产能作用更加重要，这也表明利率管制放松在资源配置方面是对地区市场化进程的一种替代作用。

表7　　　　　　　　　市场化进程、利率管制放松与投资效率

	（1）	（2）	（3）	（4）	（5）	（6）
	权重法			合成法		
	全样本	过度投资	投资不足	全样本	过度投资	投资不足
Interest	−0.034***	−0.048***	−0.026***	−0.014***	−0.019***	−0.011***
	（−12.05）	（−7.73）	（−11.32）	（−12.35）	（−7.76）	（−11.72）
Market	−0.003*	−0.008*	−0.001	−0.007**	−0.012	−0.004
	（−1.73）	（−1.84）	（−0.58）	（−2.09）	（−1.59）	（−1.31）
Market× Interest	**0.004**	**0.011**	**0.001**	**0.003***	**0.004***	**0.003***
	（1.74）	**（1.49）**	**（0.36）**	**（2.80）**	**（1.88）**	**（2.88）**
Indep	−0.000	−0.000	−0.002	−0.006	−0.009	−0.006
	（−0.07）	（−0.03）	（−0.46）	（−1.29）	（−0.87）	（−1.51）
Board	−0.001	−0.003	−0.002**	−0.001	−0.003	−0.002**
	（−0.89）	（−1.26）	（−2.47）	（−0.78）	（−1.32）	（−2.23）
Div	−0.000	−0.003*	0.000	−0.000	−0.002	0.000
	（−0.45）	（−1.74）	（0.59）	（−0.16）	（−1.51）	（0.82）
M_share	0.012***	0.009***	0.011***	0.011***	0.008***	0.010***
	（7.70）	（3.06）	（7.64）	（7.03）	（2.58）	（7.11）
Dual	−0.001**	−0.002	−0.001	−0.001**	−0.002*	−0.000
	（−2.43）	（−1.57）	（−1.06）	（−2.44）	（−1.67）	（−0.96）
Monetary	−0.003	0.004	−0.005	−0.005	0.001	−0.006
	（−0.51）	（0.31）	（−0.92）	（−0.80）	（0.10）	（−1.14）
_cons	0.051***	0.073***	0.043***	0.067***	0.096***	0.055***
	（11.91）	（7.61）	（12.03）	（13.62）	（8.61）	（13.37）

	（1）	（2）	（3）	（4）	（5）	（6）
	权重法			合成法		
	全样本	过度投资	投资不足	全样本	过度投资	投资不足
Ind_dummy	YES	YES	YES	YES	YES	YES
Year	YES	YES	YES	YES	YES	YES
Adjust R^2	0.049	0.044	0.080	0.048	0.042	0.077
F 值	36.185	14.378	34.006	36.142	14.974	35.247
N	17118	6452	10666	17118	6452	10666

注：表中括号内为经 Robust 之后的稳健性 T 值；＊＊＊、＊＊、＊分别表示在 1%、5%、10%统计意义显著。

5.3 稳健性检验

使用连续变量表示的利率管制放松指数可能存在非平稳性问题导致检验结果不稳健问题，因此本文对利率管制放松指数取一阶差分后，对利率管制放松如何影响投资效率进行再检验，检验结果见表 8。检验发现，利率管制放松指数的一阶差分项系数均显著为负，这说明在控制利率管制放松的平稳性后，利率管制放松有助于提升企业投资效率这一研究结论依然是稳健的。

表 8   **利率管制放松与企业投资效率（一阶差分）**

	（1）	（2）	（3）	（4）	（5）	（6）
	权重法			合成法		
	全样本	过度投资	投资不足	全样本	过度投资	投资不足
Dinterest	**−0.036*****	**−0.032*****	**−0.033*****	**−0.004*****	**−0.006*****	**−0.003*****
	（−3.56）	**（−1.44）**	**（−4.00）**	**（−4.18）**	**（−2.93）**	**（−3.30）**
Indep	−0.007*	−0.010	−0.007*	−0.007*	−0.010	−0.007*
	（−1.69）	（−1.03）	（−1.93）	（−1.68）	（−1.06）	（−1.91）
Board	0.000	−0.001	−0.001	0.000	−0.001	−0.001
	（0.24）	（−0.46）	（−1.50）	（0.26）	（−0.53）	（−1.41）
Div	−0.001	−0.003*	−0.000	−0.001	−0.003*	−0.000
	（−1.06）	（−1.78）	（−0.13）	（−0.98）	（−1.79）	（−0.05）

	（1）	（2）	（3）	（4）	（5）	（6）
	权重法			合成法		
	全样本	过度投资	投资不足	全样本	过度投资	投资不足
M_share	0.007***	0.003	0.007***	0.007***	0.004	0.007***
	（4.54）	（0.98）	（4.87）	（4.71）	（1.18）	（4.95）
Dual	−0.001**	−0.002	−0.000	−0.001**	−0.002	−0.000
	（−2.01）	（−1.38）	（−0.63）	（−2.02）	（−1.42）	（−0.64）
Monetary	0.020***	0.042***	0.011*	0.032***	0.052***	0.023***
	（2.80）	（2.66）	（1.95）	（5.45）	（3.98）	（4.69）
_cons	0.031***	0.042***	0.029***	0.028***	0.040***	0.025***
	（7.53）	（4.61）	（8.25）	（7.05）	（4.59）	（7.58）
Ind_dummy	YES	YES	YES	YES	YES	YES
Year Adjust R^2	YES 0.036	YES 0.030	YES 0.060	YES 0.036	YES 0.031	YES 0.059
F 值	29.433	11.328	29.238	29.655	11.720	29.876
N	17 118	6 452	10 666	17 118	6 452	10 666

注：表中括号内为经 Robust 之后的稳健性 T 值；***、**、* 分别表示在 1%、5%、10% 统计意义显著。

6. 研究结论与政策意义

利率管制放松作为我国经济市场化改革的重要组成部分，对改善我国资本配置效率具有重要意义。为避免系统性风险爆发，提高宏微观信贷资源利用效率，以利率为代表的要素市场改革一直以渐进式改革方式在稳步推进。然而理论界较少文献从实证研究角度出发对利率管制放松影响微观企业投融资行为的作用机理展开研究，特别是对我国利率管制放松如何影响企业资本配置效率关注较少。本文使用 2003—2015 年中国非金融类上市公司为研究样本，研究我国利率管制放松如何影响企业投资效率行为及其经济后果。实证结果发现：第一，利率管制放松显著提升企业投资与投资机会的敏感性，即企业投资效率得到提升；第二，相比国有企业，利率管制放松抑制非国有企业的非效率投资行为（包括过度投资和投资不足）更显著；第三，利率管制放松显著促进了公司投资价值效应的提升。该研究拓展了逐步利率管制放松和实行渐进式的利率市场化改革背景下企业投资效率的理论研究视野，同时对当前我国供给侧结构性改革过程中的去产能、去杠杆具有一定的借鉴意义。

本文研究结论的政策启示意义在于：第一，基于产权性质视角拓展并深化了对利率管制放松产生微观经济后果的理论认识，为利率管制放松的政策评估后果提供了实证依据。第二，本文沿着宏观融资机制—微观投资效率的路径，分析导致我国部分企业投资效率不佳的制度因素，揭示了宏观融资机制与微观企业投资效率之间的逻辑关系，拓展并丰富了我国企业投资效率低下的制度诱因，并为后续研究提供新视角。第三，充分发挥政府"有形之手"与市场"无形之手"的各自比较优势进而实现"三去一降一补"是决定当前供给侧结构性改革成败的关键，本文从利率管制放松视角揭示了利率市场化对去产能的积极作用，揭示了要素市场化改革对改善资源配置效应的重要意义。因此，未来政府应积极采取有效的市场化改革措施，妥善处理"政府与市场"的关系，稳步推进包括利率市场化在内的各项改革，以市场推改革，以改革促发展，充分释放改革红利，促进经济行稳致远。

◎ 参考文献

[1] 程新生，谭有超，刘建梅. 非财务信息、外部融资与投资效率——基于外部制度约束的研究[J]. 管理世界，2012(7).

[2] 付强，刘星. 政府干预、公司控制权转移与投资效率——基于 Heckman 两阶段选择模型的分析[J]. 技术经济与管理研究，2017(5).

[3] 顾海兵，夏梦，张安军. 1996—2010 年中国利率市场化程度的测定[J]. 价格理论与实践，2013(2).

[4] 韩东平，张鹏. 货币政策、融资约束与投资效率——来自中国民营上市公司的经验证据[J]. 南开管理评论，2015(4).

[5] 何捷，张会丽，陆正飞. 货币政策与集团企业负债模式研究[J]. 管理世界，2017(5).

[6] 何熙琼，尹长萍，毛洪涛. 产业政策对企业投资效率的影响及其作用机制研究——基于银行信贷的中介作用与市场竞争的调节作用[J]. 南开管理评论，2016(5).

[7] 侯青川，靳庆鲁，陈明端. 经济发展、政府偏袒与公司发展——基于政府代理问题与公司代理问题的分析[J]. 经济研究，2015(1).

[8] 花贵如，郑凯，刘志远. 政府控制、投资者情绪与公司资本投资[J]. 管理评论，2014(3).

[9] 靳庆鲁，孔祥，侯青川. 货币政策，民营企业投资效率与公司期权价值[J]. 经济研究，2012(5).

[10] 黎文靖，郑曼妮. 实质性创新还是策略性创新？——宏观产业政策对微观企业创新的影响[J]. 经济研究，2016(4).

[11] 李广子，刘力. 债务融资成本与民营信贷歧视[J]. 金融研究，2009(12).

[12] 李萍，冯梦黎. 利率市场化对我国经济增长质量的影响：一个新的解释思路[J]. 经济评论，2016(2).

[13] 李青原. 会计信息治理、审计监督与公司投资效率——来自我国上市公司的经验证据[J]. 审计研究，2009(4).

[14] 李焰，秦义虎，张肖飞. 企业产权，管理者背景特征与投资效率[J]. 管理世界，

2011(1).

[15]连玉君,苏治.融资约束、不确定性与上市公司投资效率[J].管理评论,2009(1).

[16]刘瑞明.金融压抑、所有制歧视与增长拖累——国有企业效率损失再考察[J].经济学(季刊),2011(2).

[17]刘星,刘理,窦炜.融资约束,代理冲突与中国上市公司非效率投资行为研究[J].管理工程学报,2014(3).

[18]陆正飞,何捷,窦欢.谁更过度负债:国有还是非国有企业?[J].经济研究,2015(12).

[19]罗党论,应千伟,常亮.银行授信,产权与企业过度投资:中国上市公司的经验证据[J].世界经济,2012(3).

[20]罗付岩.信息不对称、银企关系与企业投资效率[J].金融经济学研究,2013(6).

[21]曲进,高升好.银行与企业关联提升抑或降低了企业投资效率?[J].数量经济技术经济研究,2015(1).

[22]申慧慧,于鹏,吴联生.国有股权、环境不确定性与投资效率[J].经济研究,2012(7).

[23]孙晓华,李明珊.国有企业的过度投资及其效率损失[J].中国工业经济,2016(10).

[24]覃家琦,邵新建.中国交叉上市公司的投资效率与市场价值——绑定假说还是政府干预假说?[J].经济学季刊,2016(2).

[25]万良勇.法治环境与企业投资效率——基于中国上市公司的实证研究[J].金融研究,2013(12).

[26]王东静,张祥建.利率市场化,企业融资与金融机构信贷行为研究[J].世界经济,2007(2).

[27]肖珉,任春艳,张芬芳.信息不对称、制度约束与投资效率——基于不同产权安排的实证研究[J].投资研究,2014(1).

[28]杨瑞龙,王元,聂辉华."准官员"的晋升机制:来自中国央企的证据[J].管理世界,2013(3).

[29]余明桂,范蕊,钟慧洁.中国产业政策与企业技术创新[J].中国工业经济,2016(12).

[30]喻坤,李治国,张晓蓉,徐剑刚.企业投资效率之谜:融资约束假说与货币政策冲击[J].经济研究,2014(5).

[31]张新民,张婷婷,陈德球.产业政策、融资约束与企业投资效率[J].会计研究,2017(4).

[32]赵静,郝颖.政府干预,产权特征与企业投资效率[J].科研管理,2014(5).

[33]钟马,徐光华.社会责任信息披露、财务信息质量与投资效率——基于"强制披露时代"中国上市公司的证据[J].管理评论,2017(2).

[34]祝继高,陆正飞.货币政策、企业成长与现金持有水平变化[J].管理世界,2009

(3).

[35] Abiad, A., Mody, A. Financial reform: What shakes it? what shapes it? [J]. *American Economic Review*, 2005, 95(1).

[36] Agénor, P., Khan, M. S. Foreign currency deposits and the demand for money in developing countries[J]. *Journal of Development Economics*, 1996, 50(1).

[37] Aggarwal, R. K., Samwick, A. A. Empire-builders and Shirkers: Investment, firm performance, and managerial incentives[J]. *Journal of Corporate Finance*, 2006, 12(3).

[38] Ali, A., Tony, C., Hang, L. Financial liberalization and bank efficiency: A comparative analysis of India and Pakistan[J]. *Applied Economics*, 2004, 36(17).

[39] Ameer, R. Financial liberalization and capital structure dynamics in developing countries: Evidence from emerging markets of South East Asia[J]. *SSRN Working Paper*, 2003.

[40] Ataullah, A., Cockerill, T., Le, H. Financial liberalization and bank efficiency: A comparative analysis of india and pakistan[J]. *Applied Economics*, 2004, 36(17).

[41] Azim, M. Corporate governance mechanisms and their impact on company performance: A structural equation model analysis[J]. *Social Science Electronic Publishing*, 2012, 37 (3).

[42] Baker, M., Gompers, P., Hart, O. Career concerns and staged investment: Evidence from the venture capital industry[J]. *Harvard Business Review*, 2000.

[43] Bertrand, M., Mullainathan, S. Enjoying the quiet life? corporate governance and managerial preferences[J]. *Journal of Political Economy*, 2003, 111(5).

[44] Biddle, G. C., Hilary, G., Verdi, R. S. How does financial reporting quality improve investment efficiency? [J]. *Journal of Accounting & Economics*, 2009, 48(2-3).

[45] Jensen, M. C. Agency costs of free cash flow, corporate finance, and takeovers[J]. *The American Economic Review*, 1986, 76(2).

[46] Lin, C., Ma, Y., Su, D. W. Corporate governance and firm efficiency: Evidence from China's publicly listed firms[J]. *Managerial and Decision Economics*, 2009, 30(3).

[47] Chen, F., et al. Financial reporting quality and investment efficiency of private firms in emerging markets[J]. *The Accounting Review*, 2011, 86(4).

[48] Eshun, M. E., Adu, G., Buabeng, E. The financial determinants of private investment in Ghana[J]. *MPRA Paper*, 2014, 3(1).

[49] Freeman, R. B. It's financialization[J]. *International Labour Review*, 2010, 149(2).

[50] Gelos, R. G., Werner, A. M. Financial liberalization, credit constraints, and collateral: Investment in the Mexican manufacturing sector [J]. *Journal of Development Economics*, 2002, 67(1).

[51] Gomariz, M. F. C., Ballesta, J. P. S. Financial reporting quality, debt maturity and investment efficiency[J]. *Journal of Banking & Finance*, 2014, 40(1).

[52] Harris, J. R., Schiantarelli, F., Siregar, M. G. The effect of financial liberalization on

the capital structure and investment decisions of indonesian manufacturing establishments[J]. *The World Bank Economic Review*, 1994, 8(1).

[53]Hennessy,C. A. , Levy, A. , Whited, T. M. Testing Q theory with financing frictions [J]. *Journal of Financial Economics*, 2007, 83(3).

[54]Johnson, S. , La, P. R. , Lopez-de-Silanes, F. , Shleifer, A . Tunneling[J]. *American Economic Review*, 2000, 90(5).

[55] Koo, J. , Shin, S. Financial liberalization and corporate investments: Evidence from Korean firm data[J]. *Asian Economic Journal*, 2004, 18(3).

[56]Krippner, G. The financialization1 of the American economy[J]. *Socio-Economic Review*, 2005, 3(2).

[57]Laeven, L. Does financial liberalization reduce financing constraints? [J]. *Financial Management*, 2003, 32(1).

[58]Maghyereh,A. The effect of financial liberalization on the efficiency of financial institutions: The case of jordanian commercial banks [J]. *Journal of Transnational Management Development*, 2004, 9(2).

[59] McConnell, J. J. , Muscarella, C. J. Corporate capital expenditure decisions and the market value of the firm[J]. *Journal of Financial Economics*, 1985, 14(3).

[60] Meso, B. W. , Kaino, D. K. Financial liberalization and bank efficiency: The case of commercial banks in Kenya[J]. *Iup Journal of Applied Economics*, 2008, 7(3).

[61] Myers, S. C. Determinants of corporate borrowing[J]. *Journal of Financial Economics*, 1977, 5(2).

[62]Niels, H. , Vu, T. H. N. The impact of financial liberalization on bank efficiency: Evidence from Latin America and Asia[J]. *Applied Economics*, 2010, 42(26).

[63]Obstfeld, M. Evaluating risky consumption paths: The role of intertemporal substitutability[J]. *European Economic Review*, 1994, 38(7).

[64]Rancière, R. , Tornell, A. Financial liberalization, debt mismatch, allocative efficiency, and growth[J]. *American Economic Journal Macroeconomics*, 2016, 8(2).

[65]Richardson,S. Over-investment of free cash flow[J]. *Review of Accounting Studies*, 2006, 11(2-3).

[66]Siregar, M. *Financial liberalization, investment, and debt allocation* [D]. Boston University, 1992.

[67]Stein, J. C. Agency information and corporate investment [J]. *Social Science Electronic Publishing*, 2003, 1(3).

[68] Wurgler, J. Financial markets and the allocation of capital [J]. *Journal of Financial Economics*, 2000, 58(1).

[69]Zheka, V. Corporate governance, ownership structure and corporate efficiency: The case of

Ukraine[J]. *Managerial and Decision Economics*, 2005, 26(7).

Ownership Structure, Interest Rate Deregulation and Enterprise Investment

—Empirical Evidence from Chinese Non-financial Listed Companies

Yang Zheng[1]   Liu Fang[2]   Hu Wenjia[3]

(1 School of Management, Wuhan Textile University, Wuhan, 430200;

2 Wuhan Wuchang District State-owned Assets Supervision and Administration Office, Wuhan, 430060;

3 School of Business Administration, Hubei University of Economics, Wuhan, 430205)

Abstract: In Chinese current bank-dominated financial system, bank credit occupies a very important position in the structure of enterprise financing. The market-oriented reform, represented by the interest rate deregulation, has effectively promoted the market process of the credit market. Thus this is of great significance to perfect the formation mechanism of capital price, ameliorate the capital allocation and improve the efficiency of enterprise' investment. By selecting a sample of Chinese A-share non-financial listed company data from 2003 to 2015, this paper undertakes an empirical study how interest rate deregulation affects the enterprise's investment efficiency and economic consequences. The study finds that, firstly, the loosening of interest rate deregulation was helpful to enhance the sensitivity of enterprise's investment and investment opportunities, in other words, was helpful to improve enterprise investment efficiency; secondly, interest rate deregulation had significantly hindered excessive investment in state-owned enterprises than in non-state-owned enterprises; thirdly, the interest rate deregulation had significantly promoted the value effect of enterprise investment. Further test results showed that, the effect of interest rate deregulation on investment efficiency was more significant than that in the region with lower market process. The paper expend the horizon in the research field of China's interest rate marketization, confirmed the positive role of interest rate marketization on corporate investment behavior and also had certain reference value for current supply side structural reform.

Key words: Ownership structure; Interest rate deregulation; Enterprise investment; Value effect

专业主编：潘红波

先易后难，还是先难后易？*

——基于调节模式理论的任务启动选择研究

● 汪　涛[1]　雷卫华[2]　王源富[3]

（1，2，3 武汉大学经济与管理学院　武汉　430072）

【摘　要】本文基于调节模式理论，通过两组实验，探讨了当面临难易任务选择时，个体的调节模式对消费者任务启动的影响，以及外部奖励对此主效应的调节作用，并得出以下结论：（1）运动模式的人倾向于优先启动容易任务；评估模式的人倾向于优先启动困难任务。（2）当给予过程奖励时，都倾向于优先启动容易任务；当给予能力奖励时，都倾向于优先启动困难任务。该研究拓展了任务启动的相关研究，丰富了调节模式理论在目标追求领域的应用。

【关键词】任务分类　调节模式理论　运动模式　评估模式　外部奖励

中图分类号：F274　　　　　文献标识码：A

1. 引言

"这个事情好难"、"这个事情太容易了"。在现实生活中，人们会对任务的难易进行划分，我们经常会感知到有的事情困难，有的事情容易，例如：拼一个复杂的单词比拼一个简单的单词更加困难（Whittlesea & Williams，2000）。人们常常会根据自身的经验知识对事情的难易程度进行判断（Murphy & Medin，1985），并将事情划分为困难和容易两种类型，而这种分类又会进一步影响人们后续的判断、选择和行为，例如，影响人们思考物体的尺寸（Cech，Shoben & Love，1990），如何解决问题（Chrysikou，2006），以及对不同产品的相似性感知（Ratneshwar et al.，2001）。

现有关于任务难易的研究中，主要将任务难度看做一种元认知情感，并从任务难度的负面影响和相关调节变量两个方面展开研究（Vallacher & Wegner，1987；Whittlesea & Williams，2000；Luce，Jia & Fischer，2003；Thomas & Morwitz，2009；Trope & Liberman，2010；Manoj T. & Claire I. T.，2011），如 Thomas 和 Morwitz（2009）认为解决复杂的算数问

---

* 基金项目：本文获得国家自然科学基金重点项目"全球化和网络化环境下的中国企业品牌国际化营销战略研究"（项目批准号：71532011）的资助。

通讯作者：汪涛，E-mail：wangtao@whu.edu.cn。

题让人感到更加困难，而这种困难的感觉会影响消费者的大小判断等。而对于任务难易分类对任务启动选择的积极影响的研究却十分匮乏，如任务难易分类提高消费者启动任务意愿等方面的研究。但在日常生活中，任务难易会显著地影响个体的任务启动和选择（先难后易还是先易后难）。例如，在同时面临困难和容易的任务的时候，有些人会优先开始困难的任务，再完成容易的任务，而另一些人则更有可能优先开始容易的任务，之后再进行困难的任务。那么个体在怎样的情况下会选择先开始困难的任务，在怎样的情况下会倾向于先开始容易的任务？以往研究忽视了任务难易对任务启动选择的影响，故不能很好地解释这一问题，该研究以调节模式理论为基础，弥补现有研究的局限。

基于调节模式理论，该文研究了任务难易对消费者任务启动的影响，解释了其中的作用机制，并界定了相应的边界条件。通过两组实验，得出以下结论：行为调节模式会显著地影响个体的任务选择偏好（先难后易、先易后难），运动模式行为导向的人更倾向优先选择启动容易的任务；评估模式行为导向的人更倾向优先选择启动困难的任务。同时，任务的启动选择会受到外部奖励的调节，当给予过程奖励时，无论是评估模式行为导向的个体还是运动模式行为导向的个体都倾向于优先启动容易的任务；当给予能力奖励时，无论是评估模式行为导向的个体还是运动模式行为导向的个体都倾向于优先启动困难的任务。

2. 理论基础

2.1 任务难易分类

研究表明，人们对于空间、人物以及物体的分类是一个普遍存在的自发的过程（Allport，1954；Brewer，1988；Cohen & Basu，1987；Devine，1989；Fiske & Neuberg，1990），人们经常根据自己的个人知识或者理论将不相关的概念整理分类（Murphy & Medin，1985），这种分类会影响人们一系列的判断，从人们如何思考一个物体的尺寸（Cech，Shoben & Love，1990）到如何解决问题（Chrysikou，2006），以及如何对不同产品的相似性进行感知（Ratneshwar et al.，2001）。也有研究表明，人们通常有规律地通过一些判断和决策领域将事件进行划分和分类（Fox，Ratner & Lieb，2005）。由此可知，消费者对于事情、事物的分类是常见的。

同时，在我们的日常生活中，将任务进行困难和容易的分类也是时常发生的事情。我们经常会感知到有的事情困难，有的事情容易。在以往有关任务难易的研究中，绝大多数研究将任务难度看做一种元认知情感，并从两个方面展开了相关研究。一方面，研究了任务难度的负面影响，同时，也有学者指出复杂的选择会让人感到困难，进而降低选择信心（Luce，Jia & Fischer，2003）和对选择过程的满意度（Fitzsimons，2000），提高拖延选择的意愿（Dhar，1997），甚至会有更差的表现绩效（Iyengar & Lepper，2000）。另一方面，研究了影响任务难度的因素，如Thompson等人（2009）指出任务的处理方式会影响消费者的对于难易的感知，Manoj T. 和 Claire I. T. （2011）认为心理距离也会影响消费者对于任务难易的感知。但对于任务难度的不同水平对消费者任务启动的积极影响的研究还十分匮乏。例如，在同时面临困难和容易的事情的时候，是先开始困难的事情，还是先开始容易的事情呢？为什么有的人会选择先开始困难的事情，而有的人又倾向于选择先开始容易的事情？以往的研究并未作出回答，该研究试图揭开该问题的答案，认为消费者潜在的行为模式决定其任务难易分类之后的启动选择。

2.2 调节模式理论(Regulatory Mode Theory)

Antonio P. et al. (2011)指出大多数人类行为由两种基本行为模式组成：运动模式(locomotion)和评估模式(assessment)，也就是调节模式理论的两个基本组成部分(Higgins & Kruglanski，2003；Kruglanski et al.，2000)。

"运动"作为自我调节组成部分之一，强调状态转移，保证通过一个简单直接的途径实现目标的启动或者保持目标相关的进度，同时，没有不适当的干扰或拖延(Kruglanski et al.，2000)。具体而言，"运动"不仅仅指从一个现有状态到一个有价值的或者理想的状态的转移，而且也指从一个地方到一个地方，一个状态到一个状态的移动(Tamar Avnet & Higgins，2003)。根据场地论(field theory，Deutsch，1968；Lewin，1951)，运动是生活空间中任何区域位置的改变，不管是行为上的还是心理上的。运动的本质特征就是开始从一个现有状态到一个新状态的移动，没有特定的最终目的，方向或者地点在脑中(Tamar Avnet & Higgins，2003)。简而言之，运动模式的人关注从一个状态到一个状态的转移，以实现状态改变(Higgins et al.，2003)。

相对而言，"评估"作为自我调节的另一组成部分，强调对比，涉及批判性地评价物体或者状态，如目标或者方法，以判断各种替代选择之间的相对质量，以期找到最优的目标或者实现目标的方法(Kruglanski et al.，2000)。具体而言，"评估"是指为了达到精密地评价、理解或解释的目的，或者作为一种采取行动的向导，而对某种东西的价格、数量、尺寸、价值或者重要性进行衡量、解释或者估价的一种导向(Tamar Avnet & Higgins，2003)。这暗示着不同状态(现有状态或者最终状态)的价值或者重要性都会被独立地评估，同时用来向最终状态转移的方法的价值或者效用也会被独立地评估(Tamar Avnet & Higgins，2003)。简而言之，评估模式的人更关注各个状态或者方法之间的对比，以找到最优方案(Higgins et al.，2003)。

以往对于自我调节的研究可以分为两个阶段，第一阶段是传统控制理论(classic control theory)，认为评估和运动是任何行为的不可分离的、相互依赖的组成部分(Carver & Scheier，1998；Gollwitzer，1990；Higgins，1989；Kuhl，1985；Mischel，1974，1981)。但这种说法很快被 Higgins 和 Kruglanski 等人推翻，并提出这两种自我调节模式是相互独立的，每一种自我调节模式都能被消费者个体所看重，作为一种消费者特质或者暂时的情景启动(Higgins et al.，2003；Kruglanski et al.，2000)，由此自我调节模式理论的研究发展到了第二阶段。在该阶段，运动和评估被明确区分，认为在不同情境下，这两种调节模式会得到不同的偏重，如 Rubicon 模型的行动阶段中目标设定导向和目标追求导向的区分(Gollwitzer，1990；Heckhausen & Gollwitzer，1987)等。总的来说，前人的研究表明运动模式和评估模式作为消费者个体长期的行为模式导向是自我调节活动中相互独立的两个部分，涉及不同的动机偏向，都有助于消费者自我调节的成功(Tamar Avnet & Higgins，2003)。

由此可以推断，自我调节模式作为消费者行为的基本组成部分，对于偏重不同调节模式的人而言，在任务选择、任务完成方法等问题上可能会有不同的抉择。在该研究中，我们认为在对任务进行难易分类之后，消费者所偏重的调节模式会影响其目标启动选择，进而促进目标追求转移。换言之，对于以上两种偏重不同行为模式的人而言，在面临困难或者容易的任务的时候，就会有不同的选择，具体如下。

2.3　任务启动选择

2.3.1　运动模式

正如上文所述，对于偏重运动模式行为导向的人而言，他们更关注的是从一个状态到另一个状态的转移，以实现状态改变(Higgins et al.，2003)。这类消费者个体强调"着手去做"、"赶紧去做"和"让事情发生"(Higgins et al.，2003)。也有学者研究发现，他们在面临任务的时候，主要考虑的是着手去做，以期实现状态的改变，正如耐克的广告语所言"just do it"(Kruglanski et al.，2000)。同时，在做选择决定的时候，他们更愿意选择任何可以从事并且不被中断的活动，而不愿意等待(Antonio P.，et al.，2011)。由此可以推断，运动模式行为导向的人在面临困难和容易任务的时候，更倾向于启动能够快速开始并且不容易被打断的任务，即容易的任务。同时，容易的任务完成速度快，可行性高，可以很快的达到从未完成状态到完成状态的转移(Higgins et al.，2003)，这也使得容易任务成为运动模式行为导向的人的首选。

2.3.2　评估模式

而对于评估模式行为导向的人而言，他们会对其个体本身和其他人的多个方面进行批判性评估(Antonio P. et al.，2011)。他们在对所有的替代选择进行比较之后，倾向于最好的选项，并且他们也会努力采取相应的最正确的或者最合适的行动步骤(Higgins et al.，2003)。换言之，这类消费者个体在任何情境下都倾向于去做"正确的事情"(Kruglanski et al.，2000)。因此，在面临任务的时候，他们会考虑任务是什么，应该通过什么样的途径才能最好的完成任务。任务的不同状态(现有状态或者最终状态)的价值或者重要性都会被单独评估，同时用来向最终状态转移的方法的价值或者效用也会被单独评估(Tamar Avnet & Higgins，2003)，通过对各个状态或者方法之间的对比，以期望找到完成任务的最优方案，并在后续的实际行动中按照此方案行动(Higgins et al.，2003)。由此推断，此类消费者在面临由困难任务和容易任务组成的总任务时，他们会对各种完成方案进行对比，并选择最优方案采取行动以最大化完成总任务的可能性。而传统的观点告诉我们，随着目标追求的开展，越来越多的努力会被消耗掉，人们的个人能量水平会逐渐降低(Baumeister et al.，1998；Vohs & Faber，2007)。因此，为了最大化完成总目标的可能性，他们更可能将困难的任务放在前面，以保证自己有充足的能量来完成这些困难的任务，因而更可能优先启动困难的任务。

由此，得出该研究的假设 H1a 和 H1b：

H1a：在对任务进行难易分类之后，运动模式行为导向的人更倾向于选择先启动容易的任务。

H1b：在对任务进行难易分类之后，评估模式行为导向的人更倾向于选择先启动困难的任务。

2.3.3 外部奖励的调节作用

对于相同的难易任务组合，不同的人有不同的任务启动选择。运动模式行为导向的人倾向于选择优先启动容易的任务，而评估模式行为导向的人倾向于选择优先启动困难的任务。是否在任何时候都是这样的选择结果呢？如果不是，那么在什么情况下，消费者的选择会发生逆转呢？

已有研究表明，当出现压倒性的反事实信息的时候，消费者的行为就会改变，如任务奖励信息（Plaks et al., 2001）。同时，范玲霞等人（2014）发现奖励不仅能够塑造行为，也能影响个体的内部心理过程（Della Libera & Chelazzi, 2006）。在注意选择过程中，与奖励联结的刺激能够吸引注意资源。同时，近年来，有研究发现如果对某个目标的选择经常伴随奖励，那么个体会倾向于选择该目标刺激（Hickey et al., 2010）。由此可以推断，当消费者被告知完成部分或所有任务就会得到某种奖励的时候，消费者对于任务启动的选择就会改变，他们会被奖励型任务所吸引并更倾向于选择启动奖励型任务。

该研究探讨的是消费者的多目标追求，根据传统的观点，对于多目标追求的奖励主要有两种类型：过程奖励，即消费者每完成一个子任务并推进了总体任务的进度就会得到相应的子任务奖励；能力奖励，即根据消费者完成所有任务的能力判断给予相应的奖励。该文认为，消费者在面对这两种不同的外部奖励的时候，其任务启动选择就会发生逆转。具体而言，当设置过程奖励时，消费者为得到过程奖励会尽可能地选择启动完成可能性高、完成速度快的子任务，因而选择启动容易的任务；而当设置能力奖励时，消费者为得到能力奖励会尽可能地选择启动能证明自己能力的子任务，进而选择困难的任务。总而言之，消费者对于困难任务和容易任务的启动选择受到外部奖励的调节。由此，得出该研究的假设 2a 和 2b：

H2a：当给予过程奖励时，无论是评估模式行为导向的人还是运动模式行为导向的人都倾向于选择启动容易的任务。

H2b：当给予能力奖励时，无论是评估模式行为导向的人还是运动模式行为导向的人都倾向于选择启动困难的任务。

3. 研究方法

3.1 实验概述

该研究通过两组实验进行了假设验证。实验一对该研究的主效应进行了检验，即任务难易分类对消费者任务启动选择影响，验证了假设 1；实验二检验了外部奖励对主效应的调节作用，验证了假设 2，界定了主效应的边界条件。

3.2 实验一：主效应检验

3.2.1 实验目的

实验一的目的是为了证明假设 1，即个体调节模式对难易任务启动选择的影响。实验采取组间设计(行为模式:评估模式 vs. 运动模式),来自某大学的 70 名学生(52% 为女性,平均年龄 = 23 岁,$s = 1.35$)以交换学分(实验课)的方式参与了此次实验。剔除无效样本,剩余有效样本为 67 名。在实验中,所有被试被随机分配到两组,$n_{运动}$ = 33,$n_{评估}$ = 34。

3.2.2 实验方法

(1)预实验。

为保证实验一中对跑步任务(见表1)难易程度的操作是有效的,选择某大学的 41 名大学生参与了此次预实验。研究者向被试展示两个不同的跑步任务(表1,任务难易通过跑步距离操作),然后询问被试者对所展示的跑步任务的难易感知,通过 7 分量表(1 分非常容易,7 分非常难)测量。

结果显示,困难任务的难度感知要显著高于容易任务($M_{困难}$ = 5.00,$s = 1.38 > M_{容易}$ = 2.46,$s = 1.55$;$t(41) = 11.471$,$p < 0.05$;Cohen's $d = 1.73$),说明对任务难易的操作是有效的。

表1 实验1刺激物设计

编号	跑步距离(单位:米)
任务 1(易)	400
任务 2(难)	2000

(2)主实验。

所有被试者被随机分配到两组(运动模式组或者评估模式组),然后根据分组启动被试的调节模式。研究者告知所有的被试将先参加一个名叫"回忆过去行为"的小活动(Tamar Avnet & Higgins,2003),指导语如下:

"本次活动的主题是回忆过去行为。请回忆您在过去发生的三种不同类型的行为,这些行为是你认为人们日常生活中经常发生的,然后就每种行为举一个小例子写在纸上。"在操作完毕之后让被试完成一份问卷,测量被试在进行操作之后的行为模式偏向,问卷量表参考 Kruglanski et al. (2000)开发的调节模式 7 分量表(1 分完全不同意,7 分完全同意)(见附录)。

在运动模式组,被试者被要求给出如下三种行为的小例子(Kruglanski et al.,2000):
①回想你自己表现的像一个"行动者"的时候;
②回想你刚完成一个任务,紧接着又开始一个新的任务的时候;
③回想你迫不及待去做某件事情的时候。

在评估模式组,被试者被要求给出如下三种行为的小例子(Kruglanski et al.,2000):
①回想你将自己和他人比较的时候;
②回想你综合考虑自己的优点和缺点的时候;
③回想你批评别人做的工作或者自己做的工作的时候。

为了避免被试者知道这个环节和后面环节之间的联系,研究者告诉被试者"回忆过去

158

行为"的活动是为了让大家放松心情。在完成以上操作之后,研究者向两组被试展示两个难度不同的跑步任务(表1),并告知被试所有任务都需要完成,让被试者选择其中一个跑步任务启动。研究者记录其选择结果(0 易,1 难)。最后,让参与者评估两个任务的难易程度,7 分量表(1 分非常容易,7 分非常难),并进行简单的人口学统计。

3.2.3 实验结果与讨论

使用 SPSS 20.0 统计软件对实验数据进行处理,并得出以下结果:

在运动模式组,参与者的行为模式评估更偏向于运动模式($M_{运动}$ = 4.95,s = 0.81 > $M_{评估}$ = 3.97,s = 1.11;$t(33)$ = 6.862,$p < 0.05$;Cohen's d = 1.01);在评估模式组,参与者的行为模式更偏向于评估模式($M_{评估}$ = 5.00,s = 0.91 > $M_{运动}$ = 3.98,s = 1.03;$t(34)$ = 5.487,$p < 0.05$;Cohen's d = 1.05)。困难任务(2000 米)的难度感知显著高于容易任务(400 米)($M_{困难}$ = 5.04,s = 1.39 > $M_{容易}$ = 2.45,s = 1.61;$t(67)$ = 16.457,$p < 0.05$;Cohen's d = 1.72)。由此可知,消费者调节模式操作和任务难易操作是有效的。

在运动模式组,72.7%(24/33)的被试选择开始容易的跑步任务,远超过选择开始困难跑步任务的被试人数(27.3%;9/33;$\chi^2(1)$ = 6.818,$p < 0.01$)。在评估模式组,选择开始困难跑步任务的人(67.6%;23/34)显著多于选择开始容易跑步任务的人(32.4%;11/34;$\chi^2(1)$ = 4.235,$p < 0.05$)(见图1)。由此验证了该研究的假设1,即运动模式行为导向的人更倾向于选择开始容易的任务,而评估模式行为导向的人更倾向于选择开始困难的任务。

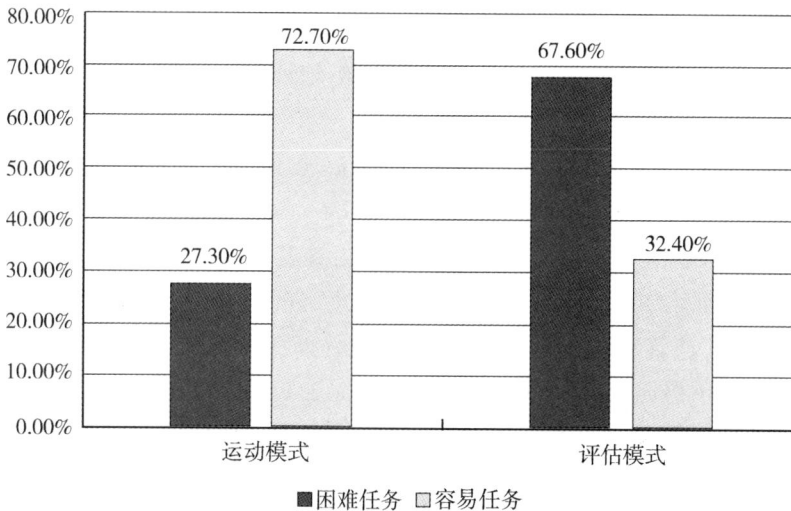

图 1　实验一结果

实验一证明了个体的调节模式会有效影响任务启动的选择(难或易),但是对于这种影响的边界并未作出明确的界定。由此,该文通过实验二进一步分析外部奖励的调节作用。

3.3 实验二：外部奖励的调节作用

3.3.1 实验目的

实验二的主要目的是为了验证假设 2。实验采取 2(行为模式：评估模式 vs. 运动模式)*2(外部奖励：过程奖励 vs. 能力奖励)的组间设计，所有被试者被随机分配到 4 组。被试为来自某大学的 165 名学生(51%为女性，平均年龄 = 21 岁，s = 1.21)以交换学分的方式参与了此次实验。剔除无效样本，剩余有效样本为 150 名。各组样本量为：$n_{运动-过程组}$ = 47，$n_{评估-过程组}$ = 41，$n_{运动-能力组}$ = 35，$n_{评估-能力组}$ = 27。

3.3.2 实验方法

在本实验中，实验刺激物选择(见表 1)与个体调节模式的操作请参见实验一。在完成调节模式操作之后，研究者向四组被试展示两个难度不同的跑步任务(表 1)，并告知被试所有任务都需要完成。对于过程奖励组，被试者被告知在完成所有的跑步任务的过程中设置了奖励，即被试者每完成任意一个跑步任务都会得到 2 元钱的现金奖励；对于能力奖励组，被试者被告知在完成所有的跑步任务的过程中设置了奖励，被试每完成一个任务都会得到 2 元钱奖励累积，只要并且只有当被试完成所有任务后会得到 4 元钱现金奖励，然后让被试者选择其中一个跑步任务启动。研究者记录其选择结果(0 易，1 难)。最后，通过 7 分量表(1 分非常容易，7 分非常难)测量参与者对任务的难易程度评估以及调节模式操纵检验，并进行简单的人口学统计。

3.3.3 实验结果与讨论

使用 SPSS 20.0 统计软件对实验数据进行处理，并得出以下结果：

在运动模式组，被试的行为模式更偏向于运动模式($M_{运动}$ = 4.93，s = 0.82 > $M_{评估}$ = 3.96，s = 1.17；$t(82)$ = 9.305，$p<0.05$；Cohen's d = 0.96)；在评估模式组，被试的行为模式更偏向于评估模式($M_{评估}$ = 5.05，s = 0.87 > $M_{运动}$ = 3.93，s = 1.02；$t(68)$ = 8.613，$p<0.05$；Cohen's d = 1.18)。困难任务(2000 米)的难度感知显著高于容易任务(400 米)($M_{困难}$ = 5.34，s = 1.47 > $M_{容易}$ = 2.29，s = 1.58；$t(150)$ = 21.822，$p<0.05$；Cohen's d = 2.00)。由此可知，消费者调节模式操作和任务难易操作是有效的。

同时，在给予子目标以价值(外部奖励)之后，主实验结果如下：在运动-过程组，选择开始容易跑步任务的人(78.7%；37/47)显著多于选择开始困难跑步任务的人(21.3%；10/47；$\chi^2(1)$ = 15.511，$p<0.01$)；在评估-过程组，选择开始容易跑步任务的人(68.3%；28/41)显著多于选择开始困难跑步任务的人(31.7%；13/41；$\chi^2(1)$ = 5.488，$p<0.05$)。由此，验证了该研究假设 2a。在运动-能力组，选择开始困难跑步任务的人(65.7%；23/35)显著多于选择开始容易跑步任务的人(34.3%；12/35；$\chi^2(1)$ = 3.457，$p<0.10$)；在评估-能力组，选择开始困难跑步任务的人(74.1%；20/27)显著多于选择开始容易跑步任务的人(25.9%；7/27；$\chi^2(1)$ = 6.259，$p<0.05$)。由此验证了假设 2b(见图 2)。

综上所述，实验二验证了该研究的假设 1、假设 2，验证了任务奖励的调节作用，界定了任务分类对消费者任务启动选择影响的作用边界。

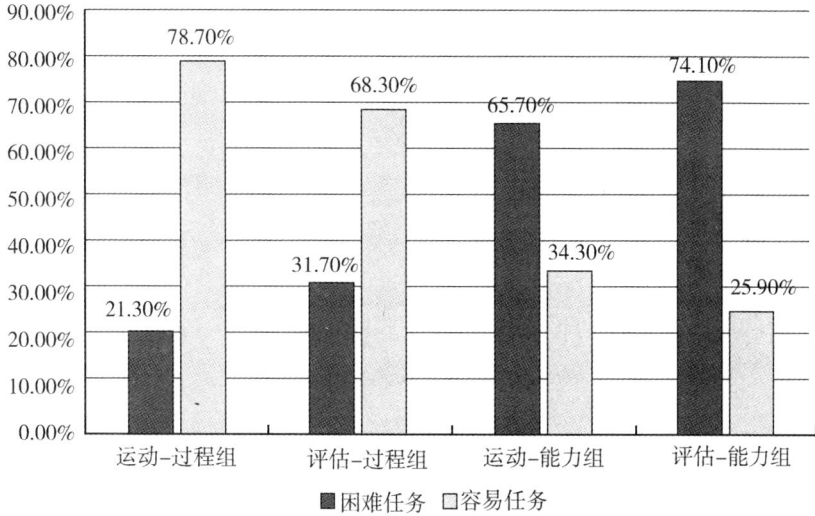

图 2　实验二结果

4. 结论

4.1　主要结论

该文从调节模式理论出发，研究了个体调节模式对难易任务启动选择的影响，分析了外部奖励的调节作用。通过实验研究的方法，得出以下结论：运动模式行为导向的人更倾向于选择先启动容易的任务；而评估模式行为导向的人更倾向于选择先启动困难的任务。当给予过程奖励时，无论是评估模式行为导向的消费者还是运动模式行为导向的消费者都倾向于选择启动容易的任务；当给予能力奖励时，无论是评估模式行为导向的消费者还是运动模式行为导向的消费者都倾向于选择启动困难的任务。

4.2　理论贡献

（1）丰富了目标追求方面的研究，验证了任务难易分类对目标追求转移的促进作用。

虽然以往对于目标追求方面的研究较多，但是不管是目标追求的二阶段模型（Heckhausen & Gollwitzer，1987；Heckhausen & Kuhl，1985；Lewin，1926）还是四阶段模型（Heckhausen & Gollwitzer，1987）对于目标追求转移的相关研究都十分匮乏，仅有 Tu 和 Dilip（2014）提出了任务的最后期限的时间分类会影响消费者目标追求从决断阶段到行动阶段的转移。该文正是丰富了该方面的研究，提出了任务的难易分类会影响消费者个人的任务选择和启动意愿，进而影响消费者目标追求从决断阶段到行动阶段的转移。

（2）基于调节模式理论，揭示了任务难易分类对任务启动选择影响的内在机制。

对于运动模式行为导向的人而言，为实现状态转移，为他们更倾向于优先选择启动能够快速开始并且不容易被打断的容易任务；而对于评估模式行为导向的人而言，为最大化总任务完成的可能性，将困难任务放在前面完成是最优方案，因而更倾向于选择优先启动困难的任务。

(3)界定了任务难易分类对任务启动选择影响的边界，验证了外部奖励的调节作用。

该文验证了外部奖励作为一种压倒性的反事实信息，对消费者行为的改变（Plaks et al.，2001）。当给予任务以外部奖励刺激时，消费者会倾向于选择该任务（Hickey et al.，2010）。在该文中，当给予消费者以外部奖励时，消费者对于任务启动的选择就会改变。具体而言，当任务伴随过程奖励时，消费者都倾向于优先选择容易的任务；当任务伴随能力奖励时，消费者都倾向于优先选择困难的任务。

4.3　管理贡献

在企业营销过程中，常常会有让消费者完成某些任务以获得奖励的活动。通过该研究，发现消费者的任务选择会受到任务难易分类和行为模式导向的交互影响，因此对于消费者行为模式导向的识别有利于企业更好地达到自己的营销目的。同时，该文还提出了外部奖励的调节作用，在营销实践中，企业可以通过外部奖励以刺激消费者选择其产品或者选择其预设的任务或目标，以达到其营销目的。

4.4　研究局限性及未来研究方向

该文虽然丰富了目标追求方面的文献，提出了任务难易分类会促进消费者目标追求的转移。但是，仍存在以下不足：

首先，该研究的实验被试群体均来自在校大学生，样本的代表性有限，在未来研究中，可以考虑从各个群体阶层选取被试者进行实验，以更好地验证该研究结果。

其次，该研究的实验全部采取实验室实验法，在未来研究中，可以考虑田野实验的方法以验证该研究结论的普遍适用性。

最后，该文提出任务难易分类对目标追求转移的影响，在未来的研究中，可以探讨是否还有其他因素会对消费者目标追求的转移产生影响。

◎　**参考文献**

[1]范玲霞，齐森青，郭仁露，黄博，杨东.奖励影响注意选择的认知加工机制[J].心理科学进展，2014，22(10).

[2]徐雷，王丽君，赵远方，谭金凤，陈安涛.阈下奖励调节认知控制的权衡[J].心理学报，2014，46(4).

[3]杨德锋，江霞，赵平.奖励能改变分享者原有的品牌至爱吗——奖励在体验分享中的影响研究[J].南开管理评论，2014，17(3).

[4] Antonio, P., Mauro, G., Gennaro, P., Kruglanski, A. W. On the psychology of time in action: Regulatory mode orientations and procrastination[J]. *Journal of Personality and Social Psychology*, 2011, 101(6).

[5] Anujk, S., Adaml, M. Consuming experiential categories [J] . *Journal of Consumer Research*, 2014(41).

[6] Baumeister, R. F., Ellen, B., Muraven, M., Dianne, M. T. Ego depletion: Is the active self a limited resource? [J]. *Journal of Personality and Social Psychology*, 1998, 74 (5).

[7] Carver, C. S., Scheier, M. F. Origins and functions of positive and negative affect: A control process view[J]. *Psychological Review*, 1990(97).

[8] Cech, Claude, G., Edward, J. S., Maureen, L. Multiple congruity effects in judgments of magnitude[J]. *Journal of Experimental Psychology: Learning, Memory, and Cognition*, 1990, 16(6).

[9] Chrusikou, E. When shoes become hammers: Goal-derived categorization training enhances problem-solving performance[J]. *Journal of Experimental Psychology: Human Learning and Performance*, 2006, 32(4).

[10] Deutsch, M. Field theory in social psychology. In: Lindzey, G., Aronson, E. (Eds.) [R]. *The Handbook of Social Psychology*, 1968(1).

[11] Dhar, Ravi. Consumer preference for a no-choice option[J]. *Journal of Consumer Research*, 1997, 24(2).

[12] Fox, Craig R., Rebecca, K. R., Daniel, S. L. How subjective grouping of options influences choice and allocations: Diversification bias and the phenomenon of partition dependence[J]. *Journal of Experimental Psychology: General*, 2005, 134(4).

[13] Gollwizer, P. M. Action phases and mind-sets. In: E. T. Higgins, R. M. Sorrentino (Eds.)[R]. *Handbook of motivation and cognition: Foundations of social behavior*, 1990.

[14] Heckhausen, H., Gollwitzer, P. M. Thought contents and cognitive functioning in motivational versus volitional states of mind[J]. *Motivation and Emotion*, 1987(11).

[15] Heckhausen, H., Kuhl, J. From wishes to action: The dead ends and short cuts on the long way to action. In: Michael, F., Sabini, J. Hills ale. *Goal-directed behavior: The concept of action in psychology*(Eds)[M]. NJ: Erlbaum, 1985.

[16] Hickey, C., Chelazzi, L., Theeuwes, J. Reward changes salience in human vision via the anterior cingulate[J]. *Journal of Neuroscience*, 2010, 30(33).

[17] Higgins, E. T. Knowledge accessibility and activation: Subjectivity and suffering from unconscious sources. In: Uleman, J. S., Bargh, J. A. (Ed.), *Unintended thought*[M]. New York: Guilford Press, 1989.

[18] Higgins, E. T., Kruglanski, A. W., Pieero, A. Regulatory mode: Locomotion and

assessment as distinct orientations. In: Zanna M. P. , (Ed.)*Advances in experimental social psychology* [M]. New York: Academic Press, 2003.

[19]Kruglanski, A. W. , Erik, P. T. , Higgins, E. T. , et al. To "Do the Right Thing" or to "Just Do It": Locomotion & assessment as distinct self-regulatory imperatives[J]. *Journal of Pereonality and Social Psychology*, 2000, 79(5).

[20]Kruglanski, A. W. , Pieero, A. , Higgins, E. T. Regulatory mode and preferred leadership styles: How fit increases job satisfaction[J]. *Basic and Applied Social Psychology*, 2007, 29(2).

[21]Libera, D. , Chelazzi, L. Visual selective attention and the effects of monetary rewards[J]. *Psychological Science*, 2006, 17(3).

[22]Luce, Frances, M. , Jia, J. M. , et al. Do I know whether I like it? Extending work on within-alternative conflict to measures of confidence in consumer judgments[J]. *Journal of Consumer Research*, 2003, 30 (3).

[23]Manoj, T. , Claire, I. T. Psychological distance and subjective experience: How distancing reduces the feeling of difficulty[J]. *Journal of Consumer Research*, 2011(39).

[24]Murphy, Gregpry, L. , Douglas, L. M. The role of theories in conceptual coherence[J]. *Psychological Review*, 1985, 92(3).

[25] Plak, Stroessner, S. J. , Dweck, C. S. et al. Person theories and attention allocation: Preferences for stereotypie versus counterstereotypic information[J]. *Journal of Personality & Social Psychology*, 2001, 80(6).

[26]Ratneshwar, S. , Lawrence, W. B. , Pechmann, C. , Moore, M. Goal-derived categories: The role of personal and situational goals in category representations [J]. *Journal of Consumer Psychology*, 2001, 10(3).

[27]Tu, Y. P. , Dilip, S. The categorization of time & its impact on task initiation[J]. *Journal of Consumer Research*, 2014(41).

[28] Tamra, A. , Higgins, E. T. Locomotion, assessment, and regulatory fit: Value transfer from "how" to "what"[J]. *Journal of Experimental Social Psychology*, 2003(39).

[29]Thomas, M. , Morwitz, V. G.. The ease-of-computation effect: The interplay of metacognitive experiences and naive theories in judgments of price differences[J]. *Journal of Marketing Research*, 2009, 46 (1).

[30] Thompson, Debora V. , Rebecca W. H. &Petrova P. When mental simulation hinders behavior: The effects of process-oriented thinking on decision difficulty and performance[J]. *Journal of Consumer Research*, 2009, 36 (4).

[31] Vallacher, R. R. , Wegner, D. M. What do people think they're doing? Action iden-tification and human behavior[J]. *Psychological Review*, 1987, 94 (1).

[32] Vohs, K. D. , Ronald, J. F. Spent resources: Self-regulatory resource availability affects

impulse buying[J]. *Journal o f Consumer Research*, 2007, 33(4).

[33]Whittlesea, B. W. A., Williams, L. D. The source of feelings of familiarity: The discrepancy- attribution hypothesis [J]. *Journal of Experimental Psychology: Learning, Memory, and Cognition*, 2000, 26(3).

Easy One First or Difficult One First? Research on the Consumer Task
Start Choosing Based on the Regulatory Mode Theory

Wang Tao[1]   Lei Weihua[2]   Wang Yuanfu[3]

(1, 2, 3 Economics and Management School of Wuhan University, Wuhan, 430072)

Abstract: Therefore, based on the regulatory mode theory, this paper puts forward that the task difficulty classification is one of the factors that affect consumers' goal pursuit shitting. By two groups of experiments, this paper discusses the effect of task difficulty classification on task start choosing and the moderating effect of external rewards. As the conclusions followed: (1) Locomotion oriented people are more focused on the task schedule, and more likely to choose start easy tasks. While assessment oriented people pay more attention to maximize their likelihood of attaining the overall goal, and more likely to choose start difficult tasks. (2) When offering a process reward, both locomotion oriented people and assessment oriented people tend to choose easy tasks. And when giving an ability reward, whether locomotion oriented people or assessment oriented people both tend to choose difficult tasks. This paper extends the goal pursuit research, and enrich the application of regulatory mode theory in the field of marketing.

Key words: Task classification; Regulatory mode theory; Assessment; Locomotion; External rewards

专业主编：曾伏娥

附录：

调节模式测量量表

1. 就算要付出额外的努力，我也想要尽快开始做事情，而非等待。
2. 我是一个"工作狂"。
3. 当我即将达到一个目标的时候我很激动。
4. 比起在一旁观察和注视，我更喜欢动手去做。
5. 我是一个"行动派"。

6. 当我完成一个任务之后，我经常隔一段时间才开始另一个新的任务(反向测量)。

7. 当我一旦决定做什么时候，我就会迫不及待去做。

8. 在我完成一个任务的同时，我脑子里已经有另一个任务在酝酿了。

9. 我是一个"低能量"的人(反向测量)。

10. 大多数时候，我的脑子都在想我想做的事情。

11. 当我开始做某件事情的时候，我通常会坚持到最后。

12. 我是一个非常积极能干的人。

13. 我从来不评估我的社交能力(反向测量)。

14. 我花了很多的时间来评估自己的优缺点。

15. 我喜欢评价别人的计划。

16. 我经常拿别人和自己比。

17. 我很少考虑别人将如何提升他们自己(反向测量)。

18. 我经常批评别人或者我做的工作。

19. 我经常感觉别人在评价我。

20. 我是一个批判性的人。

21. 当我说话的时候，我会进行自我判断和自我知觉。

22. 我经常认为别人的选择或者决定是错误的。

23. 我很少分析我和别人的对话(反向测量)。

24. 当我碰到一个新人的时候，我通常通过多个方面来评价其所作所为。

资料来源：Kruglanski, A. W. , Thompson, E. P. , Higgins, E. T. , et al. To "do the right thing" or to "just do it"：Locomotion and assessment as distinct selfregulatory imperatives [J]. *Journal of Personality and Social Psychology*, 2000(79)：793-815.

组织社会化、服务质量与服务绩效[*]

——基于三方数据的实证检验

● 刘洪深[1] 杨 智[2] 张 辉[3]

（1，2 湖南大学工商管理学院 长沙 410082；
1 长沙理工大学经济与管理学院 长沙 410114；
3 湖北工程学院经济与管理学院 孝感 432100）

【摘 要】随着服务行业竞争的加剧，提高服务绩效成为服务企业获取竞争优势的重要手段。本研究构建了组织社会化、服务质量和服务绩效之间关系的理论模型，并收集保险行业316份服务员工、顾客、员工主管三个方面相互匹配的数据进行了实证分析。研究结果发现，员工组织社会化对顾客服务质量具有积极的影响；而顾客组织社会化积极影响员工服务质量；员工服务质量和顾客服务质量则对服务绩效具有积极的影响。因此，为了获取竞争优势，服务企业应当对顾客和员工均强化组织社会化。

【关键词】组织社会化 服务质量 顾客满意 员工工作绩效

中图分类号：C93 文献标志码：A

1. 引言

目前，我国产业结构正在从传统的农业和制造业向现代服务业转型，服务产业日益繁荣并且以其较高的就业率和产值将主导市场（洪银兴，2014）。服务业的快速发展导致服务企业之间的竞争越来越激烈，提高服务绩效成为服务企业获取竞争优势的重要途径（李辉、苏勇、王淼，2013）。如何提高服务绩效，国内外学者主要是从员工自身能力和心理素质两个方面展开研究。例如，在员工自身能力方面主要探讨一线员工的创造力（Yang，

* 基金项目：本文系国家社会科学基金一般项目"中国品牌跨国并购后的国际化嵌入及其作用机制研究"（项目批准号：14BGL067）；中国博士后科学基金面上资助项目"顾客组织社会化对服务绩效的影响机制：一个双重视角"（项目批准号：2017M612552）；国家自然科学基金面上项目"社会排斥对顾客参与创新的影响研究：自我决定理论视角"（项目批准号：71672053）；湖南省企业管理与投资研究基地一般项目"顾客组织社会化对服务绩效的影响机制研究：基于三方数据的实证检验"（项目批准号：16qktzy3）的阶段性研究成果。

通讯作者：刘洪深，E-mail：hoosion@126.com。

Lee & Cheng，2016）、员工之间的合作（María1，José & John，2016）等对服务绩效的影响；在员工心理素质方面则探讨员工情商（Prentice & King，2011）、员工心智模式（李辉等，2013）、员工的乐观（张辉和牛振邦，2013）等对服务绩效的影响。虽然这些研究对企业提升服务绩效具有重要意义，却几乎聚焦于服务员工，忽视了顾客的贡献。

服务的特征在于服务员工和顾客的共同参与，并且服务生产和传递的顺利完成离不开各自的贡献（Büttgen，Schumann & Ates，2012）。对许多服务而言，在服务能够成功交易之前需要顾客提供信息或付出努力。例如，为了申请贷款，顾客需要提供以往详细的信贷记录；有些饭店需要顾客亲自烹饪喜欢的食物，甚至餐后清理餐桌，顾客扮演着"部分员工"的角色（Bettencourt，1997）。Prahalad 和 Ramaswamy（2000）特别强调参与合作生产的顾客能力也应该被看做是企业的一种竞争优势。这意味着来自顾客方的资源投入和资源质量和企业自身的服务员工一样，显著地影响了服务质量和服务生产效率（Vargo & Lusch，2004）。

那么，员工和顾客是如何共同影响服务质量，从而提升服务绩效呢？现有文献还未发现有学者进行该方面的探讨和研究。鉴于此，本研究基于服务员工和顾客双重视角，试图探讨两个问题：（1）组织社会化如何影响服务质量；（2）服务质量又如何最终影响服务绩效。为了尝试回答以上问题，本文将构建一个整合模型，并收集来自服务员工、顾客、服务主管三个方面的数据进行实证检验。

2. 相关研究评述和研究假设

2.1 组织社会化

组织社会化是指员工学习、了解、内化组织目标、价值、知识和所期望行为的过程（Wahner & Hollenbeck，1996）。目前，组织社会化研究主要集中在其内涵、维度、作用机制及策略等方面，而组织社会化的影响效应则是目前研究的热点之一（Ge，Su & Zhou，2010）。组织社会化的影响效应可以分为两个层面：一是员工个体层面，包括员工工作满意（Wanberg，Kammeyer-Mueller，2000）、员工组织承诺（Allen & Meyer，1990）、员工焦虑和压力的降低（Saks，1995）以及员工较低的离职意愿（Mignery，Rubin & Gorden，1995）；二是组织层面，主要是组织绩效（Chen，2005）。而本研究将在服务领域内继续探讨员工组织社会化的影响效应，即员工组织社会化如何影响服务质量及服务绩效。

随着服务营销学研究的不断深入，组织社会化被服务营销所借鉴，提出了"顾客组织社会化"。顾客组织社会化指为了能够有效参与服务系统以及实现共同生产角色，顾客获取所需知识、能力、性情与动机的过程（Claycomb，LenginickHall & Inks，2001）。Bettencourt（1997）认为，在服务生产和传递过程中顾客扮演着"部分员工"的角色。为此，顾客组织社会化合情合理（Wahner & Hollenbeck，1996）。而如何对顾客进行组织社会化，学者提出了与员工组织社会化不同的观点。Mills 等人（2006）认为，传统组织社会化主要是为了管理服务中的员工，被普遍采用管理员工的方法并不适宜直接用作管理服务中顾客。因此，当顾客与员工建立一种关系，尤其是如果服务传递基于长期利益时，顾客需要经历与员工不同的社会化过程(Buttgen et al., 2012)。因此，与员工组织社会化不同，顾客组织社会化更多是个别的、非正式的和随机的。例如，Lengnick-Hall，Claycomb 和 Inks (2000)认为，服务企业的沟通能够使顾客形成企业对他们角色所期望的自我认知和知识，最终有可能促进顾客社会化过程。其他顾客社会化策略包括正规教育计划、顾客培训、组织文化或环境提示，这些都能够像服务提供者所希望的那样为顾客履行共同生产角色提供必要的知识、技能和能力(Fonner & Timmerman，2009)。虽然顾客组织社会化不同于员工组织社会化，但是二者之间也是存在着某种关联。Evans，Stan 和 Murray 认为，由于社会化使得顾客更加熟知服务的生产和传递过程，这样也导致员工对服务的生产和传递需要更加娴熟(2008)。也就是说，顾客组织社会化进一步促进员工组织社会化。

以往研究只是单独从员工视角或顾客视角探讨组织社会化的效果，并没有将两种组织社会化加以整合。因此，本研究将尝试构建一个整合模型，探讨服务质量及服务绩效如何受到员工组织社会化和顾客组织社会化的共同影响。

2.2 服务质量

由于服务质量是导致顾客满意与忠诚的重要因素，因此，在服务产业中质量是极为重要的(Saleh & Ryan，1991)。与商品质量不同，服务质量具有主观性，是一种感知质量，即顾客期望和顾客感知之间的对比(Gronroos，1982)。因此，服务质量的测量是较为困难的。Parasuraman，Zeitham 和 Berry(1985)提出服务质量的五个维度：可靠性、响应性、保证性、移情性和有形性，目前的研究大多是从这五个方面对服务质量加以测量。本文对服务质量的研究，并没有采纳 Parasuraman 等人(1985)提出的服务质量五个维度，而是借鉴了 Gronroos(1983)的研究，将服务质量划分为两个部分：技术质量和功能质量。其中，技术质量涉及服务提供过程中服务员工提供了什么，如技术能力、服务知识。功能质量是指服务员工是如何提供服务的，主要聚焦于服务员工在服务接触中的人际关系贡献，如友好、外貌等。这就是服务质量的构成："什么"和"如何"。

然而，在服务的生产和传递中，员工和顾客之间是双向互动的，如果服务质量仅仅由员工决定这有失偏颇，因此，Govender(1998)认为，可以通过管理服务中的顾客从而加强对服务质量的管理。另外，既然顾客在服务生产和传递中扮演着"部分员工"的角色，因此，可以继续扩展 Gronroos(1983)所提出的服务质量概念，添加新的成分：顾客技术质量和顾客功能质量(Kelley et al.，1990)。顾客技术质量是指顾客在服务中能够提供什么，如劳动力和信息等。顾客功能质量是指顾客在整个服务传递过程中是如何表现的，具体而言，顾客功能质量涉及人际关系方面，如顾客对员工的友谊和尊重等。

总之，服务质量不仅与员工有关，而且也受到顾客的影响。所以，服务质量理应具有四个成分：员工技术质量、员工功能质量、顾客技术质量和顾客功能质量。

(1)员工组织社会化对员工技术质量和员工功能质量的影响。

Kelley，Skinne 和 Donnelly(1992)认为，为了使服务员工能够了解自身角色以及形成正确的角色期望，他们必须接受组织社会化。员工组织社会化包含员工在技术、知识、能力、态度、价值和关系方面的变化或发展以及恰当的意义建构框架的形成(De，Buyens & Schalk，2003)。也就是说，经过组织社会化的员工，能够掌握服务中的知识和能力——

员工技术质量，而且能够树立正确的服务态度——员工功能质量。总之，组织社会化对员工具有积极的影响，主要体现他们在服务传递中的积极态度和积极行为方面（Wanous，1992）。因此，本研究提出并检验如下假设：

H1：员工组织社会化正向影响员工技术质量。

H2：员工组织社会化正向影响员工功能质量。

（2）顾客组织社会化对顾客技术质量和顾客功能质量的影响。

在服务的生产和传递中，顾客往往并不清楚自己需要做些什么，而 Kelley 等人（1992）认为，组织社会化可以减少顾客的不确定性行为。经过组织社会化，顾客认可组织价值观，接受组织对其期望，提升组织活动所需的能力，获取与员工及其他顾客互动的必要知识（Claycomb et al.，2001）。

正如 Feldman（1981）的研究结论，顾客组织社会化存在着行为结果和情感结果，Kelley 等人（1990）的研究表明，顾客技术质量和顾客功能质量正是社会化的行为结果。组织社会化使顾客理解组织规范（Feldman，1981），这促使顾客更好地理解有关其角色的规范性预期。被组织成功社会化的顾客，能够正确地预期服务接触时需要提供哪些资源——顾客技术质量；也可以预期如何提供这些资源——顾客功能质量。这也就意味着，顾客组织社会化对顾客技术质量和顾客功能质量有着极为重要的影响。由此，本研究提出并检验如下假设：

H3：顾客组织社会化正向影响顾客技术质量。

H4：顾客组织社会化正向影响顾客功能质量。

2.3　服务绩效

在本研究中，我们采用了可以有效代表服务绩效的三个指标：顾客满意、员工工作满意以及员工工作绩效（Lam，Chen & Schaubroeck，2002）。Oliver（1997）认为，顾客满意代表着消费者的一种满足反应，它是服务属性或服务本身给消费者带来愉悦满足程度的判断。顾客满意为公司绩效和竞争力提供了一个关键性指标，就像美国消费者满意度指数（Fornell，1992）以及卓越的业务指标（Kanji，1998）所体现的一样。员工工作满意是指员工对其工作或工作经历所持的愉悦的或者积极的感情状态（Locke，1976）。员工工作满意在工业组织心理学研究中占有重要地位的（Landy，1989；Shore & Harry，1989）。员工工作绩效是指员工在特定时间段内对组织有价值的所有行为事件之和（Motowidlo，2003）。员工工作绩效不仅反映了员工达到组织目标的结果，而且反映了员工达到组织目标的过程。Borman 和 Motowidlo（1993）则将员工工作绩效分为任务绩效和关联绩效。

（1）员工技术质量和员工功能质量对顾客满意的影响。

服务质量和顾客满意之间究竟哪一个是前因变量（Bitner & Hubbert，1994；Bolton & Drew，1991；Cronin & Taylor，1992；Strandvik & Liljander，1994），这在以往的研究中曾存在着争论。但后来的研究表明，在服务的生产和传递中服务质量是影响顾客满意的重要因素（Ennew & Binks，1999；Ruyter，Bloemer & Peeters，1997）。当然，在这些研究中也确认了服务质量的标准是员工技术质量和员工功能质量，因此，员工技术质量和员工功能质量也就成为顾客满意的重要因素(Sweeney，Soutar & Johnson，1997)。也就是说，当员工掌握了为顾客服务的知识和技能以及表现出良好的服务态度时，顾客自然会感到满意。另外，基于信息和旅游产业，Lin(2007)的实证研究也表明，员工技术质量对顾客满意有着显著的正向影响；员工功能质量对顾客满意有着显著的正向影响。由此，本研究提出并检验如下假设：

H5：员工技术质量正向影响顾客满意。

H6：员工功能质量正向影响顾客满意。

(2)顾客技术质量和顾客功能质量对员工工作满意的影响。

当顾客被服务组织成功社会化后，他们形成了更为准确的角色感知，能够为组织提供有利于服务传递所需要的资源，此时顾客便会贡献更高的顾客技术质量和顾客功能质量(Terborg & Miller，1978)。当顾客表现出较高的技术质量时，服务员工能够感受到顾客的付出，即一种社会支持，该支持影响着员工工作态度和行为，结果提升员工工作满意感(Fonner et al.，2009)。而顾客功能质量主要表现在人际关系方面，如顾客对员工的友谊和尊重，从而增加员工的工作认同，产生强烈的工作满意感(刘洪深、黎建新、徐岚、张辉，2013)。由此，本研究提出并检验如下假设：

H7：顾客技术质量正向影响员工工作满意。

H8：顾客功能质量正向影响员工工作满意。

(3)员工工作满意对顾客满意的影响。

根据情绪感染理论，员工情感与顾客反应之间存在着对应关系，集中体现在员工与顾客互动情景中的情感转移(Tsai & Huang，2002)。Hartline 和 Ferrell(1996)认为，当员工工作满意时情绪较为积极，这种情绪会在服务生产和传递的活动中感染到顾客，最终导致顾客满意。另外，Wilson 和 Frimpong(2004)认为拥有好心情的员工表现出更多的助人行为，也会导致顾客满意。总之，员工工作满意和顾客满意之间存在着积极的关系(Wangneheim，Evanschitzky & Wunderlich，2007)①。由此，本研究提出并检验如下假设：

H9：员工工作满意正向影响顾客满意。

(4)顾客满意和员工工作满意对员工工作绩效的影响。

Bove 和 Johnson(2006)的研究发现，顾客满意会使顾客对服务员工忠诚。而忠诚的顾客将长期维持与员工的关系，而且还会为服务员工介绍新的顾客，这些都会提升员工工作绩效。徐小青在对供电企业的研究中也发现，顾客满意对员工工作绩效具有积极影响(徐小青，2004)。

---

① Wangneheim, F. W., Evanschitzky, H., Wunderlich, M. Does the employee-customer satisfaction link hold for all employee groups? [J]. *Journal of Business Research*, 2007, 60(7): 690-697.

服务员工对工作越满意，那么其就有可能更愿意努力工作，工作绩效就越高（周艳红、高金金和陈毅文，2013）。Organ（1977）指出，员工工作满意会影响到工作绩效。由此，本研究提出并检验如下假设：

H10：顾客满意正向影响员工工作绩效。

H11：员工满意正向影响员工工作绩效。

基于以上各种假设，本文构建概念模型如图1所示：

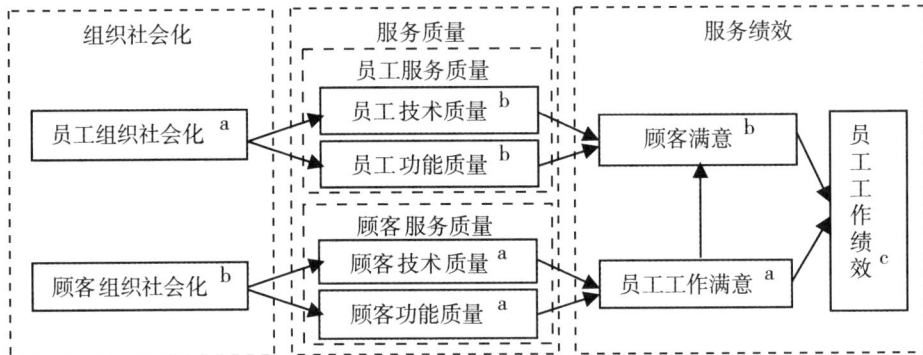

图 1　概念模型

注：a 受访者为服务员工；b 受访者为顾客；c 受访者为员工主管。

3. 研究方法

3.1　样本选取与数据收集

本研究数据来自中国平安保险公司316对顾客和服务员工，数据收集采取问卷调查的方式。具体调研时，以所抽查的员工为中心展开工作，这些员工主要集中于车险和寿险两个领域，其比例分别为67%和33%。每位员工为顾客提供专业的保险服务，并且向上级主管汇报工作。事实上，最初抽查出的服务员工是400人，调查人员会亲自拜访并且直接让员工填写问卷。而针对顾客，调查人员采取两种方式收集数据：一是在平安保险公司的营业网点，调查前来办理业务的顾客，当然这些顾客必须是所抽查员工的客户；二是与服务员工一起拜访顾客，让顾客填写问卷。经一致性检验，员工问卷剔除29份，顾客问卷剔除57份，被剔除掉的问卷中正好有2份具有员工——顾客匹配关系，因此最终有效匹配问卷是316份。

我们将来自受访者员工的数据与平安公司从事同样工作的员工数据进行了对比，发现他们在年龄、性别、受教育程度或任职年限方面并没有显著差异。受访员工的平均年龄为28.2岁，平均任职年限4.5年，67%为女性。受访顾客的平均年龄为39.3岁，与公司维持关系的时间平均为4.5年。

3.2 量表的确定

本研究所采用量表均来自于西方学者相关研究中的经典量表，参考量表来源如表1所示，运用李克特5点(1表示"完全不同意"；5表示"完全同意")量表展开测量。表1中同时给出量表的受访者或填写者，其中员工服务质量是由顾客来感知的，因此受访者为顾客；而顾客服务质量是由员工来感知，因此受访者为服务员工；员工组织社会化和员工工作满意的受访者均为服务员工；顾客组织社会化和顾客满意的受访者均为顾客；员工工作表现是由员工的直接主管填写，因此受访者为员工主管。

表1　　　　　　　　　　　　　　**参考量表来源及受访者**

潜在变量	原始测量项目数	参考量表来源	受访者
员工组织社会化	3	Taormina 和 Convergent(2004)	服务员工
顾客组织社会化	3	Kelley 等人(1990)	顾客
员工技术质量	3	Gronroos(1983)	顾客
员工功能质量	3	Gronroos(1983)	顾客
顾客技术质量	3	Kelley 等人(1990)	服务员工
顾客功能质量	3	Kelley 等人(1990)	服务员工
顾客满意	4	Lam，Shankar，Erramilli 和 Murthy(2004)	顾客
员工工作满意	4	Hartline 等人(1996)	服务员工
员工工作绩效	4	Farh 和 Cheng(1997)	员工主管

4. 数据分析结果

4.1 量表信度与效度检验

为了检验量表信度，本研究采用了Cronbach's α 系数值，如表2所示，各个潜在变量的Cronbach's α 系数值都在0.7以上，表明量表的信度较好。

表2　　　　　　　　　　　　　　**信度及汇聚效度检验**

潜在变量/测量项目	项目	因子载荷
员工组织社会化	1. 我了解我们公司的业务流程	0.825
$\alpha = 0.839$	2. 我了解我们公司的核心价值观	0.760
CR = 0.840，AVE = 0.637	3. 我与我们的顾客相处得很好	0.807

潜在变量/测量项目	项目	因子载荷
顾客组织社会化 α＝0.868 CR＝0.869，AVE＝0.689	1. 我了解这家保险公司的业务流程 2. 我了解这家保险公司的核心价值观 3. 我与这家保险公司的员工相处得很好	0.844 0.804 0.840
员工技术质量 α＝0.864 CR＝0.869，AVE＝0.691	1. 员工掌握了很多保险方面的知识 2. 员工在办理保险业务时能够提出技术方面的解决方案 3. 员工能够积极主动完成保险业务	0.893 0.712 0.877
员工功能质量 α＝0.866 CR＝0.868，AVE＝0.687	1. 员工对顾客很友好 2. 员工非常尊重顾客 3. 员工非常体谅顾客	0.838 0.798 0.850
顾客技术质量 α＝0.773 CR＝0.793，AVE＝0.562	1. 顾客掌握了很多保险方面的知识 2. 顾客在办理保险业务时能够提出技术方面的解决方案 3. 顾客在办理保险业务时能够主动参与基本工作的达成	0.766 0.681 0.798
顾客功能质量 α＝0.820 CR＝0.825，AVE＝0.613	1. 顾客对员工很友好 2. 顾客非常尊重员工 3. 顾客非常体谅员工	0.879 0.708 0.752
顾客满意 α＝0.904 CR＝0.904，AVE＝0.703	1. 我对所提供的服务感到满意 2. 与这家保险公司有业务关系是很不错的 3. 这家保险公司符合我的要求 4. 总之，我对这家保险公司提供的服务感到满意	0.848 0.862 0.816 0.827
员工工作满意 α＝0.898 CR＝0.898，AVE＝0.688	1. 我对在这家保险公司的工作感到满意 2. 这家保险公司是一个很好的工作雇主 3. 我喜欢这家保险公司的工作 4. 总之，在这家保险公司我对我的工作满意	0.872 0.799 0.848 0.796
员工工作绩效 α＝0.929 CR＝0.930，AVE＝0.768	1. 该员工对组织的整体绩效作出了重大贡献 2. 该员工总是按时完成工作任务 3. 该员工是我们单位最好的员工之一 4. 该员工的表现总是能满足上司的期望	0.910 0.831 0.852 0.909

为了检验量表的效度，本研究采用了验证性因子分析，而在验证性因子分析之前，首先对全体测量项目进行了探索性因子分析，对是否存在载荷较低的语句或者多重负载的语句进行考察，数据检验结果符合要求。运用 AMOS18.0 统计软件进行验证性因子分析，各拟合指标如下：$\chi^2/df = 1.060$，NFI＝0.937，RFI＝0.926，CFI＝0.996，GFI＝0.926，PGFI＝0.735，PNFI＝0.795，RMSEA＝0.014。这些指标表明，本研究的数据与验证性因

子分析模型有着较好的拟合度。

Hair，Black，Babin 和 Tatham(2009)认为，评价汇聚效度有三个标准：一是所有测量项目的因子载荷最好大于 0.5；二是所有潜变量的构建信度(CR)最好大于 0.7；三是平均方差抽取量(AVE)最好大于 0.5。如表 2 所示，以上三个标准本研究均达到，因此量表汇聚效度较高。另外，在表 3 中列出了各潜在变量相关系数的绝对值，主对角线是对应潜在变量 AVE 的算术平方根，而且其值大于所在行与列相关系数的绝对值，这说明各构念之间的区分效度较好。

表 3   区别效度检验

潜在变量	1	2	3	4	5	6	7	8	9
1. 员工组织社会化	0.798								
2. 顾客组织社会化	0.236**	0.830							
3. 员工技术质量	0.306**	0.226**	0.831						
4. 员工功能质量	0.395**	0.284**	0.491**	0.829					
5. 顾客技术质量	0.261**	0.185**	0.211**	0.392**	0.750				
6. 顾客功能质量	0.248**	0.161**	0.200**	0.300**	0.263**	0.783			
7. 顾客满意	0.342**	0.561**	0.403**	0.418**	0.253**	0.243**	0.838		
8. 员工工作满意	0.504**	0.188**	0.366**	0.468**	0.275**	0.283**	0.350**	0.829	
9. 员工工作绩效	0.444**	0.263**	0.394**	0.557**	0.496**	0.432**	0.441**	0.481**	0.876

注：＊＊表示 $p<0.01$，主对角线上的数字 AVE 的平方根。

4.2 模型评价与假设检验

为了对假设进行检验，本研究采用结构方程模型作为实证研究方法，具体分析软件为 AMOS18.0。结构方程模型的拟合优度如表 4 所示，$\chi^2/\mathrm{df} = 1.430$，NFI = 0.910，RFI = 0.900，CFI = 0.971，GFI = 0.900，PGFI = 0.751，PNFI = 0.812，RMSEA = 0.037。由此可见，各项指标均在可接受范围之内而且非常理想，这说明结构方程模型通过整体拟合优度检验，可以基于该模型检验本研究所提出的各个假设。

表 4 的路径系数系数结果表明，员工组织社会化→员工技术质量、员工组织社会化→员工功能质量、顾客组织社会化→顾客技术质量、顾客组织社会化→顾客功能质量的标准化路径系数分别为 0.380、0.495、0.266 和 0.203，且在 $p<0.01$ 水平上显著，组织社会化对服务质量的正向影响得到验证，即 H1、H2、H3 和 H4 成立。研究结果揭示，员工组织社会化会正向影响顾客对员工技术质量和员工功能质量的感知；而顾客组织社会化会正向影响员工对顾客技术质量和顾客功能质量的感知，即员工和顾客共同影响着服务质量。

员工技术质量→顾客满意、员工功能质量→顾客满意、顾客技术质量→员工工作满意、顾客功能质量→员工工作满意、员工工作满意→顾客满意、顾客满意→员工工作绩效、员工工作满意→员工工作绩效的标准化路径系数分别为 0.221、0.179、0.135、

175

0.182、0.132、0.319 和 0.267，且在 $p<0.01$ 水平上显著，服务质量对服务绩效的正向影响得到验证，即 H5、H6、H7、H8、H9、H10 和 H11 成立。该结果揭示，无论是提升顾客的服务质量感知还是提升员工的服务质量感知都可以带来服务绩效的提升。此外，相对于员工功能质量($\beta=0.179$，$p<0.01$)，员工技术质量($\beta=0.221$，$p<0.01$)更能影响顾客满意，表明在服务的生产和传递过程中，顾客更希望员工能够提供可靠的服务；而相对于顾客技术质量($\beta=0.135$，$p<0.01$)，顾客功能质量($\beta=0.182$，$p<0.01$)更能影响员工满意，表明在服务的生产和传递过程中，员工更希望顾客认同自己的工作，表现出友好和尊重。另外，员工工作满意不仅直接影响员工工作绩效，而且还间接通过顾客满意对员工工作绩效产生影响。由此，该结果揭示，为了提高服务竞争力，需要提升员工工作绩效，而这不能只考虑顾客满意，更要考虑员工工作满意。

表4　　　　　　　　　　　　概念模型标准化路径系数及拟合结果

假设	标准化系数	T 值	P	结果
H1：员工组织社会化→员工技术质量	0.380	5.875	***	支持
H2：员工组织社会化→员工功能质量	0.495	7.547	***	支持
H3：顾客组织社会化→顾客技术质量	0.266	3.448	***	支持
H4：顾客组织社会化→顾客功能质量	0.203	3.163	0.002	支持
H5：员工技术质量→顾客满意	0.221	3.471	***	支持
H6：员工功能质量→顾客满意	0.179	2.700	0.007	支持
H7：顾客技术质量→员工工作满意	0.135	2.307	0.021	支持
H8：顾客功能质量→员工工作满意	0.182	3.221	0.001	支持
H9：员工工作满意→顾客满意	0.132	2.476	0.013	支持
H10：顾客满意→员工工作绩效	0.319	5.866	***	支持
H11：员工工作满意→员工工作绩效	0.267	4.992	***	支持

注：模型拟合优度指数：$\chi^2/\mathrm{df}=1.430$，NFI = 0.910，RFI = 0.900，CFI = 0.971，GFI = 0.900，PGFI = 0.751，PNFI = 0.812，RMSEA = 0.037。

4.3　竞争模型分析

Morgan 和 Hunt(1994)认为，利用结构方程模型进行假设检验，不仅需要检验所提出概念模型的效果和合理性，而且需要与竞争模型进行比较。本研究中的概念模型是一个完全中介模型，即组织社会化对服务绩效的总体效应完全是通过服务质量间接影响的，在此并未考虑组织社会化是否对服务绩效具有直接影响。为此，本研究在原有概念模型(图1)的基础上增加了员工组织社会化直接影响顾客满意以及顾客组织社会化直接影响员工工作满意这样两条新路径，目的是构建一个部分中介模型作为竞争模型与概念模型进行比较。根据 Gounaris(2005)的观点，可以从总体拟合优度、模型参数统计显著的百分比、简约性以及内生变量的被解释力(SMC)四个标准对概念模型与竞争模型进行比较(如表5所示)，比较结果显示，概念模型的以上四个标准均优于竞争模型，这说明竞争模型并没有改善概念模型，概念模型更为理想。

表5   概念模型与竞争模型的比较分析

	总体拟合指标					参数显著的百分比（$p<0.05$）	简约性	
	CFI	χ^2/df	RMSEA	RFIR	NNFI		估计参数	PNFI
概念模型	0.971	1.430	0.037	0.900	0.968	100%	11	0.812
竞争模型	0.926	2.092	0.059	0.853	0.917	92%	13	0.780

	内生变量的被解释力 SMC（squared multiple correlation）						
	员工技术质量	员工功能质量	顾客技术质量	顾客功能质量	顾客满意	员工工作满意	员工工作绩效
概念模型	0.160	0.254	0.061	0.048	0.266	0.191	0.336
竞争模型	0.144	0.245	0.051	0.041	0.176	0.054	0.277

5. 结论

5.1 研究结论

本研究旨在从员工和顾客双重视角探究组织社会化、服务质量及服务绩效之间的关系，并构建了一个整合模型，收集来自服务员工、顾客、员工主管三方数据进行了实证检验。研究结果表明：(1)员工组织社会化正向影响员工技术质量和员工功能质量；而顾客组织社会化正向影响顾客技术质量和顾客功能质量。(2)员工技术质量和员工功能质量均正向影响顾客满意；顾客技术质量和顾客功能质量均正向影响员工工作满意；员工工作满意正向影响顾客满意；而员工工作满意和顾客满意均正向影响员工工作绩。

5.2 理论贡献

(1)从整体上看，本研究基于员工和顾客双重视角，构建了组织社会化、服务质量和服务绩效之间关系的概念模型。以往有关组织社会化和服务质量的研究，主要是从员工的视角进行探讨，本研究基于服务生产和传递中顾客扮演"部分员工"的角色，将顾客也纳入组织社会化和服务质量的研究之中，从而构建了一个整合模型。该模型也进一步证明，在许多服务情境下，顾客本身也是服务的重要"贡献者"，从而影响着服务质量以及自身的满意度。另外，该模型也探讨了组织社会化、服务质量对服务绩效的影响，而服务绩效中员工工作满意、顾客满意和员工工作绩效之间是相互影响的，其结论与服务利润链理论相吻合。因此，本研究所提出的概念模型丰富和完善了服务营销中的相关理论。

（2）拓展了服务质量理论研究。Gronroos（1983）认为服务质量包括两个组成部分：技术质量和功能质量；而 Kelley 等人（1990）则将服务质量划分为四个部分：员工技术质量、员工功能质量、顾客技术质量和顾客功能质量。本研究借鉴 Kelley 等人（1990）的服务质量划分，将其纳入概念模型，结果发现：一方面，员工技术质量和员工功能质量对顾客满意均有着积极的影响，而相对于员工功能质量，员工技术质量更能引起顾客满意，这说明顾客不仅需要员工的友好和尊重，而且更需要员工提供熟练而准确的服务，也就是说，相对一个态度很好却无法提供正确服务的员工，顾客可能更认可态度一般而提供正确服务的员工；另一方面，顾客技术质量和顾客功能质量对员工工作满意均有着积极的影响，而相对于顾客技术质量，顾客功能质量更能引起员工工作满意，这说明员工需要顾客提供相应的信息等资源，但是更重视顾客对自己工作的尊重和理解，也就是说，相对一个态度一般而能提供信息等资源的顾客，员工可能更认可态度很好而临时可能无法提供信息等资源的顾客。

5.3 实践意义

（1）本研究的结果表明，提升服务质量的确能够提高服务绩效，但是，服务企业需要注意的是，服务质量的提升不仅取决于员工，而且也受顾客的影响。为了在日益激烈的竞争中获取优势，服务企业需要让员工知道在服务接触中做什么以及如何处理与顾客的关系，也需要让顾客清楚在服务接触中需要提供什么以及如何表现，也就是说，服务企业应该将顾客视为组织成员或"部分员工"，加强顾客组织社会化。

（2）在员工组织社会化时，服务企业务必使员工掌握服务中所必备的知识和能力，因为相对于员工功能质量（$\beta = 0.182$，$p<0.01$），员工技术质量（$\beta = 0.221$，$p<0.01$）更能引起顾客的满意。事实上，目前很多国际知名企业如麦当劳、迪士尼、希尔顿都非常重视微笑服务，即员工功能质量，这无可厚非，需要注意的是功能质量无法替代技术质量，而且技术质量更为重要。相反，在顾客组织社会化时，更需要顾客能够对员工友好并尊重员工，因为相对于顾客技术质量（$\beta = 0.135$，$p<0.01$），顾客功能质量（$\beta = 0.182$，$p<0.01$）更能影响员工满意。

5.4 局限与展望

本研究不可避免地存在着一定的局限性。（1）本研究所有数据来自于保险行业，这限制了研究结论的外部效度，未来研究可以继续在其他行业加以检验，拓展其普遍适用性。（2）在概念模型中，员工服务质量与顾客服务质量之间关系如何，本研究没有作出具体探讨和实证，后续需要进一步研究其相互关系。（3）本研究只是探讨了组织社会化、服务质量和服务绩效之间的主效应，其效应是否受一些调节变量的影响，如服务氛围、员工授权和顾客信任等，这是值得未来进一步研究的课题。

◎ 参考文献

［1］洪银兴. 产业结构转型升级的方向和动力［J］. 求实学刊，2014，41（1）.

［2］李辉，苏勇，王淼. 高绩效人力资源实践有助于提高服务绩效吗？［J］. 经济管理，2013，35（4）.

［3］刘洪深，黎建新，徐岚，张辉. 顾客组织社会化对顾客满意影响的作用机制研究——基于双边数据的实证检验［J］. 软科学，2013，27（4）.

［4］张辉，牛振邦. 特质乐观和状态乐观对一线服务员工服务绩效的影响：基于"角色压力—倦怠—工作结果"框架［J］. 南开管理评论，2013，16，（1）.

［5］周艳红，高金金，陈毅文. 心理资本调节工作满意度对工作绩效的影响［J］. 浙江大学学报（理学版），2013，40（3）.

［6］Bettencourt, L. A. Customer voluntary performance：Customer as partners in service delivery［J］. *Journal of Retailing*，1997，73（3）.

［7］Bolton, R. N. , Drew, J. H. A multistage model of customer's assessment of service quality and value［J］. *Journal of Consumer Research*，1991，17（4）.

［8］Bove, L. L. , Johnson, L. W. Customer loyalty to one service worker：Should it be discouraged？［J］. *International Journal of Research in Marketing*，2006，23（1）.

［9］Burrgen, M. , Schumann, J. H. , Ates, Z. Service locus of control and customer coproduction：The role of prior service experience and organizational socialization［J］. *Journal of Service Research*，2012，15（2）.

［10］Chen, G. Newcomer adaptation in teams：multilevel antecedents and outcomes［J］. *Academy of Management Journal*，2005，48（1）.

［11］Claycomb, C. , Lenginick-Hall, C. A. , Inks, L, W. The customer as a productive resource：A pilot study and strategic implications［J］. *Journal of Business Strategies*，2001，18（1）.

［12］De, V. A. , Buyens, D. , Schalk, R. Psychological contract development during organizational socialization：Adaptation to reality and the role of reciprocit y［J］. *Journal of Organizational Behavior*，2003，24（5）.

［13］Ennew, C. T. , Binks, M. R. Impact of participative service relationships on quality satisfaction and retention：An exploratory study［J］. *Journal of Business Research*，1999，46.

［14］Evans, K. R. , Stan, S. , Murray, L. The customer socialization paradox：The mixed effects of communicating customer role expectations［J］. *Journal of Services Marketing*，2008，22（3）.

［15］Fonner, K. L. , Timmerman, C. E. Organizational newc（ust）omers：Applying organizational newcomer assimilation concepts to customer information seeking and service outcomes［J］. *Management Communication Quarterly*，2009，23（11）.

［16］Gronroos, C. A service quality model and its marketing implications［J］. *European Journal of Marketing*, 1982, 18(4): 36-44.

[17] Gronroos C. Strategic management and marketing in the service sector [R]. *Marketing Science Institute*, 1983.

[18] Kelley, S. W. , Donnnelly, Jr J H. , Skinner, S. J. Customer participation in service production and delivery[J]. *Journal of Retailing*, 1990, 66(3).

[19] Kelley, S. W. , Skinner, S. J. , Donnelley Jr, J. H. Organizational socialization of service customers[J]. *Journal of Business Research*, 1992, 25(3).

[20] Lams, S. K. , Chen, X. P. , Schaubroeck, J. Participative decision making and employee performance in different cultures: The moderating effects of allocentrism/ idiocentrism and Efficacy[J]. *Academy of Management Journal*, 2002, 45 (5).

[21] Lam, S. Y. , Shankay, V. , Erramilli, K. , Murthy, B. Customer value, satisfaction, loyalty, and switching costs: An illustration from a business-to-business service context[J]. *Journal of the Academy of Marketing Science*, 2004, 32 (3).

[22] Lengnick-Hall, C. A. , Claycomb, V. , Inks, L. W. From recipient to contributor: Examining customer roles and experienced outcomes[J]. *European Journal of Marketing*, 2000, 34 (3/4).

[23] Lin, W. B. The exploration of customer satisfaction model from a comprehensive perspective[J]. *Expert Systems with Applications*, 2007, 33.

[24] Marial, S. , Jose, L. , John, R. Frontline employees' collaboration in industrial service innovation: Routes of co-creation's effects on new service performance[J]. *Journal of the Academy of Marketing Science*, 2016, 44(3).

[25] Taormina, R. Convergent Validation of two measures of organizational socialization [J]. *International Journal of Human Resource Management*, 2004, 15(1).

[26] Tsai, W. C. , Huang, Y. M. Mechanisms linking employee affective delivery and customer behavioral intention[J]. *Journal of Applied Psychology*, 2002, 87(10).

[27] Wilson, A. , Frimoong, J. A reconceptualisation of the satisfaction-service performance thesis[J]. *Journal of Services Marketing*, 2004, 18(6).

[28] Yang, Y. , Lee, P. K. C. , Cheng, T. C. E. Continuous improvement competence, employee creativity, and new service development performance: A frontline employee perspective[J]. *International Journal of Production Economics*, 2016, 171(2).

Organizational Socialization, Service Quality and Service Performance
—Empirical Test Based on Three Party Data

Liu Hongshen[1] Yang Zhi[2] Zhang Hui[3]

(1, 2 Business Administration School of Hunan University, Changsha, 410082;

2 Economics and Management School of Changsha University of Science and Technology, Changsha, 410114;

3 Economics and Management School of Hubei Engineering University, Xiaogan, 432100)

Abstract: With the intensification of competition in the service industry, the improvement of service performance has become an important means for the service enterprises to gain competitive advantage. This study constructs a theoretical model of the relationship between organizational socialization, service quality and service performance, and collects three matching data from 316 service employees, customers and employees supervisors in the insurance industry and makes an empirical analysis. The results show that employee organizational socialization has a positive impact on customer service quality, while customer organizational socialization positively affects employee service quality, and employee service quality and customer service quality have a positive impact on service performance. Therefore, in order to obtain the competitive advantage, the service enterprise should strengthen organizational socialization from the customer and the employee.

Key words: Organizational socialization; Service quality; Customer satisfaction; Employee job satisfaction

专业主编：曾伏娥

农村电商发展对农民消费倾向的影响研究：
刺激效应与增收效应*

● 游士兵[1]　张 晴[2]

（1，2 武汉大学经济与管理学院　武汉　430072）

【摘　要】文章选取 2008—2014 年的面板数据，通过引入农村电商发展水平的测度指标（淘宝村数量/县域电子商务发展指数），构建考察农村电商发展影响农民消费倾向的计量模型，从实证角度探索农村电商发展是否影响农民消费倾向，重点在于剖析影响程度和影响机制。基于理论和实证分析，得到以下结论：第一，农村电商发展水平对农民消费倾向有显著的正效应；第二，农民收入、农民消费支出与农村电商发展水平呈正相关关系，但电商对农民消费的影响大于对农民收入的影响。可以推断，目前阶段农村电商提高农民消费倾向的关键原因在于，电商模式对农民消费的刺激效应强于增收效应。

【关键词】农村电商　农民消费倾向　淘宝村

中图分类号：F724.6　　　　　文献标识码：A

1. 引言

在经济下行压力加大、城市消费增长乏力的背景下，发展农村电商是释放农村消费潜力、引导农产品标准化、推动农业现代化的新驱动力，因此研究农村电商与农民生活之间的关系具有重要的理论意义和实践意义。

在具体实践中，政府政策的日益倾斜和行业巨头的战略转型，已经成为农村电商发展的双重引擎。一方面，国家和地方纷纷出台与农村电商相关的政策，包括鼓励规范农村土地流转、加快农业规模化信息化发展以促进农民增收、鼓励完善农村流通体系加快开展农村电子商务试点等；另一方面，电商企业和传统企业纷纷涉足农村电商，包括阿里巴巴、京东、苏宁易购等电商巨头，具有农村物流和网点优势的中国邮政和供销社体系，以及诺普信、金正大、新都化工等优质农资企业。随着电商环境的日益成熟，农村电商对于农业现代化和新型城镇化的战略价值日益显现，最直接的体现是对农民收入和消费的促进

---

　* 通讯作者：游士兵，E-mail：sbyou@ whu. edu. cn。

作用。

但在理论方面，目前学术界对农村电商的含义、模式、测度以及对农民生活的影响都还处于起步探索阶段。首先，农村电商系统复杂，覆盖面广，其概念、测度尚无定论；其次，农村电商的模式研究多为模式设计或根据典型案例的模式归纳，如"农村经济合作组织+第三方物流"和农村连锁经营模式(吴勇杰，2014)，在共生理念指导下的寄生模式、非对称模式、偏利模式、对称模式和一体化模式(郭承龙，2015)，缺乏全局性和代表性的系统模式研究；最后，由于农村电商发展起步较晚且电商数据难以获取，农村电商发展对农民生活的影响也缺乏实证研究。

考虑到电商在品类、性价比、消费体验上具有先天优势，能够弥补农村线下商业体系在商品和服务上的缺失，那么，农村电商通过商品下乡是否能够释放农村消费潜力？农村电商作为全新的流通模式是否能够提升农民消费倾向？农村电商发展如何对农民消费倾向产生影响？对以上问题的研究，不仅可以加深现有文献对于电商发展与农民消费倾向之间实证关系的理论认知，而且也为国家出台相关政策鼓励电商下乡提供理论支撑，具有现实意义。本文旨在深入这些问题的研究，在系统性厘清和分析农村电商模式后，从实证角度探索农村电商发展是否影响农民消费倾向，重点在于剖析影响程度和影响机制。

2. 农村电商模式分析

农村电子商务(简称"农村电商")是一个比较复杂的系统，一般认为农村电商是指利用互联网、计算机、多媒体等现代信息技术，为从事涉农领域的生产经营主体提供在网上完成产品或服务的销售、购买和电子支付等业务交易的过程。从流通方式来看，农村电商包括企业生产出来的工业制成品流入农村、由农民生产出来的农产品流出农村；从流通内容上看，农村电商涉及农村消费品、农用生产资料和农产品。综上，农村电商是通过电子商务平台嫁接各种服务于农村的资源，打通工业制成品下乡和农产品进城的双向流通渠道，涵盖农村消费品电商、农资电商、农产品电商三大领域。

2.1 农村消费品电商

农村消费品电商的优势在于全品类和全新购物体验。随着农村居民收入的增加，农村消费呈现品类多样化、方式多元化趋势，而农村传统线下商业体系落后，具有分布密度较低、价格偏高、品类缺失、质量无法保证等特征，难以适应农村消费升级趋势。农村消费品电商能够提供海量有品质保证的商品和足不出户的用户体验，有效地弥补线下渠道的不足，为电商模式落地农村提供契机。

农村消费品电商面临的最大阻碍是农村长期的固有的消费观念和生活方式。为引导和培养农民网购的习惯，电商平台纷纷建立"县级服务中心+村级服务站"，以村级服务站作为支撑基层物流网络、引导村民网络消费、提供村级一站式服务的关键节点。这些线下网点提供包括代购、试用、快速退货、本地生活、农产品代卖在内的一站式服务，以培养高黏性的农民消费习惯。村级服务站的管理和运营依赖于基层代理人或合伙人，零售商和符合条件的当地人(尤其是返乡青年)是电商企业的重点发展对象。

2.2 农资电商

农资电商的优势在于农资商品的刚性需求和传统农资流通渠道的线下优势。农资商品作为非标准化的生产资料，专业化物流、赊销经营、配套技术是行业的基本特征，而传统农资经销商在农资储运、赊销服务、技术服务上发挥着关键作用；同时，在土地流转加速、行业竞争加剧的趋势下，农资经销商流通末端的地位不断突出，原因在于：第一，农业生产越来越集中于种植大户手中，以服务种植大户为主的经销商在农户资源上更具优势；第二，经销商以提供精细化服务的策略来争夺大规模客户，在赊销服务、农技服务外甚至还承担了包括播种、施肥、打药、收割、仓储等一揽子服务，作为综合服务商的职能也在强化。

在这种特殊行业背景下，农资电商纷纷与传统经销商合作建立线下网点，依托经销商的农户优势和农技服务优势建立高黏性的农业线下综合服务，并针对农业生产的贷款需求推出互联网金融平台，实现包括销售、物流、技术、金融在内的一体化服务（如图1所示）。

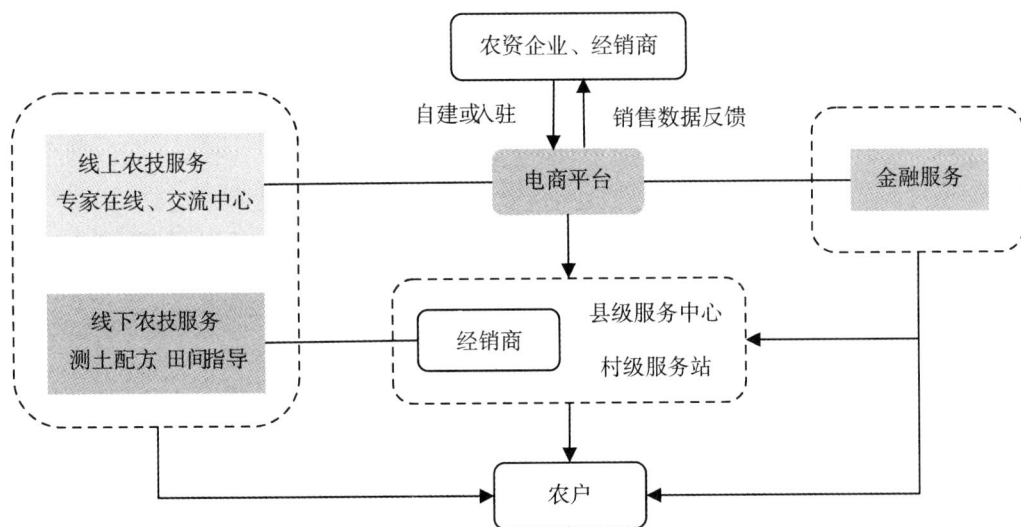

图 1　农资电商的一体化服务

2.3 农产品电商

农产品电商面临的最大挑战是批发市场在农产品流通中的绝对优势。目前我国70%以上的农产品是经过批发市场流通的，由于农产品流通生产端产能分散、消费端需求分散，批发市场作为大量农产品汇集和交易的场所能够适应产地商品分流和销地需求分散的行业特征。要打破农产品批发市场的垄断地位，农产品电商必须实现上游产能的整合和下游需求的引导。

目前，农产品电商有两大发展模式：一个是自下而上，农民网商自发式产生、裂变和成长，基于集群式产业建立电商平台；一个是自上而下，以政府或涉农企业为主导建立涉农电子商务，包括"政府投入＋企业化运作"（程红莉，2014）。前者可以集中区域内分散化的农产品，但独立对接消费的物流成本较高；后者在把握消费者需求、整合供应链上更具优势，但很难实现较高的产地直采比例。一个可行的办法是，依托消费品电商或农资电商的线下网点为农户提供代卖服务，集中产能的同时也为农产品上行提供便捷渠道。

2.4　农村电商模式综合分析

目前，我国农村电商已经形成以第三方电子商务交易平台为基础，零售农户、农业合作社、渠道商共同参与的格局。以阿里、京东为代表的综合电商平台将业务从消费品拓展至农资和农产品，线下网点布局从与零售商、当地人的合作延伸至传统经销商，通过共享流量、物流、线下终端实现了规模效益；以田田圈、云农场为代表的农资电商企业也将农产品上行纳入服务范围，打通了农村电商市场的双向流通渠道。在消费品电商（一站式服务）、农资电商（一体化服务）、农产品电商（上下游整合）差异化发展趋势下，农村电商的三个领域正在相互渗透和融合，共同推进农业全产业链的电商化发展。

3. 农村电商发展对农民消费倾向的影响

农村电商对农民消费倾向的影响存在两个方面的正效应：第一，增收效应，农村电商对农村消费的收入效应是通过畅通农产品上行通道实现的，通过提高农产品流通效率、促进农产品价格市场化以及吸纳剩余劳动力促进农民增收，而农民收入的增加对农村消费水平具有显著的提升作用（易行健，2013）；第二，刺激效应（相对于替代效应），农村电商能够弥补农村传统线下商业体系在品类和服务上的缺失，海量有品质保证的商品和足不出户的用户体验有利于刺激农民扩大消费。

从农民收入角度，农村电商发展对农民收入的影响存在三个方面的作用机制：第一，相对于传统的"经纪人—产地批发商—销地批发商—零售商"产销分离模式，农村电商使原产地直销成为可能，降低流通成本同时也减少中间环节损耗，从而提高产品流通效率；第二，我国农民大多分散生产，缺乏组织，往往只能被动接受运销商提出的价格，农村电商平台的建设有利于农民在流通链条中地位的提升，通过集中化和组织化提高农民的价格谈判能力，减少了信息不对称，从而推动农产品价格的市场化；第三，农村电商通过吸纳剩余劳动力带动农民收入的增长。农村电商的发展依靠大量网商，在直接吸纳农村剩余劳动力的同时，还带来由农村电商发展带来的农业发展、周边产业发展而创造的一系列农村剩余劳动力的安置（吕丹，2015）（如图2所示）。

从农民消费角度，农村传统线下商业体系较为落后，商品基本流通方式是"批发商＋零售商"模式。目前，农民80％的消费品购自"夫妻店"、"代销店"等村级零售商，而电商在品类、性价比、消费体验上的先天优势，能够弥补农村线下商业体系在商品和服务上

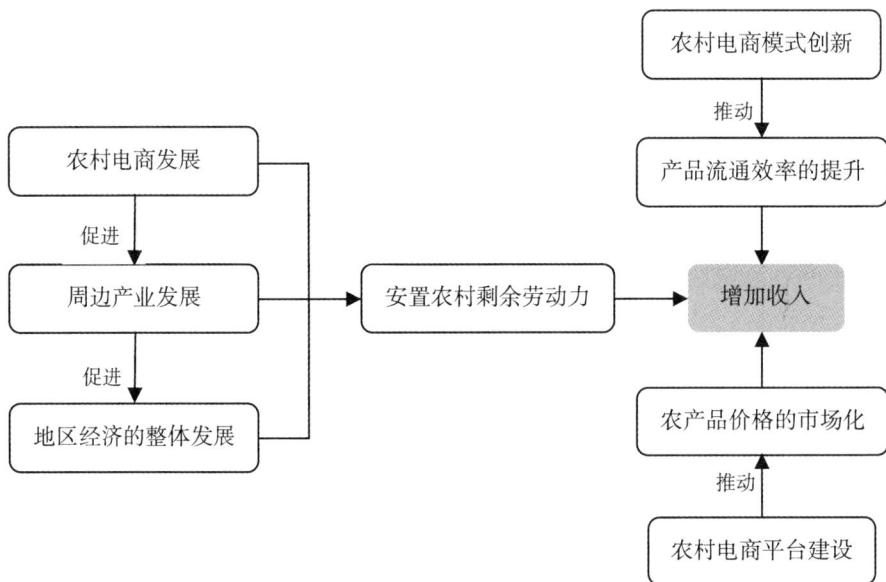

图 2　农村电商发展对农民收入的影响

的缺失，有利于释放农村消费潜力(刘维，2013)。

那么农村电商发展是否对农民消费倾向有提升作用？农村电商发展对农民消费倾向的刺激效应与增收效应孰强孰弱？针对以上问题，本文进行了如下实证研究：

3.1　模型与指标

这部分的关键在于根据以往的研究成果确定影响农民消费倾向的重要变量，从而构建考察农村电商发展影响农民消费倾向的计量模型，如下所示：

$$\mathrm{PC}_{it} = a + b\,\mathrm{Ecom}_{it} + c_j\,X_{it} + \theta_{it} \tag{1}$$

$$Y_{it} = \alpha_1 + \beta_1\,\mathrm{Ecom}_{it} + \gamma_{1j}\,X_{it} + \epsilon_{it} \tag{2}$$

$$C_{it} = \alpha_2 + \beta_2\,\mathrm{Ecom}_{it} + \gamma_{2j}\,X_{it} + \mu_{it} \tag{3}$$

其中，PC_{it}、C_{it}、Y_{it} 分别为 t 期 i 地区的农民消费倾向、农民消费支出和农民纯收入，Ecom_{it} 为 t 期 i 地区的农村电商发展指数，X_{ijt} 为 t 期 i 地区的经济发展状况和人口状况，包括农林牧渔业人均 GDP 水平、财政支出、农村居民教育水平、农作物播种面积、城市化水平和产业结构(李春林、任博雅，2009；王红蕾，2013)。

本文选取 2008—2014 年的面板数据，除农村电商发展指数外，其他数据均来源于《中国统计年鉴》和《中国农业年鉴》。其中，农村财政支出的统计口径发生两次变化，2003 年以前为支援农村生产支出、农业综合开发支出、农林水利气象等部门事业费的总和，2003—2006 年为农业支出、林业支出和农林水利气象等部门事业费的总和，2006 年之后为农林水事务财政支出(如表 1 所示)。

表1 变量说明及描述性统计

变量	含义	样本数	均值	标准差
IC	农民消费支出的对数值(CPI平减指数)	77	8.639	0.356
IY	农民纯收入的对数值(CPI平减指数)	77	8.540	1.379
PC	农民消费倾向(消费支出/纯收入)	77	0.774	0.172
IGDP	人均农林牧渔业GDP的对数值(CPI平减指数)	77	8.115	1.270
IGov	人均农林水事务财政支出的对数值(CPI平减指数)	77	6.107	0.580
Edu	农村居民平均受教育年限	77	8.938	0.615
Land	人均农作物播种面积(亩)	77	1.423	0.596
Urban	非农业人口比重	77	0.381	0.123
Stru	第三产业所占的比重	77	0.391	0.054

3.2 农村电商发展水平的测度

目前,学术界尚未涉及农村电商发展水平的测度,本文认为原因有二:一是电商数据过于庞大,难以收集;二是电商数据主要掌握在搜索引擎、电子商务、社交网络等IT企业,难以获取。2013年,阿里研究院首次建立"县域电子商务发展指数",较为科学和系统地测算农村电商发展水平,另一个可作为衡量农村电商发展水平的指标是"淘宝村数量",最早追溯至2009年。

2010年,阿里研究院基于阿里巴巴平台的海量数据建立起阿里巴巴电子商务发展指数(AEI),首次测度了电商发展水平。该指数包括两个一级指标(网商指数、网购指数)以及四个二级指标(网商密度指数、店均网络交易指数、网购消费者密度指数、人均网络消费指数),如表2所示。随着互联网逐步渗透到广大城镇和农村,2013年,阿里研究院根据AEI体系对全国主要县域的电子商务发展情况进行测度,提出"县域电子商务发展指数",首次全面测度了农村电商发展水平。

表2 阿里巴巴电子商务发展指数(AEI)指标构成

一级指标(权重)	二级指标(权重)	计算方法
网商指数(0.5)	网商密度指数(0.5)	B2B网商密度=B2B网商数量/人口数量
		零售网商密度=零售网商数量/人口数量
	店均网络交易指数(0.5)	店均交易额=零售网商交易额/零售网商数量
网购指数(0.5)	网购消费者密度指数(0.5)	网购消费者密度=网购消费者数量/人口数量
	人均网络消费指数(0.5)	人均消费额=网购消费额/网购消费者数量

资料来源:阿里研究中心。

另一个可作为衡量农村电商发展水平的指标是"淘宝村数量"。淘宝村是指电子商务年交易额在 1000 万元以上，活跃网店数量达到当地家庭户数的 10% 以上的中国行政村。从 2009 年的 3 个到 2013 年的 20 个，再到 2014 年的 212 个，淘宝村呈现井喷式的发展态势，电子商务逐渐成为中国农村经济的重要生产力要素。阿里研究院认为，淘宝村是大量网商聚集在某个村落，以淘宝为主要交易平台，以淘宝电商生态系统为依托，形成规模和协同效应的网络商业群聚现象。"淘宝村"作为农村电商的最典型代表，是一种新型的线上产业集群，因此淘宝村数量能够作为农村网商密度和店均网络交易额的一个综合衡量指标。

对比"县域电子商务发展指数"和"淘宝村数量"，前者在测度农村电商发展水平上更具系统性和科学性，但该指数最早追溯至 2013 年，目前无法用于时间序列分析。考虑到阿里巴巴占据过半的电商市场份额具有一定代表性，且淘宝村数量在时间上具有连续性，下文将以"淘宝村数量"作为农村电商发展指数。

4. 结果分析

本文首先对各个变量 2008—2014 年的数据进行平稳性检验，各地区人均农民消费、农民消费倾向、产业结构为非平衡的 I(1) 序列，但一阶差分序列均为平稳序列（如表 3 所示）。

表 3 　　　　　　　　　　　　各变量的 **xtunitroot** 平稳性检验

变量	检验	P 值	是否平稳
IC	原序列平稳性检验	1.000	不平稳
	原序列一阶差分项平稳性检验	0.000	平稳
IY	原序列平稳性检验	0.000	平稳
PC	原序列平稳性检验	1.000	不平稳
	原序列一阶差分项平稳性检验	0.038	平稳
IGDP	原序列平稳性检验	0.000	平稳
IGov	原序列平稳性检验	0.000	平稳
Edu	原序列平稳性检验	0.000	平稳
Land	原序列平稳性检验	0.000	平稳
Urban	原序列平稳性检验	0.000	平稳
Stru	原序列平稳性检验	0.969	不平稳
	原序列一阶差分项平稳性检验	0.000	平稳

为了检验农村电商发展对农民消费倾向的影响程度及影响机制，本文同时报告以消费倾向、人均纯收入、人均消费支出为因变量的回归结果，如表 4 所示。考虑到农村电商对

农民收入和消费均有影响，因此 Ecom 与 ly，lc 不同时出现在模型自变量中；同时，由于 Hausman 检验的结果为 Prob>chi2＝0，因此拒绝原假设，选择固定效应模型。

模型 1 的结果表明农村电商发展水平、城镇化水平、产业结构是影响农民消费倾向的重要因素，其中农村电商发展水平对农民消费倾向有显著的正效应。模型 2 的结果表明农村电商发展水平对农民收入有显著的正效应，即增收效应。模型 3 的结果表明农村电商发展水平对农民消费支出有显著的正效应，即刺激效应。对比模型 2 和模型 3 可以发现，农民收入、农民消费支出与农村电商发展水平呈正相关关系，但电商发展对农民消费的影响大于对农民收入的影响。由此推断，一方面，农村电商通过畅通农产品上行通道和吸纳剩余劳动力，促进农民收入增加；另一方面，农村电商通过畅通消费品和农资下行渠道，为农村消费者提供更为丰富和优质的商品，弥补了传统农村商业体系在商品和服务上的不足，促使农村居民扩大消费，但由于后者的效应强于前者，农民消费倾向出现提升。

表 4   农民消费倾向、农民收入、农民消费回归结果

指标	模型 1 PC	模型 2 ly	模型 3 lc
Ecom	0.002 ** (0.022)	0.002 *** (0.006)	0.005 *** (0.004)
IGDP	−0.408 (0.356)	0.287 (0.355)	−0.203 (0.777)
IGov	0.374 (0.107)	0.435 ** (0.013)	0.914 (0.023)
Edu	0.374 (0.107)	−0.032 (0.309)	0.042 (0.563)
Land	1.193 (0.194)	−0.539 (0.393)	0.972 (0.509)
Urban	2.626 ** (0.013)	0.280 (0.673)	3.814 ** (0.025)
Stru	−4.705 *** (0.005)	0.830 (0.410)	−5.448 ** (0.032)
R2	0.64	0.98	0.92

注：括号中为 p 值；***、**、* 分别表示在 1%、5% 和 10% 的水平上显著。

5. 结论

本文选取 2008—2014 年全国 11 个省份的面板数据，通过引入农村电商发展水平的测度指标，构建考察农村电商发展影响农民消费倾向的计量模型，从实证角度探索农村电商

发展是否影响农民消费倾向，重点在于影响程度和影响机制。基于理论和实证分析，得到以下结论：第一，农村电商发展水平对农民消费倾向有显著的正效应；第二，农民收入、农民消费支出与农村电商发展水平呈正相关关系，但电商对农民消费的影响大于对农民收入的影响。

以上研究结论初步表明，农村电商对农民消费倾向的影响存在两个方面的正效应：第一，增收效应，农村电商通过畅通农产品上行通道和吸纳剩余劳动力，促进农民收入增加；第二，刺激效应（相对于替代效应），农村电商通过畅通消费品和农资下行渠道为农村消费者提供更为丰富和优质的商品，弥补了传统农村商业体系在商品和服务上的不足，刺激农村居民扩大消费。目前阶段，农村电商提高农民消费倾向的关键原因在于，电商模式对农民消费的刺激效应强于增收效应。

◎ 参考文献

[1]阿里巴巴有限公司.中国淘宝村[M].北京：电子工业出版社，2015.

[2]程红莉.农村电子商务发展模式的分析框架以及模式选择——农户为生产者的研究视角[J].江苏商论，2014(11).

[3]郭承龙.农村电子商务模式探析——基于淘宝村的调研[J].经济体制改革，2015(5).

[4]李春林，任博雅.基于面板数据的中国农民收入影响因素分析[J].经济与管理，2009，23(4).

[5]李彤彤.完善农副产品流通组织体制开拓农村消费市场[J].管理世界，2000(2).

[6]刘维.我国农村电子商务物流配送模式初探[J].农村经济与科技，2013(9).

[7]罗进辉，陈华阳，许雯婷.P2P网络借贷平台上的借款历史传递信号吗？——来自中国"人人贷"平台的经验证据[J].当代会计评论，2017，10(1).

[8]吕丹.基于农村电商发展视角的农村剩余劳动力安置路径探析[J].农业经济问题，2015(3).

[9]王红蕾.农民收入影响因素的实证分析[J].经济研究导刊，2013(23).

[10]吴勇杰.电子商务环境下的农村流通供应链优化研究[D].成都理工大学学位论文，2014.

[11]易行健，吴庆源，杨碧云.中国城市化对农村居民平均消费倾向影响的收入效应与示范效应：2000—2009年[J].经济经纬，2013(5).

[12]曾亿武，邱东茂，沈逸婷，等.淘宝村形成过程研究：以东风村和军埔村为例[J].经济地理，2015，35(12).

[13]翟天昶，胡冰川.消费习惯形成理论研究述评[J].经济评论，2017(2).

[14]Banker，R.，Mitra，S.，Sambamurthy，V. *The effects of digital trading platforms on commodity prices in agricultural supply chains*[R]. Society for Information Management and The Management Information Systems Research Center，2011.

[15]Changyu，Jiale，Jing. Rural e-commerce and new model of rural development in China：A comparative study of "Taobao Village" in Jiangsu province[J]. *Asian Agricultural Research*，

2015(11).

[16] Cui, M., Pan, S. L., Newell, S., et al. Strategy, Resource orchestration and e-commerce enabled social innovation in rural China[J]. *Journal of Strategic Information Systems*, 2017, 26(1).

[17] Guo, G., Liang, Q., Luo, G. Effects of clusters on China's E-Commerce: evidence from the Junpu Taobao village[J]. *International Journal of Business & Management*, 2014, 9(6).

[18] He, Y., Li, Y., Xu, H. Rural E-commerce based on probabilistic neural network model[J]. *Lecture Notes in Electrical Engineering*, 2013, 219.

[19] Leong, C., Pan, S. L., Newell, S., et al. The emergence of self-organizing e-commerce ecosystems in remote villages of China: A tale of digital empowerment for rural development[J]. *Mis Quarterly*, 2016, 40(2).

[20] Lin, G., Xie, X., Lv, Z. Taobao practices, everyday life and emerging hybrid rurality in contemporary China[J]. *Journal of Rural Studies*, 2016, 47.

[21] Malecki, E. J. Digital development in rural areas: Potentials and pitfalls [J]. *Journal of Rural Studies*, 2003, 19(2).

[22] Zanoli, A. B. R. Competitive factors of the agro-food e-commerce [J]. *Journal of Food Products Marketing*, 2011, 17(2-3).

The Influence of Rural E-commerce Development on Farmers' Propensity to Consume: Stimulating Effect and Income Growth Effect

You Shibing[1] Zhang Qing[2]

(1, 2 Economics and Management School of Wuhan University, Wuhan, 430072)

Abstract: This paper introduces the measurement index of rural E-commerce development level (Taobao Village & Rural E-commerce Development Index), building the econometric model studying the influence of rural E-commerce development on farmers' propensity to consume, based on the analysis of panel data from 2008 to 2014. We emphatically analyzes whether and to what extent the rural E-commerce development influences farmers' propensity to consume as well as the influencing mechanism. The study showed that the rural E-commerce development positively impacted farmers' propensity to consume, and both the income and consumption expenditure of farmers showed a positive correlation with rural E-commerce development. At this stage, the fact that stimulating effect of rural E-commerce towards farmers' consumption is stronger than income growth effect, provides a reasonable explanation of the positive effect of rural e-commerce development on farmers' propensity to consume.

Key words: Rural E-commerce; Farmers' propensity to consume; Taobao village

专业主编：曾伏娥